LOVE HAS FORGOTTEN NO ONE

The Answer to Life

告別娑婆3
愛不曾遺忘任何人

葛瑞・雷納 *Gary R. Renard*——著 蔡孟璇——譯

獻給凱倫·雷納，謝謝妳幫助我安度人生。

編按：

本書中以標楷體呈現之《奇蹟課程》章句，皆引用自美國心靈平安基金會（Foundation for Inner Peace）授權台灣「奇蹟資訊中心」於二〇一一年出版，由譯者若水女士翻譯的《奇蹟課程》中文版新譯本。在此，向若水老師及奇蹟資訊中心的弟兄們，致上最誠摯的謝意。

contents

【推薦序】

什麼是你尚待完成的寬恕功課？

奇蹟課程研習會及讀書會資深帶領人　陳恕民

奇蹟課程在我內心陪伴我已經十多年了，它讓我似乎忘懷了之前的日子，一切已恍如隔世。如今生活中發生的事件與人物都不會是我的焦點，讓我感受最鮮明真實的，都是內心世界的交戰或是寬恕的種種體驗。我對於那在意識中永遠無法理解的永恆真實生命，有著魂縈夢牽的渴望，但祂的答覆卻是：「你所渴望的，其實就是你始終『擁有』，也是你始終『所是』之物。」（T-18.III.4:15）。

在這真實生命之上所添加的集體或個體虛假遮蔽——小我的一切，總是充滿了致命的吸引力，常常令人「心不由己」被它牽引。於是，我學習到不再敢輕忽，若是內心沒有時時連結那「光明指引」，也就是內在聖師——聖靈或是耶穌基督，很容易就會誤入歧途，妄造出一個修練與體驗的主體假相。究竟是「什麼」在修練與體驗？是「誰」在回家？這問題只待我徹底寬恕後，可能就會消失無蹤。

葛瑞作為白莎與阿頓這兩位上師的學生，我能感受到他從撰寫《告別娑婆》、《斷輪迴》到這本《告別娑婆3：愛不曾遺忘任何人》，在不同的時期向兩位上師（也是聖靈的化身）用心學習，心靈逐漸有其美好的進展，朝向「真寬恕」邁進。葛瑞書中多處分享內心體會的內容，與我長期教與學《奇蹟課程》的體驗有甚多吻合的地方，這讓我興奮異常。

書中葛瑞分享自己的體悟：「那個幻覺的答案無法透過我們的心智而找到，心智也就是小我最常用來讓我們彷彿受困於此的東西。分裂是一種錯誤的虛妄經驗，分裂的正確答案就在於以一個真實的經驗取代它，在那樣的情況下，你便不再是個分裂的生命存在，而是與一切創造合一，而那樣的經驗正是我們對所謂生命的『答案』。事實上，在那樣的經驗中是沒有問題的，唯有『答案』存在。」這一段字句類似於我對「真寬恕」的體驗，可以感受到他的確是親身在實踐這些形上理論，讓這些理論與他的心靈融合在一起而有了這些經驗分享。

這些敘述已跳脫了《奇蹟課程》原本古典式文字語法，更偏向於口語化、體驗式的描述。我個人認為一方面能幫助一些學員在生活中更切身了解奇蹟的要義，也能幫助奇蹟講師或讀書會帶領人更清晰的表達奇蹟課程的內容。因為作者以身作則的寬恕心態，會起示範作用，讓大家對於將奇蹟理念具體運用在生活中更加的有信心。我相信很多人會因為作者書中一再推崇《奇蹟課程》而引發興趣，開始研讀及操練這部奇書，實為一大貢獻。

書中第四章的章名是「一個悟道心靈的身體療癒」，本章內容對奇蹟學員而言，可能會感覺到某些疑慮，因為奇蹟課程中一再強調「我不是一具身體」。葛瑞首先分享了他晚上入睡前心靈調整至治療模式的方法，這與寬恕理念並無不同。接著兩位上師告訴他：「身體既不曾活過，故也不會死；它容納不下你，因你是生命。」並且建議了可「優先選擇」十二項身體保健之道，然後同時操練寬恕。

其實「層次混淆」就是人間最大的問題，世界已經分不清楚心靈與身體是屬於不同的層次——是心靈妄造出了身體，故心靈也可以當下治癒身體，而身體卻無法治癒心靈。第四章的標題其實已經點明了是「一個悟道心靈」在治癒身體，悟道者是不會有層次相混的問題的，因為他已了悟他是靈性，而非幻化之身。身體只是學習的工具，但工具仍需保養以維持它正常的運作功能，以善盡其用，就算有一日工具毀壞了也不會苦惱執著的。

所以重點不是在於需不需要按時運動、需不需要吃保健食品等等，而是在我們認為自己的生命到底是什麼？是這一具會老會死的身體？還是我們是上主之子永恆的生命？對於世界中的生活，是執著認同或厭惡抗拒？還是可以正常的使用身體，過正常的日子？只要能夠本著無害不傷、慈悲以待的心態，就可以行一些調虎離山之計，在日常中讓身體做一些無傷大雅的事兒，或是做一些自己感到有趣的事情、運動保健一番，但這些畢竟都不是可以拯救我們或是讓我們得到平安幸福的依靠（即小我的「偶像」）。心裡明瞭身體並不是真正的我，這些事對實相而言是毫無意義的。

很感謝葛瑞將這些經驗寫成文字，而且勇敢公諸於世，不怕被世人評論。即使他的「特殊」際遇，曾使得他在因《告別娑婆》而一舉成名後飽受攻擊。他還是很誠懇的在本書中將他的心路歷程描述得更完整，他內心清楚：就算是遭受了批評攻擊，也與別人無關，只與自己「尚待完成的寬恕功課」有關，所以必須勇於負責。至於仍會時時冒出的小我罪咎與恐懼之念，只要能夠正視並且寬恕，它就會像夢幻泡影般冒完就沒事了。

【推薦序】

一次化解千世結

奇蹟課程體驗營帶領人、《寬恕十二招》譯者　周玲瑩

有三個傢伙置身地獄，他們被地獄之火燒烤著，其中一人說：「嘿！看來我們會在這裡待一陣子。我們來自我介紹，彼此認識一下吧！」

第一個傢伙說：「嗨，我的名字叫雅各，我是個拉比（即：學者），我會落入地獄是因為我瞞著老婆偷腥。」第二個傢伙說：「我的名字是比爾，我是個修士，我會落入地獄是因為我討了一個老婆。」第三個傢伙說：「我的名字是喬伊，我是個《奇蹟課程》學員，我其實並不在這裡。」

這是作者葛瑞向他的二位上師說的一則笑話。表面上，好似嘲諷奇蹟學員中了靈修毒癮，不願正視自己和問題，比學者和修士更假道學；事實上，他用幽默詼諧的方式，畫龍點睛地道出靈修經典《奇蹟課程》的核心觀念：生命與身體是兩回事，身體不是真的、故不存在，正如世界也不存在，純粹是小我的心靈投射出來的。因此，連地獄也不可能是真的，無須太當真，不妨一笑置之。

葛瑞一再以他獨特的幽默詼諧方式，跟他的二位高靈上師藉由一系列的輕鬆對話，講解《奇蹟課程》深奧難懂的奇蹟訊息，這些講解為不少靈修人士節省了大量的摸索時間，同時也使資深的奇蹟學員終能從人生夢境中覺醒。

當然，這些都只是理論，若僅止於知道卻做不到，最後勢必淪於終日爭辯是非對錯，反而無意中強化小我的偏執，對自己的生命療癒並無多大助益。唯有將那套理論落實於現實生活中，我們才有可能真正突破小我的知見，看穿眼前世界的虛妄，並覺醒於早已真實存在的世界和自性。

為此，在《告別娑婆3：愛不曾遺忘任何人》一書中，葛瑞以他自己離婚再結婚的婚姻狀況作為全書主軸，笑談他在前世、今生及最後一世悟道所面臨的各種生命課題，尤其是親人死亡的課題，在他運用「真寬恕」化解生命課題暗藏的無意識罪咎之際，同時也一併療癒了前世、今生及來世的「共通課題」，這印證了《奇蹟課程》所說的：「既然沒有過去或未來，那麼投胎一次或多次的說法就失去了意義。」（M-24.1:2）

面臨自己好幾世高潮迭起的生命課題，葛瑞總能以輕鬆、幽默的方式笑看人生，時而調侃自己，時而調侃他的二位上師，讓身為讀者的我們不禁莞爾一笑，進而興緻盎然地一章章翻閱下去，並在最後看完闔上書本時，內心默默興起操練「真寬恕」的決心與願心。

無論身處哪一世，每個人都有那一世大大小小的生命課題等著挑戰。每一個課題無不殷殷呼喚我們：嘿！別忘了，你不是小我，你是靈性，從生命課題的「肇因處」著手去寬恕吧！

即使事發當時，忘了寬恕而把它當真，永遠可以在事後寬恕的，這是我們最簡單的寬恕。我們所要做的事，就是輕鬆自在地去寬恕，然後在自己內心以真相取代它。

寬恕時，輕鬆自在的感覺十分重要，這表示我們不再把小我太當真了，《奇蹟課程》〈練習手冊〉打從第一課開始就一再如此提醒我們，期盼我們能培養笑看人生的輕鬆心態。是的，讓我們在輕鬆中寬恕，在寬恕中鬆綁自己和別人，就這樣一路寬恕到天堂吧！祝福你我！

【自序】

能為你省下大量時間的靈修法門

這本書談的是靈修（spirituality），**真實的**靈修，而非過去二十年來在大眾媒體間流行的那種靈修。現今的靈修已經完全與自救運動（self-help movement）混為一談了。等你讀完這本書，你就會明白這兩者之間的差異，也會明白為什麼只有其中一種能讓你幸福。

能為你節省大量時間的靈修，與做不到這一點的靈修之間有個很大的差別——能為你節省時間的靈修會引介你**化解小我**（ego）這一概念，並且告訴你如何執行。「小我」是如佛教與靈修經典《奇蹟課程》裡所詳述的一樣東西，而且這兩者對它的描述有著極為驚人的相似之處。事實上，你會發現，雖然《奇蹟課程》使用了基督教詞彙對西方人進行講述，但是佛教與《奇蹟課程》之間的相似之處，比基督教和《課程》（編注：奇蹟課程的簡稱）之間的相似處更多。

在此，我們暫且不深入探討化解小我所必須了解的個中差別與應用方法，這我們稍後將會討論到，現在，讓我們先將小我視為一種概念與經驗，一種不知怎地從我們的終極源頭（Source）分裂而出的東西，一種已經發展出個人化存在的東西，擁有它自己的身分認同，與其源頭並非一體，但我們卻相信它是真實不虛的。加速版的靈修原則著重的焦點就是化解小我，那個立基於分裂概念的小我。

你若能化解那虛妄的你，也就是小我，那麼留下來的一切就是真實的你。你不必苦苦掙扎去做真實的你，也不需要進化，真實的你**已經**是完美的了。你需要做的，是去除讓你無法經驗和表達那份完美的障礙。順帶一提，那份完美與這個娑婆世界毫無關聯，它是某種不屬於這世界的東西。

有一些人，包括公認為聰明過人、備受尊崇的科學家們，都會教你「與你的小我做朋友」，這真是個可愛的想法！唯一的問題是，你的小我對和你做朋友根本不感興趣。你的小我想要殺了你，如同《奇蹟課程》這部由耶穌（本書稱為J兄）向心理學家海倫．舒曼（Helen Schucman）口述的著作所說：「因此，每當你以愛心與人互動之際，小我很可能大肆攻擊你，因為它早已斷定你沒有愛心，而你竟然違反了它對你的評論。只要你的意向與它對你的看法不符，小我便認為你居心叵測而攻擊你。這時，它的猜忌狐疑會頓時轉為心狠手辣，因為它反覆無常的本性會變本加厲。」1

本書不會試圖讓靈修變得面目全非，這是一本關於回歸靈性故鄉的書，一本關於實相的書，而那個實相是愛，當然，不是世人傳統上認為的那種愛，而是一種難以解釋、只能親身體驗的愛。那也是歷史上所有偉大的神祕家以他們的慧見為我們指出的方向，而他們卻深知那是一種無可言說的愛。儘管如此，我們依然能在自己以肉身示現於此的時候，體驗這份實相。我們**不是**身體，即使外表與感覺上像是具身體，我的目的並非要否認人們對自己是一具身體的體驗，而是單純地想要說明：這是一個**錯誤的**體驗。

我們對時間的體驗亦是如此。我們對時間的體驗是線性的——循序地從過去到現在做過的所有事，但那也是一種錯誤的體驗。真相是全像式的（holographic），一切其實已經發生了。如果一切皆已發生，那麼你便不能一路創造出各種東西。你沒有機會創造出那些本來已是的東西，因為你在時間初始之際已經做過這件事了。每一件看似發生在那之後的事件，其實都已成定局。多數人不喜歡這種概念，然而這樣的概念其實是某種思想體系的一部分，如果他們能了解並且好好運用這個體系，便能在他們虛幻的經驗之內節省大量的時間。

對於我們會體驗到什麼，我們並非總是能有所選擇，但是對於**如何**去體驗，卻可以由自己選擇。那選擇的核心要義就存在於寬恕之中，那是一種如佛陀和耶穌那樣偉大的老師所體現的寬恕，而不是世人傳統上認為的那種寬恕，然而我們一旦能學會它、實踐它，它將能夠**化解**小我，帶領我們回到真正的家園，那與我們的終極源頭本為一體的家園。這就是過一種加速版的靈修生活，因為它很省時，而且是大量地省時，能夠為你省下無數世的修行時間，那些生生世世只不過是我們執以為真的一連串夢境罷了。生命的答案就在於將那表面上看似天人分裂的生命、空間性生命的錯誤體驗，以成為完美靈性的真實經驗取而代之，這不光是非空間性的經驗，更是一舉超越時空宇宙的。那樣的經驗即是理想的靈修所指示的方向，而那的的確確就是人生及其最艱難問題的解答。

要獲得這種實相的經驗，也就是與上主的完美一體，需要的是不妥協的態度。對於《課程》裡的教誨，本書不接受任何妥協，因為我的老師拒絕對那些教誨做出妥協，所以我也必須起而效法，如同《課程》在〈教師指南〉中指出的：「這世界試過上千種方法企圖讓兩者並存，將來還會繼續如法炮製。但上主的教師絕對不會接受任何一種妥協的觀點，因為上主是不接受任何妥協的。」**2**

基於同樣的精神，接下來的內容將呈現發生在二〇〇六年底到二〇一三年初之間的真實事件。除了我個人的敘述文字與註解之外，全書皆以三人對話的架構來進行：葛瑞（也就是我），以及**阿頓**（Arten）和**白莎**（Pursah）兩位在我面前化為人身的高靈上師。我個人的敘述部分，只有在我必須插話的情況下才會簡單地標上「註」字。此外，你會看見許多粗體字，那表示發言者想要強調的部分。

你並非絕對要相信高靈上師的示現，才能從這些訊息的內容獲益，我個人也不在乎你真正的想法，然而我可以擔保，如果沒有這些來自上師的啟發，像我這樣一個教育程度不高的凡夫俗子，要寫出這些內容是極其不可能的。無論如何，我都交由你自己來決定，你可以選擇對本書的來源抱持任何看法。

我已經盡全力正確呈現本書內容，但我仍是不完美的，因此本書也不會是完美的。如果書中有任何謬誤，當然錯誤應完全由我承擔，而非歸於兩位來訪者。此外，這些討論內容的記錄是隨著便於觀察的「真實生活」時間軸進行的，但它並非一直是線性的，有時是全像式的。在幾個少數的情況裡，較早說過的事會被收錄至稍後的內容裡，或者後來提及的事會較早呈現。若非接受上師的指引，我絕不會做出此一決定或與本書有關的其他安排。

書中引用的《奇蹟課程》章句，包括每一章開頭的引文，都列於本書最末的「章句代碼索引」中。對於祕傳這部《課程》的「那聲音」，我心懷無盡的感激，其真實身分也會在本書討論到。

我想要謝謝四位促成本書誕生的功臣：感謝我的第一位經紀人蘇．伯格（Sue Borg），她的傑出能力讓我有機會獲邀在多種不同場合進行公開演說，更有餘暇向我的老師學習。感謝珍．庫克（Jan Cook）——我的朋友和第二位經紀人，說她是天賜的禮物一點也不為過。感謝我的前妻凱倫（Karen L. Renard），她已經成為我的良師與益友。我還要感謝另外一個人，你會在書中讀到她，同時揭開阿頓在這一世的身分。

LHFNO（譯註：本書原文書名Love Has Forgotten No One的縮寫），很多人已經這樣稱呼這本書了，它引用了許多《奇蹟課程》裡的內容，這些我都會在書中加以標示，讓你日後選擇研讀《課程》時方便查詢。我和出版社也想要向位於加州米爾谷（Mill Valley）的《課程》出版單位——心靈平安基金會（Foundation for Inner Peace），以及在加州德美古拉（Temecula）、肩負教學任務的奇蹟課程基金會（Foundation for A Course in Miracles）致謝，數十年來，他們一直默默從事著這份重要的工作，已經成功將《奇蹟課程》推廣至全世界的各個角落。

最後，雖然我與奇蹟課程基金會的創辦人葛羅莉亞．霍布尼克（Gloria Wapnick）與肯尼斯．

霍布尼克博士（Kenneth Wapnick）並無結盟關係，我也想藉此機會表達我對他們的由衷感謝，本書的許多內容即取材自他們的作品。早在我開始靈修的初期，我便是透過阿頓與白莎的指導而修習霍布尼克博士的教導，因此本書難免自然而然地反映出我所有的學習經驗。

——葛瑞．雷納

沐浴在南加州豔陽下，距夏威夷僅五小時

我已說過，本課程所論及的幾個重要概念，都沒有程度之分。有些基本概念甚至無法藉由它的反面意義去了解。光明與黑暗，一切與虛無，絕不可視為兩種並存的可能性。它們不是完全正確，就是完全錯誤。你必須明白，除非你已經堅定地投誠於一方，否則，你的想法必然反覆無常。[3]

【人物關係圖】

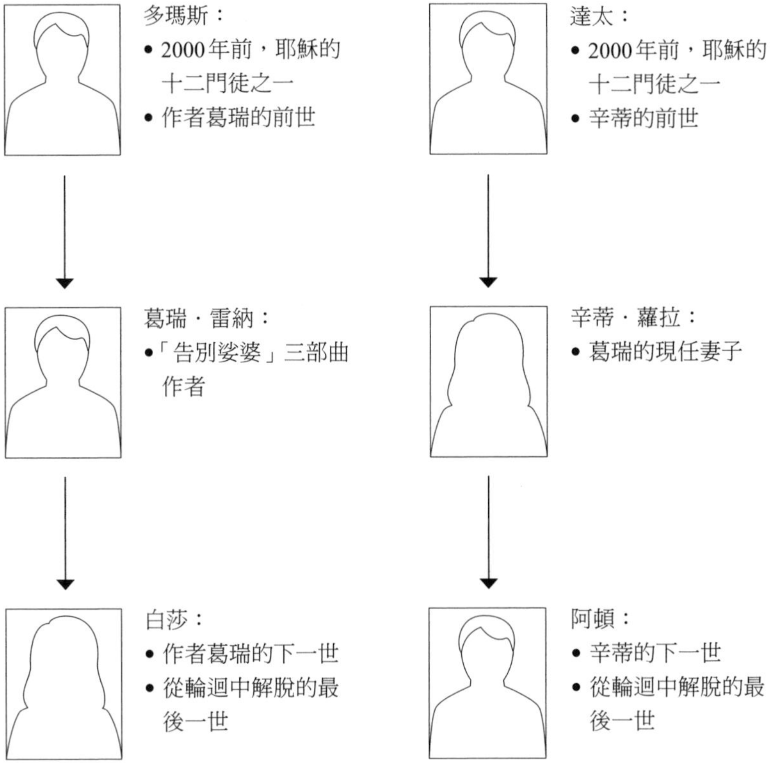
多瑪斯：
•2000年前，耶穌的十二門徒之一
•作者葛瑞的前世
達太：
•2000年前，耶穌的十二門徒之一
•辛蒂的前世
葛瑞·雷納：
•「告別娑婆」三部曲作者
辛蒂·蘿拉：
•葛瑞的現任妻子
白莎：
•作者葛瑞的下一世
•從輪迴中解脫的最後一世
阿頓：
•辛蒂的下一世
•從輪迴中解脫的最後一世

1 你比較想當什麼呢？

你仍是上主創造的你，你見到的一切有情眾生亦然，不論它們呈現給你何種形相。你眼中所見的疾病、痛苦、無能、苦難、失落、死亡等等，都在誘惑你把自己看成自身難保的地獄之子。你若不屈服於這一誘惑，就會親眼看到，這些痛苦不論化為何種形式，或發生在何處，都如陽光下的朝露，轉眼消逝無蹤。1

二〇〇六年年底，我仍是已婚狀態，居住在緬因州，但是到了二〇〇七年年底，我卻離婚並移居到了加州。二〇〇六年是我人生最瘋狂的一年，但是當時我沒有料到，二〇〇七年的瘋狂程度居然還更高。確實，我當初真的沒料到有些事真的可能會發生。

二〇〇五年的八月，我最後一次見到我摯愛的高靈上師阿頓與白莎，他們化身為一名男子和一名女子出現在我面前。在兩年多的時間裡，他們總共探訪我十一次，為我們的第二本書《斷輪迴》

（Your Immortal Reality: How to Break the Cycle of Birth and Death）提供他們那部分的材料（我則提供個人敘述與「註」的部分，並盡力跟上我這邊的對話）。他們最後一次的採訪快結束時，我問我們是否會再見面，他們的回答讓我大吃一驚：一年之後，想想你正在過的生活是不是你真正想要的。你想要一直當個作家嗎？

他們知道一些我還不知道的事。接下來的一年是段艱難的時期，在一次足以對任何人形成重大考驗的巡迴演講行程裡，我成了一樁長期鬥爭的箭靶。一些心懷怨妒的所謂心靈導師聯合發起了一個有組織的活動，試圖毀掉我的服事。

其中一人，我一直把他當成朋友，而且幫過他好幾次的忙，這著實重重傷透了我的心，也是我一生中最大的寬恕課題。我花了好幾個月的時間才對這樣的處境感到釋懷，慶幸的是，這少數幾人的企圖失敗了，或許是因為他們的所作所為完全與自己教導的靈性原則背道而馳吧。人們不喜歡偽善，這些老師滿口光說不練的愛，骨子裡卻是酸葡萄心理。

至於我，純粹只是原本那個不完美的自己。我讓自己變成人人可輕易接觸到的公眾人物，但我從未以一個有別於普通人的姿態自居。儘管多年來，我受到苛刻的檢視，我的性格和背景故事一直維持前後一致、沒有妥協。沒有任何證據能支持那些加諸於我的仇恨標籤，那些充其量只是人們的不同意見罷了。而那些意見亦被證明是少數的極端案例。到頭來，大多數人還是支持我的，這在往後的幾個月甚或幾年的時間裡，亦獲得了好幾次的證明。

距離阿頓和白莎第二次系列探訪的結束已經過了一年，我在紐約州萊茵貝克（Rhinebeck）的歐米加學院（Omega Institute）帶領一個密集班的工作坊。其中有個名叫喬的越戰退伍軍人，他告訴我，因為讀了《告別娑婆》（或簡稱為DU，許多讀者都這麼熱情地稱呼它）而輾轉接觸了《奇蹟課程》。由於喬能夠理解並在生活上實際運用《課程》裡的教誨，於是激發出力量去寬恕他在越南親眼目睹的恐怖事件，結束了他戰後數十年來的連連噩夢。喬說，他希望能和其他越戰同袍分享這本書，就在這一剎那，我對阿頓和白莎的回答不加思索地出現在我腦海。是的，我當然想要繼續做這份工作，我還能有更多的要求嗎？

幾個月過去了，我處理完其他老師對我的惡意攻擊之後，發現自己置身緬因州奧本市（Auburn）的公寓客廳裡。當時是二〇〇六年十二月二十一日，我心裡其實滿清楚接下來會發生什麼事。隨著我人生一次個人危機的解除，另一次勢必即將到來，我殷切期盼著我那兩位老朋友的探訪。高靈上師曾說過，他們是否會再次現身應該由我來決定，他們想讓我為這件事負責。他們曾教導我，要成為「因」而不是「果」，他們也盼望我能確實活出這一點，永遠不再當一個這世界的受害者。這一次，選擇權完全在我。我也知道，如果我想要他們來，他們就會前來，而我也沒有失望。突然之間，阿頓和白莎出現在我面前，就坐在他們最喜歡的沙發上。不久之後，我將因離婚而失去那張沙發，幸好我後來請前妻把它讓給我了。

葛瑞：我就知道你們今天會來！有人寫電子郵件通報我，說你們今天會出現。

阿頓：難道我們名氣這麼大了嗎？

白莎：外頭是不是有狗仔隊啊？說正經的吧，這陣子對你來說是段挑戰性很高的時期。

葛瑞：真的一點也沒錯。你願意好心跟我解釋一下嗎？為什麼你沒有警告我，我遇見的一堆狗屁倒灶事比史上任何《奇蹟課程》教師都還要多？

阿頓：抱歉喔，我們不是一開始就告訴過你，我們不會透露太多你個人的未來嗎？因為我們不想剝奪你的寬恕機會。

葛瑞：喔，我忘了，算了。但是我的老天爺啊！這實在很不容易，你知道吧。

白莎：葛瑞啊，不要跟耶穌說不容易這檔事。他都一路挺過來了，你也好好地走在你的路上。耶穌已經為我們示範，有了上主無事不可能，包括痛苦的完全消失。儘管你現在抱怨連連，你最近的寬恕功課卻做得很好。你為什麼不能像一隻鴨子一樣呢？

葛瑞：小心，我會咬人。你這話是什麼意思？

阿頓：鴨子不會回頭往後看，鴨子要做這件事很困難，所以牠們通常不會費心去往後看。牠們只看面前的事，不理會身後的東西。最重要的只有現在發生的事，對過去不思不想。

葛瑞：你是說，過去應該存在於我的覺知之外，我該想的只有當下必須處理的事，那麼未來自然會照顧它自己。

阿頓：是的，但我們講的不是停留在那個階段就好，像一些頗受歡迎的靈修教誨所說的那樣。任何想要停留在當下的企圖終將失敗，除非該學生已經做過了特定的功課，因為你的心靈裡有一些東西在阻撓你，讓你無法**停留**在當下。多數的靈修教誨甚至不知道有這種事，更遑論教你如何治癒它了。此外，大部分受歡迎的《課程》教師也不知道這種事，不知道怎麼治癒心靈，因為他們並未真的學會《課程》。

白莎：我們將會在很深的層次探索這件事，讓你從此改頭換面。

阿頓：正如我們的師父J兄在《課程》裡所說：「**一個人對過去所能持有的最真實的想法，即是：它已不存在了。**」[2]

葛瑞：太酷了！但是在時間的幻相裡，你這一系列的探訪會持續多久呢？我的行程滿檔，你知道的。如果你會在某些特定日期出現，我必須聯絡一下我的經紀人。

阿頓：我們會持續多久取決於你的功課做得有多好、有多快，我們會向你提出挑戰。你的巡迴行程如此緊湊，可能無法從容應付這些挑戰，但是你的寬恕過程應該縮短一些。你應該注意到了，上一系列的拜訪期間，高階的寬恕過程是較短的，這次也會很短。到最後，你根本不需要任何語言文字就能自動這麼做，那是非常高階的程度。至於現在，我們只能說你的學習速度會很快，而且在不久的將來，你將學會如何在事情一出現在你面前時**自動**寬恕。你會達到一個包含了「忠信」與「喜樂」的狀態[3]，那就是上主之師的特質。你會處於對你的造物主充滿感恩的狀態，祂並未將你創造為一具身體，而是肖似你的造物主的模樣。你所達到的境界，將讓你放鬆地安息於上主懷裡。

葛瑞：嗯，我也想要更加放鬆，對過去幾年來幫助過我的存在更加心懷感恩，你知道的，例如：J兄、《課程》、你、白莎，還有男人的好朋友——威而鋼……

白莎：你也應該對過去幾個月來不斷挑戰你的人，心存感激。藉由寬恕他們，他們就變成了你的救主。

葛瑞：嗯，其中有個人來找我，甚至當眾向我道歉，但我懷疑其他兩個混蛋會不會把他們埋在沙堆裡的頭抬起來，開玩笑的。沒有什麼事是不可能的，我完全了解你們的意思，藉由寬恕他們，我其實成了真正獲得寬恕的人，就這一點而言，他們確實是我的救主。沒有他們，我回不了天家。

白莎：沒錯，親愛的老弟。你如何看待他們，還有你對事情及對他們的看法，都將決定你如何看待你自己，終至決定你所相信的自己是什麼：是一具身體，或是靈性。你比較想當什麼呢？某種短暫而注定一死的東西，還是永恆而**不可能**死亡的生命？你將擁有的經驗，取決於你如何看待他人！如同J兄在《課程》裡提出的忠告：「千萬不要忘了這一點，因為在他身上，你**若不是找到自己，就是失落自己。**」4

葛瑞：藉由寬恕一切現前的事物，加上一切出現在我心靈的舊有記憶與思想，我就能從中獲得解脫。不過，那是J兄所使用的特定寬恕方式，不是多數人能夠了解的。

阿頓：我們談論的那種寬恕，也就是能夠化解小我的寬恕，能讓你停留在永恆的當下狀態裡。過去與未來都會獲得寬恕，一如《課程》所說：「除了『過去』，還有什麼需要寬恕的？它一被寬恕，就真正過去了。」5

葛瑞：嘿！等一下！我還沒打開錄音機。

阿頓：別擔心，我們這次不想要你錄音。你可以做筆記，你已經開始做了，而且你的記憶力很好。現在，就算我們沒有來訪的時候，你也可以很清楚地聽見我們說話，或閉上眼睛時看見一些文字。所以，如果你在書寫時出現了重大的錯誤，我們會糾正你的。

葛瑞：天啊，我不確定。這聽起來比我們過去習慣的做法還要難。我的意思是，我在書中添加了個人敘述與註解部分，告訴人們我生活上發生的種種，讓這些內容散發出我的個人色彩，我透過這種方式分享了許多個人體驗。能將我們實際對話的錄音謄打出來一直對我幫助很大，現在你們卻告訴我不能錄音。

白莎：我們是在告訴你，沒必要這麼做。不會有問題的，你以後就會知道。

葛瑞：為什麼不必用錄音帶？

白莎：很簡單。因為你已經決定繼續投入這項工作，這表示會有更多

＊我們談論的那種寬恕，也就是能夠化解小我的寬恕，能讓你停留在永恆的當下狀態裡。

的書問世。因此，讓我們把人們對錄音帶的所有疑惑擱置一旁吧！現在你沒有錄音也能完成這份工作，而且人們應該將重點放在我們說的話，而不是一些膚淺的事上面，例如：我們是不是真實的，或錄音帶是不是真實的等等。我們一直努力在教導人們：除了上主之外，沒有任何東西是真實的，包括他們本身！

此外，你在回答問題方面表現得很好！到目前為止，有好多年的時間，人們一直提出各種關於你、阿頓和我的問題，你也全部一一回答了，一如我們給你的建議。

〔註：自從於二〇〇一年夏天結束的第一次系列拜訪以來，我一直能聽見阿頓與白莎以聖靈之姿對我說話，不過這種溝通方式並非總是如人們想像的那樣。雖然我經常會聽見聲音，但多數時候，溝通是以另一種形態進行的，特別是在出版第二本書《斷輪迴》之後。我的眼睛是閉上的，但人依然清醒，無論是坐著、睡前躺在床上，或剛睡醒的時候，我都能看見一些文字在眼前浮現，彷彿在閱讀一本書。這是到目前為止，我經歷過的交流形式中最清楚的感通方式之一。〕

阿頓：回答問題並沒有錯，也無需對這些提問生起防衛心。你只是提供資訊，糾正錯誤訊息罷了。有些人竟然認為，以提出問題之名行陳述之實的形式來攻擊你無所謂，他們以此指控你是拿不出證據的騙子，但是他們卻想製造出一種情況，好像你若回答他們，你就是有問題的！如此順水推舟多**方便**啊！但真相是，在形相的層次上，你若不為人們提供你的經驗，他們就會編造自己的答案。

我們建議你回答問題還有另外一個理由。四、五十年之後，當眾多學員回顧今天這些問題時，比較不會像現在許多人那樣情緒化，他們會明白你已經對這些問題做出了回答，而且通常是極佳的回答。

白莎：近幾年來，你已經成為全球知名的老師了，你何不告訴我們，J兄在兩千年前帶來的教誨有哪些重點，他其實至今**仍然**透過《奇蹟課程》在教導人們，當時世上除了少數人以外，人們都不了解他，現今這個世界依然不了解他，除了少數人。

葛瑞：沒問題，但我會長話短說，因為我有幾個問題想要請教。好，首先要了解的是，總共只有兩件事，而且其中只有一件是真實的。那**真實**的就是上主（God），或說天堂、你的源頭、天鄉、實相，或你想怎麼稱呼它都行。無論你怎麼稱呼它，它都是完美無缺的。《聖經》與《奇蹟課程》都這麼說：上主是完美之愛。這種完美之愛既不變易，也不更改，它是絕對如如不動的。如果它會變易、更改，或會進化，那它就不是完美的了。然而，實相**已經是**完美的，根本不需要有所改善。這是適用於每一個人的實相。這份完美之愛無法教導或解釋，但是可以體驗，即使我們在此時此地看似一具身體亦然。

而如果上主是完美的愛，那麼祂所知的一切作為就是去愛。如果祂知道其他任何作為，那麼祂就**不是**完美之愛了，不是嗎？想要了解《課程》的非二元論本質，這是相當重要的一點。

但是，有另一樣東西認為它在這裡。它不是真的在此，只是認為自己在此。這東西將自己從它的終極源頭分裂出來，發展出自己的一個個別身分。我們將它稱為小我（ego）。那個小我多半是無意識的，它是藏在表面底下的東西。我們的意識心只能洞悉它的一小部分，絕大部分對我們來說都是隱而不現的。而在那隱藏的部分中，存在著一種恍若天人分裂的內疚感。那就是你謂之「原罪」的東西，並非真的有什麼「罪」在那裡，那只是一個分裂的念頭。它會創造出意識，因為要有意識，你必須擁有一樣以上的東西——一個主體和一個客體，那麼，你才能意識到另一個其他東西。而在實相中，沒有主體或客體，只有完美的一體。

長話短說，你根本不需要掙扎著成為你原本已是的。真正的你已經是完美的、恆常不變的。你必須做的只是**化解**那個認為自己與終極源頭分裂的虛妄的你，那個相信自己有罪的虛妄的你。

白莎：如果上主是純粹又絕對的完美之愛，那麼在一開始時，怎麼會有任何分裂的念頭出現呢？

葛瑞：啊！這是個狡詐的問題。《奇蹟課程》教導的是對救贖的全然覺知：「那麼，所謂徹底證入救贖境界，只不過是認清了分裂從未真正發生過而已。」**6**

換句話說，分裂是個幻覺、是個夢，是一個時空宇宙的投射。而那個幻覺的答案無法透過我們的心智而找到，心智也就是小我最常用來讓我們彷彿受困於此的東西。分裂是一種錯誤的虛妄經驗，分裂的正確答案就在於以一個真實的經驗取代它，在那樣的情況下，你便不再是個分裂的生命存在，而是與一切創造合一，而那樣的經驗**正是**我們對所謂生命的「答案」。事實上，在那樣的經驗中是沒有問題的，唯有「答案」存在。那麼，你是暫時回到這裡，回到那錯誤的分裂經驗裡，結果變成是你在夢想著各種問題！由於那些問題並不存在於實相裡，實相是與我們源頭合一的完美之愛的體驗，當我們最後一次將身體擱置一旁時，那也會變成我們的永久實相。

白莎：很好，老弟。那麼一個人是如何開始製造這種經驗的呢？

葛瑞：嗯，你要做的第一件事就是停止「受害者」的身分。舉例來說，如果這世界是由上主所創造，那麼你就會是上主的受害者，你會成為一股施加於你的外力的受害者。然而，這個世界並非上主所造，如同《課程》的〈學員練習手冊〉裡某一課所說：「**我不是眼前世界的受害者**。」[7] 順道一提，那就是為何了解《課程》的〈正文〉是如此重要的原因了，否則你就無法真的看懂〈練習手冊〉。人們會將自己的詮釋加諸於〈練習手冊〉的操練上，通常會賦予它們一種新時代的味道，但是《課程》不屬於新時代的那類東西，它是獨一無二的。它教你的不是現今知名靈修導師所教的那一套東西，它在〈練習手冊〉裡說得很清楚：「〈**正文**〉

中所提供的理論基礎，是〈練習手冊〉中不可或缺的架構，它賦予了每個練習的意義。」**8** 多數的《課程》老師並未真的學會這件事，也未真正理解其中的意涵，或是他們雖然理解，卻沒有告訴任何人。

多數的靈修系統都試圖平衡身體、心靈、靈性這三者，將它們視為同等重要，但是那不是《課程》採用的途徑。要修習《課程》，你必須學習如何運用你的心靈在身體與靈性之間做選擇，而身體即是小我從靈性分裂而出的象徵，靈性在《課程》裡則是完美的一體，不該與「個別靈魂」的概念混為一談，個別靈魂仍是屬於分裂的概念。

《課程》教導我們，這世界是我們集體無意識心靈的投射。我們的心靈在巨大的形而上層次遭到否認並投射於外，換句話說，那就是我們從源頭分裂之初所感受到的、令人難受的無意識罪疚感。

心理學家會告訴你，投射總是隨著否認而來，那是因為當你否認一件事的時候，它總要有其他地方可去。一件事一旦遭到否認，它就變成無意識的。《課程》裡大量談論了否認。你忘記自己曾經否認它，然後當它投射於外時，你反而認為你正在觀看的投射就是真實狀態。你完全忘了是自己創造了它，因為它被否認了！所以，那是你的投射，但是你並未覺知到這一點。《課程》教導我們：「**投射形成知見。**」**9** 這表示，其實是你自己創造出你正在觀看的一切，只是你忘記了，將這一切執以為真。你忘記那完全是自己一手打造的虛妄創作。

如同J兄說過的：「你認為相信眼前的世界是你造出來的，是一種傲慢，這不是很奇怪嗎？世界絕不是上主創造出來的。這一點我敢跟你保證。祂怎麼可能知道這無常、有罪、害怕、痛苦、孤獨的世界，還有那活在終歸一死的軀殼內的心靈？你控訴祂神智不清，竟然造出這樣虛實難辨的世界。然而，祂並沒有發瘋。說實話，只有瘋子才會造出這樣的世界。」**10**

阿頓：你和你的朋友J兄不能再留一手了。你說過，出離的一部分就是要停止當一個受害者，為你的經驗負起完全的責任。這要怎麼辦到，你能不能再解釋得更具體、明確一些？

葛瑞：你無法透過清晰的思路或自我教育來辦到這一點，你必須聆聽聖靈的思想體系，而不是聽你自己的。真理非常簡單而一致，小我卻不然，小我非常複雜，而且它其實**想要**分裂的概念存活下來，因為那能讓它覺得很特殊。那麼，它就能在這個世界建立特殊關係，例如：特殊的愛恨情仇關係，我很肯定我們不久之後就會深入探討這件事。重點在於，小我喜愛複雜的事物，因為那些都是煙幕彈，能用來遮蔽那唯一的真正問題與唯一的解決之道。

唯一的真正問題就是天人分裂的概念，而唯一的解決之道，就是化解這樣的分裂概念，返回天鄉。為了引領我們返回天鄉，聖靈給了我們一個簡單的真理讓我們面對小我的複雜本質。但是小我堅持不放手，它就像「魔鬼終結者」一樣，樂此不疲地不斷回來。然而，長久下來，化解小我的真理終將獲勝，因為聖靈是完美的，小我不是。

任何人都能理解並且運用聖靈的教誨，《課程》說它很**簡單**，而且說了不只一次，它這個詞整整說了一百五十八次！我查過檢索索引（Concordance）了。此外，《課程》亦未建議我們、或包括高靈上師在內的教師要有原創的想法。事實上，它說：「聰明才智與那使你自由的真理完全是兩回事，唯有等到你甘心放下自己的小聰明，你才可能不再受它的箝制。」[11] 它還說，等等，讓我看一下：「問題既然提出了，本課程只是提供另一種答覆而已。然而，我們的答覆無意標新立異或巧言惑人。這些都屬於小我的特質。本課程十分簡單。它只有一個任務及一個目標。為此，它才能徹底保持一貫性，因為只有如此它才能一以貫之。」[12]

> *你可以藉由改變看待他人的方式，改變你自己的經驗。

阿頓：沒錯，但你還是沒有給我那把關鍵鑰匙。根據你的說法，到底是《課程》裡的什麼東西改變了你的經驗？

葛瑞：你可以藉由改變看待他人的方式，改變你自己的經驗。

白莎：完全正確。寬恕是改變看待事情的方式，包括：各種處境、事件或他人，但是這並不容易。

葛瑞：我向來不會對人說寬恕他人是件容易的事。事實上，這感覺爛透了，因為他們不配得到寬恕。

白莎：這在形相層次可能看起來很真實，但是過一陣子之後，你就會漸漸發現一個事實，就是當你寬恕他人時，其實你自己才是獲得寬恕的人。

葛瑞：那是因為其實我們都是一體。

阿頓：是的。人們看起來像是個別分離的，因為他們所見皆為根據分裂概念發展出來的投射，但那只是一個詭計。無論小我貌似分裂了多少次，都只是虛妄的幻覺，其實只有一個實存生命認為自己與其終極源頭分裂。沒錯，它**貌似**為「多」，但其實永遠只有「一」，而你就是那個「一」。然而，心靈在表相上貌似不斷分裂，然後它投射出那些分裂，導致有越來越多人出現於此投射裡。但是，這些全是讓人霧裡看花的騙局，無論你看見多少形象，永遠都只有一個小我。

葛瑞：這剛好說明了為什麼你只從一、兩個人開始，就像亞當和夏娃一樣，然後在接下來的某個時刻，你又會以百千萬人的面貌出現。我總是納悶，這樣的轉世輪迴怎能行得通。我的意思是，如果你們只是兩個個體，這兩個個體如何能在表相上透過轉世投胎以百千萬人的面貌出現？除非心靈是分裂的，否則這是不可能的。我說「在表相上透過投胎轉世」，是因為這全是虛幻不實的，或不如說是一個夢吧，一個只是顯得很真實的夢。是的，夢裡的事件似乎全部發生了，但這不表示他們**實際**發生了。

白莎：你相信轉世輪迴之說嗎？

葛瑞：不相信，但我曾在另一世活過。

阿頓：你說你藉由改變自己看待他人的方式，改變你的經驗。我們必須在此釐清幾件事。我們之前曾引用《課程》裡的內容，指出一個非常重要的心靈法則：「你如何看他，你就會如何看自己。」13

是該將它解釋得具體一點了，但先讓我問問你，你的手還好吧？

〔註：A和P（我有時會私下這麼稱呼阿頓和白莎）回來的一個星期前，有天早上，我醒來時突然發現一隻手完全麻木無感，完全使不上力。我去看了神經科醫師，診斷的結果是右橈神經受損。醫生告訴我，我因為打字過度和不斷為讀者簽名而造成了這種損傷，他說如果要康復，可能需要長達一年的時間，而我下定決心要讓它盡速復原。

如果有種東西叫作「症狀發生的好時機」的話，手的症狀來得正是時候。我有一個月的聖誕假期，之後才要再度展開密集的巡迴和演講行程。我決心不讓這個煩惱影響我，甚至還和我老婆凱倫度過了一次美好的小旅行，前往紐約感染一下聖誕的過節氣氛，儘管我的右手幾乎使不上力。

我開始實修《奇蹟課程》和兩位高靈上師教我的療癒教誨。手的狀況改善了，但仍然痛，在阿頓和白莎回來的當晚，我的手大概恢復了百分之五十的力氣。我已經盡力做筆記了，不過字跡看起來仍舊像小孩子的鬼畫符。〕

葛瑞：好轉些了。我一直在實踐我接收到的教誨。

阿頓：很好。在這個系列的第四次探訪，我們會談到關於療癒的事，顯然這不只是針對你而說，也是為了你的讀者而說。你還有三個星期的時間才要再度披掛上陣，繼續利用心靈治療你的手吧！然後我們在第四次探訪時會討論你的進度，那時我們就能切入重點。

白莎：好，回來談「手」邊的東西吧……雙關語只是湊巧。人們運用《課程》的方式有一些基本錯誤，其中一個原因是他們不記得靈性到底是什麼。另一個錯誤就是，他們將焦點放在幻相而非實相上。

葛瑞：此話怎講？

白莎：人們開始下功夫時，經常會將焦點放在人生是個幻相這個事實，而這**不該**是你的焦點所在，原因在於，如果「你看待他人的方式就是看待自己的方式」這件事成立（它**的確**是真的），那麼，你在將世間人事物視為幻相時，你終會在你的潛意識將自己也視為幻相，你會因而感到空虛、無意義，然後變得鬱鬱寡歡。記住，你的潛意識會將你對他人的所思所想詮釋為你對**自己**的看法，因為縱使你沒有覺察到，你的潛意識卻無所不知，包括知道其實只有一個你，一個認為自己在這裡的你。那就是為什麼你對他人的一切所思所想實際上都是來自你，針對你、關於你的一個訊息，而那也是你的潛意識所認為的。因此，你絕對不會想要將他人視為幻相，否則那也會變成你對自己的看法。

不是只有這裡的美國學員會犯這種錯，由於印度教與佛教總是教導人們娑婆世界是個幻相，或者如佛教徒所說的無常，所以包括印度的很多其他地方都是如此看待世界的。讓問題雪上加霜的是，印度有種姓制度，三分之一的人口都被視為比動物還不如，他們沒有任何權利，而且永遠不會有。你能想像一個國家將三分之一的人民視為比動物更低等，這對國民的心理會造成什麼樣的影響嗎？

慶幸的是，印度仍有許多人在實修他們借給我們的那個概念。你會經常在那個國家的合一教會（Unity churches）聽見他們這麼說，也就是Namaste的概念，意思是「我內在的神性向你內在的神性頂禮」。這當然是往正確的方向踏出了一步，但是，它走得還不夠遠。

當你說：「我內在的神性向你內在的神性頂禮。」你也將對方限制為時空裡的一粒小塵埃，你讓個體性變得更真實，也讓你們兩人分裂為二，好比一個主體和一個客體。J兄的方式是視而不見（overlook）身體，這並不是說他的肉眼不去看別的身體，而是他了解，他不是用肉眼在看的，而且他並非真的存在身體裡。他知道，他用以觀看的是他的心靈。如同他在《課程》裡所說的，「**我們只是在旅途的終點回首整個旅程，假想自己再走一趟，在腦海裡重溫一遍陳年往事而已。**」**14** 順便一提，有比看電影更好的定義嗎？電影早已拍攝完成，它已經結束、製作完成了。現在，你在觀看電影，而你所觀看的東西裡面，有一部分是你自己的身體！你的身體只是那同一個投射的一部分，和你看見的所有其他身體一樣。

那麼，與其將你互動的對象局限為時空裡的一粒小塵埃，不如效法J兄的做法，無視於身體的存在。你可以將那人視為無限的，你不將他視為整體的一部分，而是將他視為整體的全部。若能這麼做，你就能不再聚焦於身為幻相這件事，並製造出一個高度正面的結果。這會管用的，如此能為你省下多生多世的修行。如果你能將他們視為整體的全部，與上主無異，那麼那就是你最終對自己的體驗。J兄就是這麼做的，他處處皆能得見基督面容。在《課程》裡，J兄並不特殊，他說你和他是平等的，你也能夠體驗到這個境界，而最快速的體驗方法就是在你遇見的每個人身上看見靈性的實相。

葛瑞：嗯，所以我要將自己遇見的每一個人都視為與上主相同，那正是《課程》談到的完美一體。在我們最自然的狀態下，我們與上主無異，這種看法絕非妄自尊大。妄自尊大的，是認為我們能夠天人分裂、與上主分離。真相是，我們不可能天人分裂，除非是在夢裡，因此，你也可以說《課程》接受這個時空宇宙是個幻相的概念，然後進一步將它定義為一場夢，而我們必須從這場夢醒來，這樣的覺醒就是悟道。

阿頓：非常好！關鍵就是，將每一個人視為整體的全部。如果你能辦到，就是在做一件史上極少人能辦到的事，而這能加速你悟道的過程。你的潛意識將能了解，如果「他們」與上主是完美一體的，那表示你必然也是與上主完美一體的。即使是J兄都必須對此下功夫，然而他的徹醒終究勝出了。

> **＊關鍵就是，將每一個人視為整體的全部。**

葛瑞：天啊，如果連**他**都必須下功夫，那麼每個人一定都必須這麼做。

阿頓：一點也沒錯，這讓我們了解何謂真正的靈性慧見。小我非常喜愛差異，若無差異，何來評斷？若無差異，何來戰爭、謀殺與暴力相向？因此，小我想要你認為，你眼中所見的一切分裂皆是真實的。這就是你弄假成真的方式——你相信了它。那就是小我獲得力量的方式，它也因此獲得了凌駕你的力量。小我渴望特殊性，並且哄騙你相信娑婆世界裡的一切差異，然而聖靈看見的卻是同一性。沒錯，聖靈也會在自己的思想體系與小我的思想體系之間劃分差異，但那是差異性的適切用法，因為其中一個是真，另一個是假。

聖靈不會以分裂的角度來思考，它處處所見皆是圓滿。我說「見」，表示那就是聖靈思考的方式。你用你的思考方式建構靈性慧見，它與肉眼無關，雖然你還是可以在娑婆世界裡用肉眼見到靈性象徵，但它們依然僅僅是象徵。實相無法以肉眼得見，但能以心靈來體驗。

如果你想回歸至靈性，就以聖靈的方式來思考。聖靈無視於肉體，因為那只是個虛妄的形象，聖靈認為真理是超越幻相這層面紗的。這份真理是完美一體與純潔無罪，與上主無二無別。而以這樣的思維看待他人，就是靈性慧見。

現在，跟我們說一個笑話吧！

〔註：多年來我在工作坊裡都會說笑話。很久以前我就發現，幽默是我課堂上的一個重要元

素，它能為繁重的教學工作增添一些詼諧感，讓人放鬆心情。有時我會自己編笑話，有時會講從別人那裡聽來的笑話。大家知道我喜歡笑話，所以我在世界各地旅行時，人們都會和我分享他們自己最喜歡的笑話，然後我就再分享出去。對《課程》裡描述過的一個問題來說，這是完美的解藥，那問題是：「在『一切是一』的永恆境內，悄然潛入了一個小小的瘋狂念頭，而上主之子竟然忘了對它一笑置之。」15 在我的工作坊裡，記得笑是沒有關係的，如此我們可以在學習的同時享受一段歡樂時光。」

葛瑞：好吧！肯德基爺爺前去覲見教宗，兩人會晤時，他對教宗說：「教宗啊，我決定要捐獻十億元給教會。」教宗回答：「天哪，這真是個慷慨之舉，你的事業一定極為成功。」但是肯德基爺爺說：「只有一件事要拜託你，你必須改一下〈主禱文〉，不要再說『賜給我們今日所需的飲食』，而是把它改成『賜給我們今日所需的雞塊』。」

教宗回答道：「我不確定能這麼做，這是個很大的改變啊！我無法擅自決定，必須諮詢各主教的意見。我們會舉行視訊會議，這樣吧，我先和他們談一談，你明天再回來，到時我就能給你答案。」

肯德基爺爺離開之後，教宗打電話給各個主教，說：「我有一些好消息和一些壞消息要告訴你們。你們想要先聽哪一個？好消息還是壞消息？」其中一位主教說：「說說好消息吧！」「好的！」教宗回答道：「我們即將收到一筆十億美元的捐款。」每位主教都感到興奮不已。但是，其中一位主教又說了：「嘿！等一等，壞消息是什麼？」教宗說：「喔，看來我們的『神奇麵包』戶頭要關閉了。」（譯註：神奇麵包Wonder Bread是美國的一個國民麵包品牌，這裡譬喻〈主導文〉賜予麵包。）

白莎：很棒的笑話！現在，我們該談一談化解小我的其他方法。如你所知，最重要的一個就是寬恕，我們會再深入探討這件事，但是此外還有另一個方法能讓聖靈做主，這件事比你想像的要緊許多，而且原因不只是因為聖靈的判斷比你的要好得多，雖然聖靈能夠了知一切發生之事，從無始至無終，但還有一個更重要的原因。如同《課程》在〈教師指南〉裡教導我們的，讓聖靈做主能夠免除你的罪疚感。

當你尋求一個比自己更高的力量，希望獲得幫助時，你所做的不是依賴自己的才能，而是化解你心靈裡的分裂念頭，不去強化這種念頭。你單打獨鬥的時候，是讓自己的分裂感更為擴大，但是，讓聖靈做主能讓你找到出路。只要在早上花十秒鐘的時間說：「聖靈，請你今天為我的一切思想與行為做主。」當然，你的作為就是思想的結果。因此，重點應該放在你心靈層面的思想，或者「因」上面，而不是放在作為，那只是「果」罷了。在夢裡並非真的有因有果，一切全是果。因是心靈的投影機，那就是你該下功夫的地方。

另一個化解小我的方法，就是在〈頌禱〉裡談到的原始祈禱形式，〈頌禱〉已經不只是一本小冊子了，它已經被收錄在心靈平安基金會出版的第三版《奇蹟課程》裡，你該找個時間重新讀一遍。最原始的祈禱形式是在靜默中完成的，我在兩千年前使用〈主禱文〉時，那並不是祈禱本身，只是一種引言，好比對上主的祈請或邀請。當然，《聖經》裡的禱文並不是很好的譯本，而且它在最初的幾百年還被教會篡改過。你會在《課程》的〈正文〉裡發現更完善的〈主禱文〉版本。你願意為我們誦讀一遍嗎？

葛瑞：好的，我一向很喜歡誦讀，但是你說這只是一種類似引言的作用，一種讓你為與上主同在做好心理準備的功能。真正的祈禱發生在你變得靜默、與神結合為完美一體，陶醉在神的愛裡的時候，這種情況彷彿你沉浸在感恩與完全的富裕之中，因為在完美的一體裡面，你擁有了一切。在圓滿裡不可能缺失任何東西。

白莎：你的理解很正確。那麼，就來為我們誦讀吧，然後我會要你再誦讀另一段文字，接著我們就靜默幾分鐘，在完美的一體當中與上主合一，這也是消除分裂的另一種方式。

葛瑞：好的，開始了。

天父，寬恕我們的幻相吧！幫助我們接受自己與祢的真實關係；這關係內不夾雜一絲幻相，幻相也永遠無法侵入這一關係。我們的神聖性就是祢的神聖性。祢的神聖性既然圓滿無缺，我們裡面還有什麼需要寬恕的？遺忘之夢不過表示我們還不願憶起祢的寬恕和祢的愛而已。願我們不再陷入這種誘惑了，因祢無意試探自己的聖子。願我們只接受祢的禮物，也只讓祢的創造與祢的所愛進入我們的心靈。阿們。**16**

白莎：好極了。現在請誦讀「遺忘的歌曲」(編註：〈正文〉第二十一章第一節)裡面，你最喜歡的那部分，那能幫助我們理解默禱的目的，那也是靈性慧見的另一段優美敘述。當你與上主合一，陶醉在上主的愛裡時，那就是你會體驗到的。

葛瑞：好！開始了。

當你放眼望去，你會看見一道弧形的金光，隨著你的視線，超越身體之上，超越了星辰與太陽，超越你眼前似曾相識的一切，逐漸拓展為一道燦爛偉大的光環。那道圓環在你眼前光明燦爛。環的邊界逐漸消褪，再也攔不住環內的光明。光明開始向外延伸，須臾也無間歇地籠罩了整個天地萬物，延伸至無窮無盡。萬物在它內完美地交融為一體。你無法想像任何東西可能置身其外，因這光明無所不在。

這是上主之子慧眼中的世界，你對這位聖子毫不陌生。在你的慧見裡，他深知天父的真相；在此慧見裡，你也會憶起自己的真相。你雖是慧見的一部分，卻擁有慧見所有的內涵，你終將結合於整個慧見裡，整個慧見也會結合於你內。**17**

白莎：現在我們靜默五分鐘，與上主合一，沉浸在完美的一體與感恩之中。我們愛你，天父。祂即是(God is)。

〔註：在那當下，我徹底放下，試圖與神合一。我覺得自己擴張開來，放掉了任何關於邊界或限制的想法。我心裡沒有任何語文，只有一個永恆擴張的、美妙純淨的白光之念。沒有任何阻力，沒有任何東西在阻擋我。事實上，根本沒有「我」。我無為、無念，彷彿我是被上主所念，而這一念是完美的。

由於它是完美的，因此它是圓滿、完滿、完整的。它無懈可擊、永垂不朽，是某種絕對不會受到世界所觸碰或威脅的東西。你在完美的一當中不會受到攻擊，因為沒有其他東西來攻擊你。因此，那種感覺是一種絕對安全、無懼的體驗。在那樣的狀態下，感恩之境自然生起。〈頌禱〉正是感恩之歌。我在我的造物主的臨在下，感受到了喜樂。我想要說：「謝謝你，謝謝你……」但是我又不想任何語言文字介入，我只想保有這樣的經驗。

這樣的狀態不可能有任何缺失，那裡沒有匱乏，也沒有任何死亡的可能性。死亡代表了生命的對立面，但是如同《奇蹟課程》這麼說的：「與愛相對的是恐懼；但無所不容之境是沒有對立的。」[18] 有一種恆久不變存在，一種不存在於時空宇宙的境界，而那也是一種永恆不易之圓滿實相底下的經驗。這種推恩狀態的出現，是圓滿整體的同步擴張，和運動的概念是不一樣的。此外，它亦是沒有時間性的，我沒有一種「下一步」的感覺，存在的只有經驗本身，更無任何接續下一步的需要。那是一種絕妙之境，那是幸福快樂，那是上主。

我在那樣的經驗裡停留了一陣子，我不知道究竟過了多久。我感覺輕飄飄的，一點也不覺得需要回去我以為自己所在的房間裡。然後，我聽見阿頓開口說話的聲音。我知道時間到了，該繼續我們的討論了。」

阿頓：《奇蹟課程》不是宗教，不是什麼你必須相信或改信的東西，你也無需去說服任何人，說它是正確之道。畢竟，靈修是件非常個人的事，它是你和聖靈、耶穌、J兄、約書亞，或你想怎麼稱呼它都行之間的事。無論你賦予它怎樣的名稱，終究，它都會引領我們經歷一段與上主的親密關係，那是非常個人化的體驗，就像一種絕非筆墨語言所能形容的、完美的、宇宙性的高峰經驗。

《奇蹟課程》裡面沒有很多教條，這證明了它不是一種宗教，但是它要求你遵守〈練習手冊〉裡的指示，例如：你每天所做的每日一課操練不該超過一個。因此，完成〈練習手冊〉裡的實修至少需要一年的時間，甚或更久。

葛瑞：有一次，有個男子非常自豪地跟我說：「我六個月就做完〈練習手冊〉了。」

阿頓：沒錯，有些人連一個規則都遵守不了。還有一個對你來說應該很清楚的不成文規定，那個規定是：凡是涉及《課程》的，你就必須去操練，如果你不做，就無法從中獲得實踐的利益。《課程》需要你去下一定的功夫，那就是為什麼其中有一冊稱為〈練習手冊〉的原因。《課程》是一套靈修訓練，它對學員有一定的要求，也提供了豐富的回報。凡是值得擁有的，就值得你下功夫，而悟道絕非僅止於值得擁有而已。

葛瑞：話說回來，《課程》裡有個似非而是的現象。好吧，事實上在《課程》裡有好幾個似非而是的現象，但是我要說的是這個：我以前一直認為，要像J兄那樣寬恕這世界需要傾注大量的努力，但是一路走來，我益發了解到，去評斷他人其實要比寬恕他人耗費更多時間！我的意思是，在這學習過程中，寬恕已經內化成為你的一部分了，所以到最後你根本不必去操練它，它也會越來越自動發生。因此，操練寬恕所需的時間會逐年減少，但是如果你花時間去評斷他人，你就必須編造一些故事，說明他們為什麼不值得你寬恕。直接寬恕那些混蛋，其實要省時多了。

白莎：確實是如此，老弟。既然我們在討論寬恕，不妨再次談談我們所說的寬恕到底是哪一種寬恕。那種老套的、牛頓學派、主體對客體式的寬恕是無用的，在那一種寬恕下，你是因為認為別人真的做了什麼事才寬恕他們，這麼做徒然讓無意識裡的分裂概念變得更加真實。

寬恕能讓人們解脫，是因為他們從未真正做過任何事，因為你自己就是那個在一開始創造出它們的人。你所看見的，是你自己對時空宇宙的一種投射。你承擔起那個創造的責任，而這不是件壞事，反而是件能發揮強大力量的事。現在，你從事情的「因」而非「果」來處理。這就是《課程》所談論的知見的轉換。

這種寬恕也將允許聖靈去醫治埋藏在你無意識深谷裡的東西：一種必須回溯至天人分裂

這最初一念的罪疚感，那就是導致你感到苦惱的真正來源，亦即所謂的「原罪」。但是，你卻將苦惱的原因歸咎於某種外在於自己的事物，因為那就是你投射的對象。所以，你認為自己會苦惱是因為你的退休基金存得不夠多，或是因為恐怖分子可能會轟掉你搭的那班飛機，而且你忘記了，真正使你苦惱的根本不是那個投射之境，而是你心靈裡的那個根源。解決之道就在於寬恕這虛幻不實的投射之境，這是你能做的一小部分工作，同時也能允許聖靈去處理大部分的工作，那是你只能體驗、無法得見的療癒工作。

如此一來，當你寬恕的時候，你的無意識將會出現一種根本的轉變，遲早你的經驗也會開始改變。你會逐漸地從身為一具身體的體驗轉變為身為真正的你之所是，也就是愛、或純靈，這兩者在《課程》裡是同義詞，因為在靈性層次，它們完全等同於上主。

阿頓：容我再次提醒你，這可能對你會有幫助：這種愛是完美的愛，不是一般世人認為的那種愛。這種愛不僅完美，如《聖經》和《奇蹟課程》所說，完美之愛能驅散恐懼。完美之愛和恐懼無法並存。完美之愛是涵容一切的。在這種愛裡，你無法對任何人有所保留，否則你就無法親身體驗它。如果它不是涵容一切的，它就不是真實的。

因此，這裡有個重點值得再說一次。如果你告訴人們要選擇愛而不是恐懼，卻沒有進一步解釋，那就淪為膚淺的教誨了，而且多數人都會認為你所說的是他們的愛。然而，那並非《課程》所指的東西，它指的是上主的完美之愛。世間人的愛的概念，在《課程》裡會稱為特殊之愛，因為它並非遍及每一個人，它只給予你選擇要愛的那些特殊之人。多數人生命中亦有特殊的仇恨關係，那是他們選擇將自己的無意識罪疚投射其上的地方。當然，也可能透過一種愛恨關係而讓這兩者同時共存。不過，在特殊之愛與特殊之恨這樣的情況裡，顯然要寬恕你自認為愛的那人，要比寬恕你自認為不愛的那人困難許多。重要的是必須記住，真正的愛能夠寬恕每一個人、每一件事，沒有任何例外。它深知人們真正的身分，他們並非真的是那些人，他們是完美的愛，一如上主創造他們的模樣。

他們或許以為他們是人，甚至以為自己擁有聰明才智，但是讓我告訴你一件事，葛瑞，沒有愛的聰明才智什麼都不是。因此，我們所說的那種真愛，不可能是人們所謂的愛，而是聖靈的愛。聖靈是上主在這個層次的代表。祂是你本來面目的記憶。聖靈處處所見皆是純潔無罪，因為祂視每一個人與自己無二無別。那就是為什麼真寬恕是聖靈最偉大的教學輔助工具，它能帶領我們獲得完美之愛的體驗，而這就是成為整體一切的經驗。如同《課程》所說：「**祂絕不願聖子認命地接受任何次等禮物的。**」**19**

葛瑞：你已經透過許多方式為我解釋了真寬恕的意義，這些方式是彼此一致的。我依然有個看法，就是這過程有三個不同步驟，最後會逐漸融合為一步，當你已經非常習慣時。

首先，你必須停止對這娑婆世界做出反應，回應只會讓它

＊重要的是必須記住，真正的愛能夠寬恕每一個人、每一件事，沒有任何例外。

變得更加真實。你必須**停止**以小我來思考，如果你逮到自己正在評斷或譴責任何人事物，或開始覺得有點不舒服、焦慮甚或憤怒，那肯定就是小我在作祟，聖靈絕不會這麼做。因此，你必須檢視自己的感覺與念頭。事實上，你甚至可以將自己的感覺具體表現出來，你的感覺其實是你所思所想的結果。

一旦你停止以小我來思考，便能開始以聖靈來思考，你無法同時進行這兩者，它們代表著兩個截然不同、互相排斥的思想體系。你會從小我轉向聖靈，那是神聖的一刻。

聖靈對於你所面對的處境，會作何建議呢？停止將它當真。你的評斷與反應讓情況變得真實，而現在，你應該明白，你之所以將他們視為有罪的，全是因為你想要將罪疚歸咎於他們，而不是你自己。因此若想解除，你就必須收回這種投射。你了解到，罪疚不在他們之內，而是在你之內，其實也並非真的在你之內，因為整個罪疚的概念都是經由小我妄造而成真的！

因此，第二件事就是你必須了解是小我妄造出這整件事，你的所見皆非真實，時空宇宙並不存在，只有一個時空宇宙的投射存在。而且，你不是它的受害者，身為一個受害者不具有任何力量，但是作為「因」卻能擁有許多力量。

第三件事情就是，你要改變心念。你重新做出選擇，就像《課程》在〈正文〉的最後一節所說的。你無視於身體，選擇以靈性的角度來思考。你不再讓處境變得真實，並且能穿透那層簾幕而直抵真相，在那裡處處皆純潔無罪，因為上主無處不在。沒有人是罪人，包括你在內，一切的一切皆在平安之中消融至聖靈裡。當你依此操練時，你會發現這個過程的執行會越來越快速，因為它會變成一個你了然於胸的真理。

再者，你已經如此熟悉這世界是出自於你而非衝著你來這樣的概念了，你就越來越不可能以過去慣用的方式來做反應。現在，寬恕就成為一件合情合理的事了。

白莎：非常好，老弟，你學得非常好。而且當然，隨著你一路走來，你將越能夠充分體驗到，你才是那個真正獲得寬恕的人。當你放下評斷，以真寬恕取而代之，你就能感到自己獲得了釋放。

葛瑞：是啊！正如佛教徒所說的，評斷他人就像喝了毒藥，卻在等待別人死去。所有的評斷無非是對自己的評斷，而所有的寬恕也無非是對自己的寬恕。

阿頓：阿們。小我是你心靈中相信分裂，甚至渴望分裂的那部分，因為它自覺特殊，而聖靈只相信上主與祂的天國，既然重點是從小我之見轉向聖靈之見，那麼我們就能開始以實際而有建設性的方式來使用意識了。既然我們已經知道意識其實只是分裂之果，那麼我該強調一件事：對意識唯一具有建設性的使用方式，就是用它來選擇以聖靈角度思考，而**不是**小我角度，那就是《課程》對「自由意志」的看法。無論生活貌似多麼複雜難解，無論有千百萬人、千百萬個選擇存在，你其實永遠都只有兩種選擇，而且只有其中一個選擇能代表實相，那個實相就是愛。愛從不曾遺忘任何人。跟隨聖靈的腳步，你就能獲得指引而體驗到那實相。

葛瑞：當然，過程中也會有其他經驗發生。你會感覺更有靈感，更不像是一具身體，而更像是靈性。你會感到與上主和其他人更加親近，甚至會覺得自己在這過程中發展出靈性天賦，例如：治療他人的能力。我記得我在操練《課程》數年之後，住在麻州的阿姨瑪莎打電話給我，她罹患癌症，我嘗試在電話上對她進行治療。我覺得自己真的扭轉了一些事，或許我變成了一個很好的治療師。

阿頓：她過世了。

葛瑞：你必須好壞都一起接受。在任何情況下，若你寬恕了他人，你便獲得了寬恕，因為你會與自己的純潔無罪更親近，你的罪疚感會減輕。我想這是似非而是的，雖然你日益明白這世間並不真實，你實際上卻更能夠享受它，而非在其中受苦。我的意思是，人們剛開始投入靈修這件事時，會因為自己將某件事視為一個夢、視為不真實的而放棄了那東西，而我的發現卻是，我反而更能夠享受我的生活。這情況好比去到電影院，我知道那不是真的，卻不會影響我去享受這部電影。事實上，我反而更能夠享受其中。現在，我比以往任何時候都更喜歡聽音樂，對我而言，這與放棄去海灘散步、看美麗的夕陽或偉大的藝術無關。你感受到的罪疚越少、感受到的恐懼越少，你就越是能夠享受那些事。

白莎：這個論點很棒，葛瑞。這是個雙贏的局面，你必須過一個正常人的生活，你可以魚與熊掌兼得。

《課程》是非常實際的，縱使你不再將這世間當真，你依然會從聖靈那裡領受指引，明白你示現於此時該做些什麼。

葛瑞：是啊，有時有些人會在工作坊的休息時間來問我，他們以為自己必須放棄金錢、性、人生目標或夢想，甚至放棄他們的人際關係。我有一個消息要告訴他們，在三、四十年之後，他們一樣得放棄。身體並非永恆不朽的，因此，何不好好利用這段時間發展那永恆不朽的呢？這就是在岩石上蓋房子和在沙灘上蓋房子的差別。而且你知道嗎？你還是能夠擁有那些沙子！你可以過正常的生活，在生活中寬恕，同時在上主的磐石上蓋你的房子。這是非常實際的靈修道路，因為重點不是要改變你的生活，而是改變你對生活所持有的看法。

白莎：你的意思是，或許J兄當時知道他自己在做些什麼？

葛瑞：是的，他當然知道。我倒有個問題想要請教你，是關於《課程》裡的用語。有些人會覺得困擾，因為J兄總是以「祂」（He）這個字來形容聖靈與上主等等，而且《課程》裡還有莎士比亞風格的無韻詩，也就是《課程》裡的抑揚五步詩（iambic pentameter），這和《可蘭經》相反，《可蘭經》屬於伊斯蘭五步詩，開玩笑的啦！（譯註：葛瑞借用Islambic〔伊斯蘭的〕和iambic兩字的相似性開個玩笑。）人們覺得《課程》裡的用語對讀者來說不太容易閱讀。你對這件事有什麼看法？

白莎：有幾點可以說明一下。莎士比亞確實幫助了《課程》的筆錄者海倫．舒曼博士，在她與J兄共事的那七年寫下她所聽見的話語。順道一提，《課程》的原始出版社心靈平安基金會發行了一套DVD，你可以去聽聽海倫親口述說聽見「那聲音」是什麼樣的情況，她是怎麼形容的，也可以聽到她那些年來筆錄這些聲音的心路歷程。人們以為海倫的聲音從未被錄下來過，結果有個一九七〇年代末期的訪問內容收錄在一卷舊錄音帶裡，由於聲音雜訊太多不堪使用，被藏在一個盒子裡長達二十五年。不過，如今有了更現代化的科技，能將背景雜訊消除，將音質處理得清晰，讓海倫的錄音變得非常易懂。這很值得一聽，DVD上播出的畫面也很值得一看，因為你能聆聽海倫親口說的話，這在之前是聽不到的。那是在她由過世前三年錄製的，你可以聽得出來，她依然頭腦敏銳、反應迅速，而且她的經驗確實是真實不虛的，你完全不需要證明。

回到《課程》的用語問題，海倫很喜愛莎士比亞，J兄也利用莎士比亞來協助她。這麼做也有助於讓語言的體例保持統一。《課程》引用了詹姆士王欽定本的《聖經》超過八百次，通常是為了糾正或釐清的目的。可見「那聲音」的性別是男性的，但是，如果你真正了解《課程》在說些什麼，你會明白，靈性沒有男女之別。為什麼呢？因為其中無有分別、無有對立，唯有完美的一體。就讓《課程》呈現它本是的樣子吧：它是一部靈性的藝術之作，而非社會性論述。記住〈多瑪斯福音〉裡面的一句話，這部福音十分貼近我們的心：「你若能把男的女的都視為同一個，那麼男的就不是男的，女的也不是女的了……那麼，你就能進天國了。」

關於用語，還有另一件事要說明。莎士比亞的文體是古典的語文體例。你可以回去讀讀看五百年前以地方方言撰寫的英文文章，你會大吃一驚。常見的情況是，語言已經大幅度改變，字的拼法也變了，因此你讀到的內容很可能對你來說就像胡言亂語，不知所云。語言不是一成不變的，每個世紀都在改變。但是莎士比亞的文體是一種古典的書寫體例，不會每個世紀改變，因此，人們可以讀得懂、看得懂，儘管它有時也不太容易懂。

葛瑞：我明白你說的。儘管它有時不太容易懂，但是人們在五百年後，甚至一千年後依然能夠明白《課程》的內容，因為它是用古典體例書寫的，而不是地方方言。它不會過時，因為它是永恆的。我從未想過這一點，這真是聰明，嘿！或許J兄這傢伙真的有兩把刷子，我是說除了他是完美的、會寬恕這世間等這些事以外。

阿頓：你也可以寬恕這世間，葛瑞。你只要在每一天寬恕任何來到你面前的人事物即可。你看似置身其中的關係，你看似陷入的處境，你有時會在電視上看到的悲慘事件，甚或你個人經歷的悲慘事件，浮現你腦海的負面回憶等等，這些全部都可以獲得寬恕，它們都是一樣的。你可以寬恕其他身體，或者你也可以寬恕你自己的身體，它們也是一樣的。你可以釋放對他人的憎恨，或你自己人生裡的懊悔。你只要一天又一天地持續這麼做，那麼你任務完成的那天終會到來。

白莎：我們準備要離開了，但是我們會在對你有幫助的時機再回來看你，要在什麼時機現身，我們其實都有充分的理由。

在這個聖誕季節，容我引用你所喜愛的《課程》內容，然後讓我們融入聖靈中，活在平安裡。許多人誤解了J兄在兩千年前傳遞的訊息，基於他死亡的方式，他們便假設他的訊息是關於受苦與犧牲的。他們會如此相信，也是因為他們之前的宗教有一段很長的犧牲歷史。然而，J兄的真正訊息是無法再被增添任何東西的。下面這段引言是出自〈正文〉，稱為「結束犧牲的聖誕節」。在我們離開之後，切記，要體驗真愛，你必須知道即使是最特殊的關係，也會要你做出某種形式的犧牲，但是真愛只願愛存在。

*切記，要體驗真愛，你必須知道即使是最特殊的關係，也會要你做出某種形式的犧牲，但是真愛只願愛存在。

趁此聖誕佳節，把凡是有害於你的都交託給聖靈吧。讓自己徹底的療癒，你才能加入祂的療癒行列；讓我們一起釋放所有的人，共同慶祝我們的解脫。不要遺漏任何一人，因解脫必是全面的，只要你願與我一起領受，就能與我一起給出這一禮物。所有的痛苦、犧牲與卑微都會從我們的關係中消逝，使我們的關係與我們和天父的關係一樣純潔無罪，一樣充滿能力。痛苦會來到我們面前，然後在我們眼前消逝；沒有痛苦，犧牲便無以立足。沒有犧牲，愛便現身了。20

2 中陰身之旅

今年是你作出這最簡單的選擇（也是你此生始終面對的唯一選擇）的大好機會。你遲早會越過這座橋樑而進入真相之境的，因為你終將認出，上主就在彼岸，此岸只是虛無。一旦明白了這點，你自然會作出這個天經地義的選擇。1

二〇〇七年的一月二十二日，阿頓和白莎前來探訪我，這是這一系列的第二次探訪。我剛剛在麻州西部的克里帕魯瑜伽中心（Kripalu Yoga Center）舉行了年度的第一次工作坊。從阿頓與白莎於本系列第一次現身到克里帕魯的週末作坊這三個半星期期間，我的手復原神速。簽書、提行李或和學員握手都沒問題了，我覺得鬆了一大口氣。到目前為止，雖然我對寬恕過程以及它適用於一切的情況感到自信滿滿，看見寬恕在我生活上發揮作用仍是一件有趣的事。我感到興奮的另一個原因是，我的上師在這系列的其中一次討論時說，他們會進一步詳細探討這個過程，以及如何將寬恕運用在身體的療癒上。

我知道我即將要帶領一個邁阿密的工作坊，而接下來那個星期，還必須飛去夏威夷的可愛島（Kauai）和歐胡島（Oahu）。我非常期待拜訪這個充滿異國風情的地方，特別是在冬季期間。我對冷天或冰天雪地的生活一點都不嚮往，在那段時間，只要一有機會逃離緬因州，我一定會把握機會逃離。我不知道，那將是我在寒冷氣候中度過的最後一個冬天。

我的妻子凱倫在十年前曾經學習過《奇蹟課程》兩年，主要是因為我對《課程》感興趣，她甚至和我參加了同一個讀書會達好幾年之久。後來，她放棄了，之後，我們開始朝不同的方向發展，她也培養了自己的興趣，包括自己創業。我的生活則與《課程》越來越密不可分，最終我密集地巡迴各地講授《課程》，這更加讓我們兩人漸行漸遠，因為每次她想要我在家的時候，我都不在家，以致她經常必須獨自一人生活。當時我覺得，在財務上我們仍無法讓她辭掉工作，陪著我到處旅行。那對我們兩人來說真是個導致分裂的兩難處境。

阿頓和白莎在這一次的探訪裡現身時，他們似乎比往常更嚴肅一些。白莎開始了我們的討論。

白莎：今天我們要討論的內容很多，老弟。首先，你的手好多了，恭喜你，你充分運用了《課程》的教誨，對我們教導你的那種真寬恕，你也漸漸明白了它的普遍影響力。此外，你接下來的這個月將會有密集的活動，我們想協助你做好準備。但是，我們想要先給你一個意外的消息。

葛瑞：我希望是個意外的驚喜？

白莎：沒錯，是的。我們以前曾經指出，《課程》說心靈的運作是自動的，「**心靈會亦步亦趨地跟隨它所依附的思想體系前進。**」**2** 如果你思考的是正見，或是寬恕思想，而且與聖靈同在，那麼你必定是朝向正確的方向前進，那個方向就是上主的天鄉。若你思考的是帶著評斷或譴責的思想，而且是以小我的角度，那麼你就是拒上主於門外。

阿頓：多數投入靈修的人都以為，身體死亡時他們會進入所謂的身後世，然後他們可以做決定、立契約、許下承諾，決定他們下一世要做些什麼。錯了！那些人世已經結束了，他們會遭遇的是重新經歷一部早已拍攝好的電影。現在人們所謂的身後世，其實是一種過渡性質的「中陰身」（in-between life），它是從一個夢中人世過渡到下一個夢中人世之間的階段，而這兩個人世裡的細節，其實都早已決定好了。對他們來說，在那些夢中人世裡，自由，或說自由意志，就存在於他們有能力選擇聖靈對一切的詮釋，而非小我的詮釋。他們是否能這麼做，進而獲得真正的療癒，將決定他們的中陰身經驗會呈現何種本質，並決定此後他們會經歷哪一種人世。

那就是何以操練寬恕不能等的原因，它是如此重要。不要等到明年，不要等到你的下一世。你的未來現在正在由你在決定，它完全取決於你所做的選擇：你為你的所見選擇了聖靈的詮釋，還是小我的詮釋？

如果你回顧另一世就會知道，你的下一個夢中人世，或許不會如表面上的線性順序那樣發生。你所體驗到的下一個人世，可能是看似五百年前或一千年前發生的那一世，或發生在一百年後，這都無所謂。那一世的本質以及它所隱含的寬恕課題，都將取決於你現在是否能學會呈現在你眼前的寬恕課題。因此，重要的是要在任何一天當中，好好把握呈現在你眼前的課題，那些就是聖靈想要你學習的課題。如果你看懂了，透過實踐真寬恕而學會了，也就是那種來自因而非果的寬恕，那麼你在下一個夢中人世便不需要再次重複同樣的模式。你就能夠前進至一個讓你得以獲得進展的處境，甚或讓你得以完成**所有**寬恕課題，返回天鄉的處境。當然，你在這一世也可能做到這一點，這取決於你的投入有多深，以及你是否能夠寬恕現前的一切。

＊重要的是要在任何一天當中，好好把握呈現在你眼前的課題，那些就是聖靈想要你學習的課題。

如同《課程》所說，「**考驗不過是你過去尚未學會的人生課題再度出現於你眼前，讓你在過去選錯之處作出更好的選擇，擺脫往昔錯誤帶給你的痛苦。**」[3] 而且這也適用於這一世或任何一世。

葛瑞：因此，可以這麼說，如果你沒有從呈現給你的機會當中學習到寬恕課題，引言裡說，同樣的課題將會再度出現，但是我的理解是，那個課題不必然會以一模一樣的形式呈現。它們可能是能為你帶來相同挑戰的類似事件、處境，或者關係。

阿頓：沒錯。顯然一百年後呈現的課題，並不會和今天所呈現的課題**一模一樣**，但是其中的意義和內容將會維持不變，儘管形式看似改變了。

白莎：因此，我們說我們要給你一個驚喜。我們三個將會來一趟小旅行，但是讓我們先點明一點，有各式各樣的心靈之旅存在，地球上的人類相信的是物質層次的、最基本形式的旅行，那是由物質形式賦予力量的，他們從未停下來想一想，這樣的形式其實非常原始。我們不時會給你一些例子，顯示一種更進步的旅行形式，我們稱為心靈傳輸（mind transport）。這和遙視（remote viewing）不同，遙視是你的身體停留在一個地方，但是卻能看見遠方的東西，有時是極遠距離的東西。顯然，這也**不是**星際旅行（astral travel），在星際旅行裡，有一個更輕盈的、類似能量體的東西將會跟著你走。透過心靈傳輸，你似乎是與肉體同在的，而且也將能夠體驗到感官所能感受到的一切，它就和你置身肉體中的經驗一樣地完全真實。

我之所以向你解釋這些，是因為它不僅是一種你可以在此進行的旅行形式，也是多數外星人用來拜訪地球的旅行形式。如果你想要造訪一個五百億光年之外那麼遠的地方，那麼即使你以光速前進，還是得花上五百億年才能抵達，這完全不實際。但是，一旦你掌握了心靈傳輸的藝術，要進行那五百億光年的旅行，只是一瞬間的事。

葛瑞：所以，那可以解釋飛碟行進時那些似乎不可能的速度與調動方式。外星人使用他們的心靈來旅行，他們並不依賴物理法則。事實上，他們已經超越了物理法則。

白莎：是的，而且《課程》說那是可能的，不過是將它置於神聖的觀點之下：「**你的神聖本質倒轉了世間的一切運作法則。它不受時空、距離及任何限制的約束。**」[4] 現在，我們即將進行的這一趟短程旅行是星際旅行，那是因為這是多數人在中陰身時所體驗到的最常見旅行形式。許多人以為星光體（astral body，譯註：此處或可泛稱為靈體，類似魂魄的概念）就是靈魂，但是他們並不知道，擁有一個個別靈魂的觀念就是一種分裂的觀念，然而真正的靈性是完整的、不分裂的、沒有任何個人身分的。

我們會為你做一個簡短的導覽，讓你了解人們在中陰身階段可能會見到什麼樣的景象。如同佛教一樣，《課程》說：「**誕生不是生命的起點，死亡也非它的終點。**」[5] 你越是接近你的最後一世，你的中陰身看起來就會越像當今的宇宙樣貌。如果你的靈性尚未進展到高階程度，那麼你就會見到各式各樣瘋狂的事情，就像你喜歡的那部電影《美夢成真》（When Dreams May Come）裡面的內容一樣。

J兄讓拉撒路（Lazarus）復活之後的幾天，有一些羅馬士兵逮捕了拉撒路，奉命殺了他，因為彼拉多（Pilate）不想要已經死過一次的人在街上到處亂逛。士兵問拉撒路：「彼岸是什麼樣子？」拉撒路回答：「就像這裡。」他的靈性已進展到高階程度，然後士兵就殺了他，他那時死了兩次。

在中陰身階段，生命會為你顯示出各式各樣的形象，我們並沒有任何將它們執以為真的意圖，但是，它們將會**顯得**非常真實。你準備好了嗎？

葛瑞：好啊，來吧！

〔註：在那個當下，我覺得自己似乎離開了身體。那真是太神奇了，彷彿突然之間肉體的累贅消失了。我依然覺得似乎被涵納於一個像身體一樣有所界限的空間裡，但是卻沒有身體的覺受。不過，有一種心理的覺受存在。我可以感覺到阿頓和白莎和我在一起，但我看不見他們。接著，我突然聽見阿頓透過心電感應對我說話。〕

阿頓：現在，你覺得自己彷彿仍置身某個受限的空間裡，那又是分裂思想在作祟。無論是時間、空間、身體、星光體或什麼，全是以分裂概念為基礎的。顯然，你所處的狀態沒有肉體的痛苦，那確實會令人興奮不已，特別是剛開始的時候。然而，你還是有可能經歷心理上的痛苦，我們稍後會探討這一點。

葛瑞：我等不及了。嘿！我可以溝通，不過感覺很奇怪。我沒有在講話，嘴唇沒有在動！而且我沒有在呼吸！這真是太瘋狂了！

阿頓：當你在人類身體裡時，相信你必須呼吸只不過是一個信念。對死亡來說也是如此，那也只是個信念，萬事萬物都存在於你的心靈之中。事實上，你依然在經驗著什麼，即使是在你貌似離開了肉體之後，即使你貌似用你的肉眼在看，但情況並非如此，你是用你的心靈在「看」。身體，無論那是人類的、星光體或其他東西，並非真的在那裡，因為它和其他所有的投射一樣，都只不過是投射的一部分。如同J兄在《課程》裡告訴我們的：「**身體連一刻都不曾存在過。**」**6** 隨著我們繼續進行，你的星光體會感覺彷彿消失了，你會感覺到自己是用心靈在看著一切事物，不過那是非常進階的狀態。

〔註：接著我體驗到自己逐漸升高，可以開始看見地球的圓弧輪廓。感覺不冷也不熱，只有非常輕盈的、虛無飄渺的漂浮感。我似乎越來越能夠和我周遭的空間連結上了，好像我要融入它一般。我可以看見各個大陸，有些被雲遮住了一部分，然後我迅速躍升至外太空，離開了地球的藍色天空、朝著黑暗前進，這時我依然可以看見那個我視之為家鄉的藍色星球。

突然間，我似乎加速前進，速度越來越快。我飛過月球，奔向火星，阿頓和白莎曾告訴我，那裡過去曾經有生命存在，後來移居到了地球。我看著那顆星球，心理升起了非常奇妙的感受。接著我很快飛越而過，又看見了幾個我認識的星球之後，便衝出了太陽系。

之後事情開始變得怪異起來！我感到自己的心靈就是這一切活動背後的力量，而不是星光體，這實在很好玩。不過，我所看見的一些東西對我來說很是陌生。隨著我以不可思議的速度向宇宙深

處飛奔，我卻生起一種意外的衝突感。我似乎看見兩個星系，但它們好像彼此不合。〕

阿頓：你所見的，正是衝突之念在一個似無卻有的形相內之範例。當《課程》說，你之所見只是「**你心境的見證，也是描述你內心狀態的外在表相。**」7 它真的是如此。其中一個星系有個黑洞，向其他星系發射出一道輻射能。

葛瑞：你是說，這些星系在打仗？你在開玩笑吧！

阿頓：我絕不是在開玩笑。當一個星系通過另一個星系時，另一個就會攻擊它。星系會向對方發射凶暴的輻射粒子。這對你來說可能難以置信，但是分裂的概念在時空的投射之境裡處處可見。

葛瑞：不只限於人類？

白莎：沒錯。現在，你即將看見一件全然不同的事。記住，在夢裡，你想要的任何東西都能顯現，你也可以投射任何你想要的東西。關鍵就在於移除那些阻止你充分使用心靈力量的障礙。

〔註：我似乎看見遠方有一艘類似太空船的東西，它變得越來越大，然後變成龐然大物，讓我目瞪口呆。我再次對阿頓說話，雖然我仍舊看不見他。〕

葛瑞：那是什麼鬼東西？

阿頓：那是昂宿星（Pleiadian）的太空船。它正在執行巡邏自己星系的簡單任務，但是它也可能瞬間就抵達任何地方，包括地球。

葛瑞：我以為那個物種的人只存在於過去。

阿頓：不是，他們依然活躍，很和善的族群，非常先進。隨著他們越來越多人悟道，顯現在此的人也會越來越少。我們說過，心靈不斷分裂，顯現為各種形象，但是當一個像昂宿人這樣的種族開始悟道了，就有更多人會離開這個全像世界，返回上主的天鄉。因此，悟道的生命是不會再回來的，總人口數也因而下滑。最終，悟道而離開幻相的人會比誕生的人更多，然後這個種族會消失，但這是好事，不是壞事，因為他們返回了上主的天鄉。你想要登船嗎？

葛瑞：現在你把我耍得團團轉了。

白莎：我們走吧，牛仔！

〔註：一秒鐘之後，我發現自己置身一艘太空船內，在一個大到不可思議的空間裡。怎麼有人可以建造出這種龐然大物？接著，兩個生物倏忽出現在我面前。他們看起來像人類，但是身形更高大，兩位都金髮。〕

白莎：昂宿星人可以為你顯示成人類的樣子，但是更美麗，即使是對人類來說也是如此。這是他們的北歐人外貌，他們也有另一種外貌，只是他們選擇不顯現。

葛瑞：為什麼不顯現？我可以承受得住啊。

白莎：我們不能干涉人家種族的決定。

葛瑞：喔，我明白了。有最高指導原則對嗎？

白莎：類似吧！你想要問他們問題嗎？

有兩個人，於是我問他們：「你們怎麼控制這麼龐大的一艘船？」其中一人回答：「和建造它們的方式一樣：利用心靈力量。我們可以去任何想去的地方，但是不必真的穿越宇宙。我們只在一眨眼的時間就能抵達目的地，人類有一天終將能夠這麼做，但是你們還有一段很長的路要走。」

「附帶一提，」那生物說，「一個人類也可能在下一世轉生為外星種族，甚至是昂宿星人。」

「太棒了！」但是在我繼續說下去之前，那生物又說：「那將取決於你如何思考。我們很想要和你多聊一些，但我感覺到你的小旅行該結束了，保重。」

接著，我們似乎來到了這艘巨型太空船的外面，再度以高速前進，越過一顆星球，我心靈裡的聲音告訴我那是天狼星，接著是獵戶座。我們開始減速、停止，我的腦袋開始有點暈頭轉向了。

白莎：看那邊，你看見什麼了？

葛瑞：我不確定，看起來是類似隧道的東西。

白莎：那是蟲洞。你們有很多科學家相信，透過蟲洞是最有可能在宇宙間旅行的方式，蟲洞有時確實有這種用途。你甚至可以用它來做時光旅行。多數的外星種族一開始都是這麼做的，但是心靈傳輸還是最好的方式。

葛瑞：嘿！如果我不是在所謂的中陰身，那我為什麼會看見這麼多像是現場發生的事情呢？

白莎：很簡單，葛瑞，那是因為這些沒有一件是真的！所以在中陰身的過渡階段，人們會看見他們準備好要看見的，那可能千奇百怪、包羅萬象。

接著，我感到我們加速返回了來時路的大致方向，我直覺地覺得我們朝著地球前進，但是沿途所見的景象卻讓我一頭霧水。

白莎：你現在看見的是物質被反物質摧毀的現象，它來自被中子星與黑洞撕裂的星球。

葛瑞：我不知道我們太陽系以外的宇宙是如此凶暴。

白莎：宇宙並非真的奠基於一體的概念。它之所以沒有分崩離析，唯一的原因就是它的每一部分都是源自同一個投射，只有一個投射之境。因此，你無法**真的**讓它崩解，但是，它會看起來像是分崩離析，分裂再分裂無數次。

隨著我們繼續前進，我看見一個太陽，我想應該是我們的那顆太陽。我可以看見磁場的線條，還有在它們周圍活動的磁波。

阿頓：那些是太陽漣波（solar ripples），它們將太陽的能量傳送至四面八方。除了地心引力之外，它們也是電磁系統裡的一個重要元素，能調節你們太陽系的運行。當它們向外擴散至宇宙時，會四處與各地的類似行為產生連結。

我一路向太陽飛奔，再度看見我們太陽系裡面的行星，地球也迅速朝著我的方向接近。我們重新進入了大氣層，朝向北美大陸前進。我們將目標對準美國的一個特定地區，但我知道那不是我居住的地區。有個城市逐漸接近，由於我去過芝加哥，我可以認出它和密西根湖的相對位置。眼前的地平線比我記得的更寬闊，我們迅速前進，一

＊宇宙並非真的奠基於一體的概念。它之所以沒有分崩離析，唯一的原因就是它的每一部分都是源自同一個投射，只有一個投射之境。

棟棟的建築物出現在眼前，然後出現一座看似醫院的建築物，因為它有一個類似急診室的入口。不過，這些建築物和我過去所見的不同，它們更有未來感。

突然之間，我置身一間看似手術室的房間裡，我可以看見一個女人正在分娩。

葛瑞：她是誰？

白莎：她是我們的母親。

葛瑞：什麼！

白莎：她是我們的母親，我即將在你的下一世誕生。你的中陰身階段結束之後，你會在全像世界裡被自動引導至這個地點、這個時間，而你會貌似被誕生為我。

葛瑞：事情越來越詭異了。你是說，那女人肚子裡是我，而這是我們最後一世的開始？

白莎：是的。我們想要為你顯示，你是怎麼落得重來一次，再獲得一次機會去學習你尚未學會的功課。以你現在的情況來看，你的課題並不多。你身為葛瑞的這一世，或許不是個一帆風順的寬恕行者，但是你的堅忍特質獲得了回報。

讓我們前往較高境界吧，那是你掙來的，因為你認真操練真寬恕，從「因」下功夫而非「果」，於是獲得了聖靈真療癒的果實。你即將體驗到的覺性將能讓你品嘗到，你貌似轉世為白莎之前的中陰身品質。我們剛才跳過了這個階段，這應該是你最初的中陰身經驗，因為我們想要單獨顯示給你看。在你捨棄葛瑞的肉體，重新進入你的中陰身階段時，你首先將會接觸到我們即將顯現給你的東西。在那之後，就是你剛才所見的那些東西，你會貌似進入那個小嬰兒的軀體裡，儘管你從未真正進入任何身體。跟我們來吧！老弟。

〔註：接著我們來到了一個截然不同的地點。我的周圍有一道美麗的白光，這道光感覺如此溫暖、有點刺刺的、十分引人入勝，而且令人覺得狂喜。我感到一種唯有在獲得啟示時才會感受到的極樂感，也就是我覺得真正與上主合一的那些少數時刻。

我想起了《奇蹟課程》裡一個名為〈頌禱〉的部分，其中有一段美妙的章節貼切地捕捉了我當時的感受。我並未一字一句地逐字背誦《課程》，但是其中有好些部分令我印象特別深刻，我可以輕易回想起來，將它們背出來。這一段就是其中一部分，我先是在心靈中想起了那些美妙的文字，然後我沉默了。我知道阿頓和白莎與我同在，但感覺又彷彿每一個人都與我同在。我充滿感激，自己竟能實際體驗到〈頌禱〉所說的：

死亡本應如此，它是出自平心靜氣的決定，在平安喜悅中作出的選擇，因為這具身體一直體貼地扶持著上主之子走在上主的道上。因此，我們十分感激身體所提供的一切服務。但也由衷欣慰自己不必一直依賴它而存活於這充滿限制的世界，只能藕斷絲連地與基督相通，驚鴻一瞥祂美妙的行蹤。如今，我們終於學會如何在光明中舉目，無所障蔽地仰望祂了。

我們雖然稱之為死亡，其實這是真正的自由解脫。這種死亡來臨時，不會假痛苦之力硬逼那不甘離去的肉體就範；身體會靜靜地歡迎解脫的來到。唯有真正獲得了療癒，這種死亡才會來臨，它表示該學的課程已經欣然完成且欣然結束，我們可以安息了。我們終於能夠安心地呼吸更自由的空氣，享受更平和的環境了；我們會在那兒看到自己曾經給出的禮物都完好如初地靜候著我們。如今，基督的聖容已然歷歷在目，祂的慧見在我們內日益穩固，祂的天音及上主的聖言也非我們莫屬。8

這種狀況似乎持續了好一陣子，但我也不知過了多久。其間，我曾短暫停止思考。沒有身體，心靈亦不可見。如果我能永遠停留在這種狀態裡，我絕對不會抱怨，但是後來我開始感到有點不舒服。怎麼了？我覺得好像有點不對勁，甚至是自己做錯了什麼事的感覺。我不知怎麼回事，但我知道自己想要擺脫這種感覺。接著，突然間我回到了自己家裡，就坐在我的兩位高靈訪客面前。我幾乎目瞪口呆，說不出話來，勉強擠出了一些問題。」

葛瑞：實在太不可思議了！我從來不知道自己能感受到那樣的自由，不過你帶領我經歷的這趟旅行，大多時候的感受都沒有最後與我的源頭合一時來得那麼美妙。我還是有些問題不明白，例如：我聽見人們說過很多身後世的故事，每個都不一樣，而且細節描述得很詳盡，比如說看見各式各樣的水晶宮殿、驚奇的景色、美不勝收的畫面，包括他們用意念創造的各種東西等等。那該如何解釋呢？

白莎：那就是我們之前為什麼說，人們會看見他們準備好要看見的東西。

阿頓：一個人只能看見他準備好要看見的東西，而我們所說的「看見」，永遠都是指心靈之見。「看見」實際上指的是你的思維方式。再次強調，靈性慧見是在心靈層次執行的，完全與肉眼所見的東西無關，肉體是無法真正看見或真正做任何事的！但是，心靈永遠能選擇為聖靈所用，而非為小我所用。

葛瑞：好，讓我們暫且假設我並未完全狀況外，而且我剛才所見的一切全是我們貌似共享的時空宇宙的一部分。你的意思是，人們的中陰身經驗會呈現極大的差異，全視他們相信什麼、準備好去體驗什麼而定嗎？

白莎：當然。你曾操練寬恕，也會在這虛幻的一世持續操練，當你要進入下一世時，這將為你帶來很好的經驗。方才彷彿發生的，和一些人即將經歷的體驗相較之下，已經是個相當精彩的體驗了。人們通常一開始會見到他們所期待的事物，例如：過世已久的親人，無法形容的美妙色彩，一條長長的隧道和一道光等等。他們所見的美麗景象，甚至會讓他們對超越肉身生命的所謂「宇宙的奧妙」感到萬分驚奇。

＊靈性慧見是在心靈層次執行的，完全與肉眼所見的東西無關，肉體是無法真正看見或真正做任何事的！

但是那不會持續太久，接著他們會體驗到你剛才體驗到的不舒服感，只不過他們的感受通常糟糕得多。那是他們想要擺脫的心理痛苦，那是他們與源頭在表相上分離之初那一刻的重播，以及他們因此而產生的罪疚感。因此，他們想要躲藏在身體裡以逃離那種痛苦，結果卻淪落至你剛才在醫院裡見到的處境：成為無助的小小受害者，一個他們以為不可能承擔任何責任的小嬰兒。但是當然，真相是一切都是你的責任，只是你忘記了。

那就是為什麼我們一再強調，最重要的是要好好把握你現在所擁有的寬恕機會。無論你將來是否會在這地球上出生，你透過運用寬恕學習得越多，你未來的體驗便會越好。

葛瑞：所以，我必須寬恕所有微不足道的事，以及所有天大的事。我必須了解，其實外面並沒有一個書賣得比我好的人，也沒有人是我要努力運用心靈去遇見的。你知道的，就像運用「吸引力法則」，只是對象換成是人。

阿頓：嗯，過去兩年來，你一直集中心思在夏奇拉（Shakira，譯註：著名拉丁女歌手）身上。

葛瑞：嘿，有人覺得那是虎視眈眈，我說那是愛。

白莎：反正吸引力法則對大多數人都不管用，我們等一下會稍做討論。附帶一提，如果人們想要讀一讀吸引力法則和《祕密》的更好版本，他們可以讀讀拿破崙．希爾（Napoleon Hill）的經典著作《思考致富》，它的初版時間是一九三〇年代。現在，人們會說這類的話：「達文西運用了《祕密》裡面的法則，愛迪生也運用了《祕密》……」只是他們忽略了一件非常重要的事：這些人辛辛苦苦地付出了相當的努力！甚至，有一個更重要的部分人們並未傳授，因為他們自己也不懂，這一點我們稍後再來討論。

阿頓：俗話說，成功靠的是一分靈感、九分汗水，這通常所言不虛。舉例來說，人們對你的印象是個懶惰蟲，主要是因為我們三個在你的第一本書裡面所說的話，然而真相是你過去幾年來其實下了很大的功夫，有時候，這就是必須要付出的努力。你所面臨的困難，比多數靈修老師所面臨都還要大，因為你不是只要告訴聽眾他們想要聽的就好。就《課程》所教導的內容，以及你在工作坊裡所說的話而言，你和你的書、有聲書等都做得非常好，甚至超乎預期。但是，你必須非常辛苦地實行才能促使這些事發生。

葛瑞：剩下的就交給聖靈了。

白莎：一點也沒錯，而這行得通。但是，你如果能稍微放慢腳步，可能會明智一些。你一個月何不至少休息一個週末呢？那麼你每個月至少能有十到十一天是連續在家的。如此一來你會有較多時間寫作，同時也能有更充分的時間巡迴演講、傳播訊息。

葛瑞：我想我可以這麼做，或許明年吧，今年我的行程已經排滿了。你真的認為我應該多留一點時間給自己嗎？

白莎：是的，這還有另一個原因。你已經寫了兩本書，雖然你做得不錯，但我們想要你寫更多書。人們不常聽見這樣的教導，所以你所做的不光是加強人們對《課程》的認識，還要為新學員引介它。

葛瑞：如果我要寫更多書，可能一個月不只要休息一個週末。

阿頓：好了，職涯諮詢的時間差不多該結束了，你說你的婚姻狀況怎樣了？

葛瑞：嗯，情況很棘手，但我們不是沒有努力過。我們已經結婚這麼久，但似乎是走不下去了，不過我們也曾經擁有過美好時光。我想，幾年前我開始四處巡迴授課，那就是壓垮駱駝的最後一根稻草。現在我們已經無法繼續下去，我們已經不在同一個頻道上了。凱倫是個好人，一直都是，但我們似乎該分道揚鑣了。

說到這裡，我最近要換發新駕照。為什麼結婚證書不能像駕照一樣呢？可以五年為一期什麼的，如果配偶的一方在證書到期時不想換發新證，就各奔前程吧！

阿頓：謝謝你，葛瑞。我肯定能為自己和白莎，以及整個靈修社群道出心聲，我會說你獨特的觀點真是讓我們感到耳目一新、備受挑戰。

白莎：你還有什麼其他神智清醒的話要說嗎？

葛瑞：說真的，我不知道該怎麼辦。

白莎：特別是在下個星期，但是之後也一樣，你會發現自己必須面臨各方的挑戰。我們總說不會透露太多訊息給你，好讓你能親身體驗並寬恕它們，但你會感到無法招架。

葛瑞：又來了？

白莎：是的，但是記住，我們永遠與你同在，看顧著一切，J兄也是。身為聖靈的化現與「眾師之聖師」9，沒有一個人不在我們的覺性之內。

葛瑞：謝謝你，這對我意義重大。

阿頓：從現在到我們下一次探訪之前，請努力從一個「無所需」的立場來生活。如果你還需要任何東西，就是處於匱乏的狀態。舉例來說，如果你需要一些錢辦事，比如執行一項計畫案，那麼請將金錢視為一個你用以推恩愛的工具。你是否將錢擴大成一個幻相都無所謂，重要的是那份愛，那才是真實的，還有那種來自一無所需的富裕感。如同《課程》所說：「**因此，分享你的富裕吧！教你的弟兄看出他們自己的富裕。**」10

葛瑞：聽起來，這在人際關係上來說也是如此，你不該因為自己需要一個人而去束縛他。如果你需要某人，你心中就有被剝奪的感覺。但是如果你不需要某個人，那麼你就可以基於雙方對富裕的共同覺知而加入對方。

白莎：是的，這也適用於人際關係、金錢，以及任何事上。重要的是，你是帶著聖靈的愛在做一件事，而不是為了榮耀小我而做。重點不是你做了什麼，而是你以誰的角度在做這件事，是聖靈呢？還是小我？

阿頓：很多人以為他們所做的事情才是重點，而且巧妙地利用那些事作為一種證明自己、炫耀聰明才智的方式。然而，真正重要的是愛。如果你發自愛而行動，那麼你所做的事都能獲得靈性的指引。

葛瑞：是啊，這種情況就像他們發現如何分裂原子，發展出核子技術的時候。他們第一件事是用它來做什麼呢？製造一顆炸彈！那或許需要聰明才智，卻完全不需要愛。

阿頓：所以愛因斯坦才提出了一個嚴肅的問題：人類這種族是良善的嗎？

葛瑞：以小我的本質而言，那是個合理的問題。在小我的主導之下，人類頂多是善惡參半，而且是運氣好的時候才如此。唯有當心靈由聖靈的思維主導時，人類才可能越來越好，最終回歸至神性，而這必須由我們自己做出選擇。

阿頓：說得好！

葛瑞：我喜歡你所說的，沒有愛的聰明才智什麼都不是。

阿頓：你去過很多《奇蹟課程》的聚會，很多時候，你會發現有一些人對《課程》知之甚詳，但是每一件事都堅持己見，不容辯駁。你在巡迴旅行時，也曾遇見許多所謂有心智障礙的人，其中有男有女，但是有許多人在他們的人生過程中似乎都能以愛看待他人，這是不是很有趣呢？現在，就像我過去曾告訴過你的，如果你看待他人的方式真的就是你看待自己的方式，這表示那些心智有障礙，卻能在人生過程中以愛看待他人的人，比起那些「寧願對，而不願幸福」的聰明人，在這一世獲得了更大的靈性進展！

白莎：你如何使用你的心靈，完全操之在你。如同佛洛姆（Erich Fromm，編註：二十世紀德國著名精神分析心理學家）所說，愛就是人類存在一切問題的解答，也是回家的道路。當然，能迅速增進愛的經驗者，非真寬恕莫屬，因此我們才要一再回歸到真寬恕。但是切記，《課程》裡所用的「愛」這個字，代表的是一個完整的思想體系，亦即聖靈的思想體系。而《課程》裡面的「恐懼」一詞代表的也是一個完整的思想體系，亦即小我的思想體系。這兩個思想體系是互相排斥的，永遠無法和諧共存。你必須選擇其中一種，否則心靈便會陷入分裂。在天堂裡沒有對立，為了要重新進入天國，你的心靈必不能效忠對立思想。

葛瑞：隨著我讓聖靈逐漸接管我的心靈，我發現這不是件可怕的事，因為無論如何，聖靈其實就是我在實相裡的真正身分，我也感到自己真的不需要太過擔憂過去我經常擔憂的事了。例如，我注意到自己過去幾年來已不像從前那樣熱衷政治了。我想，我已經在很大程度上寬恕了電視螢幕裡那些政治人物，因此那些事再也不會像從前那樣對我產生那麼大的影響了。

白莎：好極了，而且那不代表你就不去投票了，還是可以稍微關注一下政治。那只是表示你對它不再處於自動反應的模式了，而是態度更為平和許多。

葛瑞：是啊，我似乎不再那麼擔心是否有足夠的錢過退休生活或做其他的事，彷彿我已經知道自己的需要會獲得充分的照顧，而且永遠都會如此。

白莎：很好。如同《課程》裡的〈心理治療〉篇章所教導你的，對

> ＊在天堂裡沒有對立，為了要重新進入天國，你的心靈必不能效忠對立思想。

了，那個章節用了很多「治療師」（therapist）一詞，但你也可以用「療癒者」（healer）或「老師」，或你的職稱來取代，意義是完全相同的，「不論多麼資深的心理治療師，只要活在世上，難免會有世俗的需求。他若需要金錢，他就會得到；那不是一種酬金，只是讓他能夠順利地完成上主的計畫而已。金錢並非邪惡。它什麼也不是。但世上沒有一個人能不靠幻相而活，而治療師的任務則是幫助世上每一個人接納人間最後一個幻相。他為此而來到人間，且在此任務中扮演重要的角色。他也為此而留在人間。在他逗留人世的期間，他會得到生存所需的資糧。」**11**

葛瑞：那太棒了！而且錢怎麼來的其實沒有關係，該來的就會來。有些人覺得怎麼來的很重要。我有個朋友說：「我用傳統的老方法得到錢。」

阿頓：是啊，繼承遺產。

白莎：順便一提，上述引言的英文原文說「he stays here but for this（他也為此而留在人間）」，《課程》是這樣使用but（也）這個字的，因為如同我們討論過的，它是莎士比亞風格的語言。但是對那些和你一樣對莎士比亞不太熟悉的人來說，在整部《課程》裡，你都可以用only（只）這個字來取代but（也），這樣對你的思維來說，讀起來會比較順暢。

葛瑞：太酷了，我很喜歡像這樣的小祕訣，還有嗎？

白莎：有，但這祕訣不小。無論下個月發生什麼事，都要記住一切事情發生的目的。那是這套教誨之所以有其一貫性，並且如此重要的原因：你永遠都知道一切事物所為何來，它們是讓你寬恕用的。你不將真相帶入幻覺，而是「將幻覺帶入真相」[12]。《課程》對這方面的解釋非常清楚。舉例而言：

世界只是一個幻相。決定來此之人，就是為了尋找一個能讓自己活出幻相的地方，以逃避自己的實相。然而，他們一旦發現自己竟能在此地找到實相，便會自動退讓下來，接受它的指引。除此之外，他們還有什麼更好的選擇？[13]

葛瑞：這裡說「決定來此之人」，我記得你說過，心靈的方向將自動依據你是否實踐寬恕而定，但那段引言的意思似乎是：我們在各個轉世之間自行做決定來到這裡。

白莎：不是的，那是個譬喻，《課程》裡有很多譬喻。你選擇來到這裡，是在你選擇了小我而非聖靈，從而妄造出時空宇宙的那個最初瞬間。從那一刻起，你藉著不操練寬恕而停留在此，而你也可以選擇不接受小我對人際關係、各種處境與事件的解釋，而返回天鄉。我們所談論的這段引文之所以是個譬喻，是因為時間是全像式的，而你在此所做的選擇卻看似線性的，那就是時間的弔詭之處。就全像式而言，它已經發生了，但是在你的線性經驗中，你仍然必須做出選擇。

你必須做的，是拒絕以嚴肅的眼光看待這種線性本質，做出唯一一個真實的選擇，而那個選擇很簡單，那個選擇無視於時間這個瘋狂的幻相，如同《課程》所說：

我們今天就要作這簡單的選擇。至於那些決定來到此世卻無緣發現自己作了錯誤選擇之人，那些瘋狂的幻相必然歷歷在目。他們無法直接由真理受教，因為他們已經否定了真相。因此，他們需要一位「聖師」，祂既能看出他們瘋狂的一面，又能超越這一幻相而認出他們內在的單純真相。

真理若命令他們放棄這個世界，他們會感到真理在要求他們犧牲某個真實的寶貝。不少決心放棄世界的人，仍相信世界的真實性。他們深受失落之苦，因此並未真正解脫。其餘仍執迷此世的人，所感受到的失落之苦更深，只是仍不自覺而已。

在這兩者之間還有另一途徑，不會帶給人任何失落之苦，因他很快就會忘懷那些犧牲及剝削感的。這就是今天要為你指出的路。**14**

白莎：你的道途就是不去執著於這個世界，你可以正常過日子，只要在你持續選擇聖靈時，漸漸地不去太過相信就好。若能夠在紅塵俗世裡打滾的同時，於心靈深處惦記著這份圓滿的實相，那麼你對這虛妄世界的體驗也會逐漸消散。在它消散之際，你對真實本性的體驗自然會取而代之，而那是永恆不變的。

阿頓：我們很高興你這麼說，老弟。當你遭遇挑戰時，別遲疑，請以心靈呼喚我們，我們會與你對話。我們也會在適當的時間再次與你會面。

葛瑞：非常感謝你們兩位，喔，謝謝你們帶領我做星際旅行！

白莎：榮幸之至。你即將展開另一段旅程了，好好享受邁阿密的幻相之旅吧！

〔註：阿頓和白莎旋即雙雙消失了，一如往昔。那一星期的稍後，我去了一趟邁阿密，在灣區合一教會（Unity on the Bay Church）主持一個工作坊。多數的與會者和工作坊學員都是說西班牙語的，而這是我第二次需要口譯員的協助。口譯有兩種，逐步口譯與同步口譯。逐步口譯是你說一、兩個句子後便停頓下來，讓口譯員翻譯你剛才說過的話，這是沒有同步口譯設備時通常會採用的做法。採用逐步口譯時，你在停頓下來、等待口譯人員翻譯時，必須記住自己剛才說些什麼，之後才能接續說下去。這可不像在聖靈中渾然忘我那麼有趣！

進行同步口譯時，口譯員透過麥克風講的話並非全部的與會者都能聽見，口譯內容只會傳達給那些戴著耳機、選擇聆聽翻譯的人。進行這種翻譯時，口譯員會試圖跟上你的速度。多數的演講者會覺得這種方式比較輕鬆，因為他們不必改變自己的演講風格，他們可以做自己，但是通常會說得比平常慢一些，好讓口譯員可以跟上，畢竟以西班牙文、義大利文、法文以及許多其他語言來表達時，使用的字句會比英文多。

我在邁阿密即將進行的就是同步口譯。我的口譯員名叫何蘇斯（譯註：耶穌的西班牙文發音）。何蘇斯是個聰明又友善的人，口譯工作做得很棒，整個工作坊進行得十分順利。我之後又在墨西哥進行了同步口譯，結果也同樣順利。我的第一本書有西班牙文版本，口譯員告訴我，譯本的品質非常好，這實在讓我非常開心，因為我聽說《奇蹟課程》在西班牙語世界的成長速度，比其他任何語言區都還要快。

工作坊結束之後，何蘇斯自願帶我到市區觀光。在我的印象中，邁阿密僅止於南方的海灘和城市輪廓，就像我有時在電視上看到的畫面。但是何蘇斯完全顛覆了我對這座城市的刻板印象。有幾個工作坊學員決定一起去，於是我們一邊跟著何蘇斯走，一邊聽著他為我們導覽各個景點，我們有時還會開玩笑地說，自己是在「追隨耶穌」。

在我抵達邁阿密不久前，有個偏執的美國政治人物造訪了當地，說這裡像是「第三世界的國家」。就我現在看來，那樣的評語只能說是種族歧視的偏見。事實上，我後來看見了一份問卷調查，其中將邁阿密評比為美國最乾淨的城市。如果你想看看美國境內的第三世界國家，最好是去看看紐約的拉瓜地亞機場或甘迺迪機場。我敢說許多第一次到美國的觀光客都會被那裡的景象嚇一大跳。我會這麼說，是因為這兩個機場實在太老舊，而邁阿密機場看起來好多了。

何蘇斯的聲音很好聽，說著一口漂亮的西班牙語。西班牙語在我聽來就像唱歌一樣，比英語更加豐富有趣。我對語言向來沒有多大的天賦，它並不是我這一世所擁有的才華，但是聽著何蘇斯對他朋友講西班牙語時，我覺得非常享受，接著他會以英語對我述說一遍同樣的內容，好讓我知道自己在他熱心的導覽下看見些什麼東西。

何蘇斯帶領我們逛了市區一圈，開車經過了幾個我畢生從未見過的海灘地區與島嶼，接著又逛了幾個我從未去過的地方。我們經過了一些美麗的社區，例如：Coral Gables與Coconut Grove等，那些棕櫚樹和點綴其間的水道、精緻的造景，以及可愛的房子，讓那些地區變得十分迷人。接著，我們前往小哈瓦那區，拜訪了一家古巴雪茄專賣店，有謠言說你可以從這地方的後門買到非法的古巴雪茄。我們也在一家知名的古巴餐廳用餐，何蘇斯請我喝了一杯稱為莫吉托（mojito）的飲料，喝起來甜甜的，但我很快就發現它後勁十足，幸好我夠機警，仍記得隔天要演講，因此決定不再喝第二杯。

我發現，我這些說西班牙語的新朋友帶來的友善與溫暖，令我備感溫馨與滿足，我知道，我會很樂意再度造訪邁阿密這個地方。此外，我和一個名叫金恩·博格特（Gene Bogart）的男子及其妻子海倫結為了好友，他們就住在距離博卡拉頓（Boca Raton）往北四十分鐘車程的地方，鄰近羅德岱堡（Fort Lauderdale）。事實上，金恩邀請我和他一起製作播客（podcast，譯註：一種在網路上發行音訊檔或自製電台節目的平台）。瞧我對最新科技是多麼無知啊，我甚至不知道播客是什麼玩意兒。於是，就在前年十月，我們的「葛瑞播客」（Gary Renard Podcast）正式開張了，金恩擔任我的共同主持人與製作人。這個節目獲得了來自世界各地的正面回饋，支持的人數之多讓我喜出望外，很快地，我們打進了iTunes靈性類別的排行榜前十名。

金恩的人生境遇和我十分相似，我們同齡，都是有二十年資歷的職業吉他手。我們兩人都對《奇蹟課程》有一定的了解，主要是因為我的老師和《告別娑婆》這本書的關係，而且我們對許多不同的主題都有相同的看法。現在我可以感覺到，邁阿密和羅德岱堡之間的地區在未來應該會十分吸引我，特別是在「某個特定季節」，就像法蘭克．辛納區在邁阿密的楓丹白露酒店（Fontainebleau Hotel）所說的那句話。然後，我想到了一件事，我記得《課程》和我的老師都不只一次問過我：「這一切是為了什麼？」

《奇蹟課程》通常不會將焦點放在寬恕好的事物上，那並非你無意識的罪疚感存在並浮出表面之處。《課程》特意將焦點放在你感到氣憤，甚至惱怒的時刻。事實上，它教導我們，任何不舒服的感受與其他不舒服的感受都是一樣的，無論事情看似多大或多小，因為它們都是不平安。

*任何不舒服的感受與其他不舒服的感受都是一樣的，無論事情看似多大或多小，因為它們都是不平安。

我在這世上所看見的，我知道全是主觀之見，但是並不會剝奪我的平安感受。我明白那不是個問題，我知道J兄永遠不希望我感到內疚，《課程》似乎也不太在意寬恕美麗的夕陽與藝術作品，何況《課程》本身就是一種藝術。因此我決定更常去記住，我在外在所見的美麗，純粹是我內在美麗與富裕的象徵罷了，並不是真的，所以享受時也不需要有罪疚感。事實上，「這一切是為了什麼」這個問題可能更讓我了解到我沒有罪咎，特別是當我發自愛在享受這些事物的時候。

至於世上那些顯然不美好的事物，它們已經夠讓我忙著去寬恕了。

接下來的那個星期，凱倫和我出發前往夏威夷。我要主持兩個工作坊：一個在可愛島舉辦，另一個是一星期後在歐胡島舉辦，那裡有所謂的「聚會之地」美名。我們也會好好利用這個機會，將兩個星期的時間當作是度假，然而，結果這個「假期」卻過得一點也不平靜。

可愛島是個能量漩渦，人們會告訴你，那裡很容易發生一些怪事，特別是在新月之夜。雖然我充分認知到能量不真實，任何會變異、更改的東西都不是真實的，我還是興致勃勃，想要進一步了解這類東西和我們貌似要在時空之內演出的劇本有何關聯。其實，我的老師們多年前就曾為我指出，占星學經常符合時間之初即已設定好的劇本。在巨大投射之境內的一切事物都是互有關聯的，每一個事件都早已注定了。

在可愛島的第一晚，我的一位來自沙烏地阿拉伯的讀者為我舉辦了一個派對，地點就在北海岸的一棟屋子裡。我的經紀人珍，還有我這三年來在島上認識的幾位友人也一起參加了這場派對。場面很快就變得鬧哄哄的，我記得自己和現場大約四十個人乾杯，這是我後來從一位熟識的愛爾蘭女性友人那裡得知的。我就像這樣喊著：「我不勝酒力，頂多一、兩杯，三杯倒在桌子下，四杯倒在主人身上。」儘管這引來哄堂大笑，但我確定有幾位參加者對這種凡俗的本質感到非常驚訝。許多靈修學員可不會將靈修與開心玩鬧劃上等號。

隨著派對繼續進行，主人介紹了幾位優秀的肚皮舞者為我們表演，顯然他從書上得知我的一些喜好，而當然，我也有文化上的責任專心觀賞這些舞者的表演。有一度，一位對《奇蹟課程》還不熟的靈修學員跑過來問我：「《課程》的派對都這麼狂野的嗎？」我說幾乎從來不會，但發生了我也不會抱怨。

派對的氣氛讓凱倫有點不太自在，她說我一直盯著舞者瞧，甚至與她們貼身共舞，也許她說的沒錯。當晚結束時我們起了爭執，她獨自離開了，結果我自己一人留在舉行派對的屋子裡過夜。後來我發現，派對主人與同居女友也起了爭執，也在當晚分道揚鑣了。發生這樣的事，我不怪任何人，因為事情該發生時就是會發生，但這兩件事的同時性還是令人感到驚訝。

隔天，我和凱倫再度碰頭，決定繼續共度假期。我們早已如此習慣彼此的陪伴，要放手並沒有那麼容易。這很痛苦，因為接下來的行程可說是災難一場，就像是一場折磨，毫無樂趣可言。

我從不會讓私人生活發生的事情影響到我的公開教學活動，因此兩天之後在可愛島舉辦的工作坊進行得十分順利，我甚至結交了三位從加州來到夏威夷的新朋友。在往後幾個月，他們在我生活中扮演的角色越來越重要。

那星期剩餘的幾天，我們在可愛島度過了充斥著二元對立的日子：那麼多的美景與寧靜，同時又是那麼多的愁雲慘霧。凱倫和我就是再也處不來了，我已經不記得這一切的真正目的，但是我盡力了。我記得自己讀了《課程》裡的一個段落好幾次，將這個情況交付上主：

> 把小我帶到上主面前，就是將謬誤帶到真理前，讓小我面對那與自身截然相反的真相，因而得以修正。兩者之間的矛盾既然無法存在，小我只有自行化解一途。當矛盾看出自己不可能存在時，它還能支撐多久？小我在光明中只能知難而退，這並非受到攻擊之故。它之所以消

失，純粹是因自己本身不真實。「不同的真相」這一說法毫無意義，因真相只有一個。真相不會因著時間、心情或機緣而改變。它的不易性襯托出自身的真實性。無人解除得了真實之物。只有非真之物才有被化解的可能。也唯有真相能為你化解非真之物。15

在歐胡島的時候，我們環島一圈，飽覽美麗的風光，我們住在凱魯阿（Kailua）這個美麗小鎮的海灘上，還和海豚一起游泳，但是這些似乎都對我們的情況一點幫助也沒有。有一天晚上，我在電腦前打字，寫著這本書的稿子，凱倫在床上突然抱怨我的打字聲音太大聲。我真是不敢相信！我心想，我們來這裡的旅費從哪裡來的？這打斷了我的思路，更讓整個情況雪上加霜。我也想，我可以為這一切負起責任，但這依然讓我難以理解。或許，小我的世界有時本來就不容易理解。有好就有壞，而我唯一的理解方式，就是明白這兩者沒有一個是真實的。有一種超越好與壞的真實幸福存在，但是那種幸福並不需要依賴時空宇宙裡貌似發生的事情。

置身這種種陌生的情境裡，我從各方的支持獲得了慰藉，不只是我在美國所獲得的支持，現在更有來自世界各地的支持。我的第一本書已經翻譯成十八種語言出版，我也受到了來自各界的鼓勵。在美國，我每個星期都與靈修學員會面，而這成為了我生命中最快樂的經驗之一。我可以從他們臉上看出我的著作和演講對他們造成的影響和轉變。《告別娑婆》一書的出版也受到來自各界的讚譽。許多網路上的正面留言特別令我感到窩心，因為這本書剛出版時，其實是被所謂的《課程》學員批評得體無完膚，主要是抨擊它在其中竟多次認同肯恩．霍布尼克（阿頓與白莎視他為「《課程》最優秀的老師」）的教誨。這本書做出了許多獨特的貢獻，卻被這些批評者置若罔聞。不過，這本書的支持者似乎都基於同一個理由而感到興奮。我想，身為《課程》學員及教師的瑞秋．阿左瑞（Rachel Azorre），將這個特別的理由描述得特別貼切：

身為一個長期追尋靈性的人，同時也是《奇蹟課程》的資深學員與教師，我必須說，這本書很顯然是所有關於《課程》的書籍當中最優秀的一本，有個測試能證明這一切。三十年來，人們一直在讀關於《課程》的其他書籍，然後再回頭自修或組讀書會一起研究《課程》，但是他們依然不了解《課程》在說些什麼。這點我很清楚，我見過這些人，也曾經是其中之一。但是，這本書出現了，人們對《課程》又重新感到精神為之一振，因為讀過它之後再回頭自修或組讀書會一起研究《課程》，就真的能了解《課程》在說些什麼了！這種情況過去**從來沒有**發生過。此外，新學員來學習《課程》的時候，也能帶著興奮的心情與一定的了解而來。謝謝你，葛瑞．雷納，無論你是誰，也謝謝你的老師們。《告別娑婆》為《奇蹟課程》開創了全新的局面，而且讓它變得更生動有趣了！

我在歐胡島的鑽石頭合一教會（Diamond Head Unity Church）所舉辦的工作坊，特別讓我感到滿足，不僅是因為當地的風光宜人，也因為那裡的人實在太棒了！我沉浸在美妙的氛圍裡，也感染到參與者所散發的向心力。在夏威夷停留了兩個星期之後，凱倫飛回了緬因州，返回工作崗位，我則飛往舊金山投入另一場冒險，參加一個《奇蹟課程》的大型研討會。

我不知道回到緬因州之後，等待我的會是什麼，但我確實知道一件事——那不會是真實的。當我離開鑽石頭，往西岸飛去時，我比以往都更加堅定地發願，我會記住只有一件事是重要的，而且我發誓對它保持儆醒，如同J兄在他堅定、不容妥協的《課程》裡所說：

祂的天國浩瀚無際且永無止境，祂的一切皆是完美而永恆。這一切就是「你」，此外沒有其他的「你」。16

3 次元的本質：劇本已完成卻未鏤刻於石

這部課程旨在教你明白自己的真相。你其實一直都在告訴別人你的真相，卻不讓自己的真相來教你。1

在北美各大城市間巡迴旅行了幾年之後，我的結論是其中有兩個城市最漂亮，當然，這純粹是個人見解，換成別人可能就不這麼想了。我以前去過舊金山兩次：一次是在莫爾紅木國家公園（Muir Woods），為社區奇蹟中心（Community Miracles Center）帶領工作坊；另一次是和我的第一個出版商派崔克．米勒（D. Patrick Miller）同行，他旗下的出版品牌無懼出版社（Fearless Books）讓《告別娑婆》一炮而紅。確實，派崔克和我合作無間，在網路上爭取了許多免費的曝光機會，穿梭在各個靈修社群之間，因此等到較大的出版社賀氏書屋（Hay House）接手時，這本書已經在全美各大邦諾書店（Barnes &Noble）販售了！

第二次造訪該地時，派崔克很親切地帶著我在舊金山到處逛，也帶我到柏克萊丘陵（Berkeley Hills），那裡可以看見令人驚豔的三百六十度全景景觀。我當時結交的新朋友金恩．博格特及妻子海倫也和我們在一起，金恩與派崔克有共事關係，他非常專業地為派崔克的一本書朗誦，將它錄製成CD。隨著我們繼續探索著該地區，包括陸上的與海上的，我也開始能夠理解為何人們如此喜愛這座海灣城市了。

另一座我認為北美最美麗的城市，就是英屬哥倫比亞的溫哥華。當然我並非每個地方都去過，但是溫哥華的美麗絕對是數一數二的。我記得自己二〇〇四年時在那裡舉辦了自己的第一次工作坊，我深深陶醉在當地的美景裡，和一位新朋友一起走路去吃午餐。之後，我們正準備要離開餐廳，回去工作坊的時候，我朋友說：「嘿，艾克哈特．托勒（Eckhart Tolle）在後面，你想見他嗎？」我說：「當然好啊！」那是個簡短的會晤，我的新朋友介紹我和艾克哈特認識（原來他們兩人認識）。我們簡單地聊了聊我們的書，我注意到他是個十分謙遜、不會裝腔作勢的人，在他身上我看不到一點點虛偽的痕跡。

後來，我發現這件事著實不可思議。在一座數百萬人的城市出外午餐，然後「碰巧」遇到艾克哈特．托勒的機率有多大？這充分提醒了我，沒有所謂的「碰巧」這種事。一年之內，我們兩人都出現在一部名為《人間明燈》（Living Luminaries）的電影裡。那不是一部賣座片，但是也有成千上萬的人都看過，它讓更多人認識了我的著作。之後我又在多部影片裡受訪，這些影片將會在接下來這幾年陸續發行。一件事引來下一件事，而無論我是否有演講活動，我都會回到溫哥華再看看這座城市。

在舊金山，我受到搖滾明星一般的待遇。我納悶著，其他三位《課程》教師所寫的、關於我的負面文章，是否會影響到人們對我的看法，而我很快有了結論。總共只有三位《課程》教師受邀在研討會演講，我是其中一人，其他兩位就是那三位發表負評的其中兩人！他們沒有提到那些文章，我也沒有。我們三人之中，第一位講者讓聽眾昏昏欲睡，接著輪到我，我甚至還未開始講話，觀眾就熱情地起立鼓掌向我致意。這告訴了我一件事，人們將他們對我的書的感受轉嫁到我這個人身上。確實，雖然有半數聽眾是透過我過去幾年來在各地的巡迴演講認識我的，也有另一半的人只能從我的著作認識我。

有時候，我會請現場讀過《告別娑婆》的聽眾舉手，想看看到底有多少人讀過這本書，這有助於讓我了解聽眾的背景。在這一天，有百分之九十的人舉起了手，說他們讀過我的第一本著作。我的演講持續了一小時又十五分鐘，這已經是主辦單位給我的極限了，否則我會很樂意暢談個五小時。我在《課程》的教學過程中，耍了點小聰明，增添了些許幽默感，我一向很喜歡這麼做。而我從這群聽眾的回應，包括：演講結束後，人們在走道上，用餐時和我打招呼，以及在我簽書的時候所獲得的善意回應，再再證明了我的猜測是對的。我和多數的《課程》學員之間所發生的，是一種充滿愛的體驗，不會受到他人的意見所左右。在這個週末，整個研討會儼然成了一場愛的饗宴，那些原本因為法律問題或對《課程》內容意見不合而處不來的《課程》學員，現在竟能互相擁抱了。

我驚覺到，這裡有一大群對《課程》含義不見得彼此認同的學員，但是沒有關係！如果你是《課程》學員，而且堅持得夠久，那麼你終將明白一個事實：一切的重點全在寬恕。只需要寬恕，就能引領你進入愛的饗宴。愛會自然而然隨著寬恕流露，套一句我們的好朋友莎士比亞說過的話：「如同夜晚自然隨著白晝而來。」

*只需要寬恕，就能引領你進入愛的饗宴。愛會自然而然隨著寬恕流露。

我因見證了「體驗勝於理論」的事實而深受感動。如果《課程》在研討會裡教導我們大家的是：「人間不可能有放諸四海皆準的神學理論的；然而，放諸四海皆準的經驗不只是可能，而且是必須的。本課程的目標就是指向這一經驗。」[2] 那麼，我已親眼見到它在我眼前發生。

我不單是陶醉於自己在舊金山所體驗到的愛（我錯過了一九六七年的「夏日之愛」（譯註：當年在舊金山所舉行的社會活動，堪稱嬉皮革命的濫觴）），我同時也深深明白了，整部《奇蹟課程》裡所蘊含的就是「智慧」。只要人們最終記得它的重點全是寬恕，它就能發揮效用，那也是《課程》**唯一**能發揮效用的方式。

接下來的那個週末，我會前往奧勒崗州的波特蘭，然後回到緬因州的家過生日，休息幾天之後，繼續前往德州奧斯丁的交叉口度假中心（The Crossings）。但是，就在我離開舊金山前往波特蘭之前，我最鍾愛的老師們再度前來拜訪我，他們似乎很喜歡利用「身體」來教導我：不光他們的身體不是真實的，**也沒有任何**身體是真實的。那是二〇〇七年三月初的時候，美麗的白莎首先開口。

白莎：嘿！大人物，恭喜你！你真是引起廣大的迴響啊！

阿頓：是啊，我討厭承認這一點，但是你的表現很得體。

葛瑞：阿頓，別對我太濫情了。

阿頓：好吧，那麼讓我們聊聊你的婚姻吧，到底是怎麼一回事？

葛瑞：我就知道你很殘忍，雖然你風度翩翩。

阿頓：我只是直指重點，親愛的老弟。

葛瑞：好啦，我已經告訴過你們了，我不知道該怎麼辦。我一直在撐著，凱倫也是，但是沒用。所以，有沒有一些有用的建議可以指點我？

阿頓：有的，該回家的時候就回家吧，然後從那裡開始面對。

葛瑞：我恨你。你為什麼不走開，讓我跟白莎單獨說話？

阿頓：我知道你不恨我，但你是想跟白莎調情，對吧？

白莎：葛瑞，你知道身為高靈上師，我真的對那種肉體親密不感興趣。不是說那有什麼不對，而是我的愛人是上主。

葛瑞：拜託啦，白莎。一分鐘就好，而且你根本不會有任何感覺。

白莎：我實在很懷疑。不過為了跟你辯論，雖然我不崇尚那一套，但還是想問你：如果你真的想追求我，你會怎麼說？

葛瑞：我會說，如果換做你是我、我是你，我會愛你勝過愛我自己。但是，如果我是宇宙，你是銀河，我會吞噬你然後用我整個生命的腸道來消化你的精髓。

白莎：我打賭你對所有的女生都這麼說。

阿頓：雖然你很抗拒，我們還是要讓你回家見凱倫，然後好好面對她。白莎說得沒錯，你的工作進行得很順利。今天我們有個議題想要和你討論，如果你準備好的話。

葛瑞：你們倆通常都有些有趣的事情要講。什麼事？不過這不代表我放棄追求你喔，白莎。

阿頓：記得有一次我們曾告訴過你，你因為操練了足夠的寬恕而避開車禍嗎？

葛瑞：記得！當時我在看電影，我選了一部爛片，覺得自己做了一個很差的決定。但是後來你說，如果不是因為我操練了寬恕，我會選擇另外一部片，而在不同的時間點離開電影院。因此，情況就是因為我操練了寬恕，於是我不需要再學習這個課題了。我的學習讓這種痛苦的教訓變得不必要，我便置身在一個不同的處境了。這有一點像《課程》稍早前所談到的，它提到了時間的次元（dimensions），說奇蹟在時間的各個次元都會發生，而這種奇蹟很顯然是那種來自因而非果的真寬恕。（譯註：〈正文〉原文為：「奇蹟是環環相扣的寬恕當中的一環，當它圓滿完成之時，便成了救贖。而救贖能在任何一刻運作於所有的時間層次。」3）

阿頓：那麼，如果我告訴你，這不僅是個人可以做的事，也是全體人類可以一起做的事呢？

葛瑞：耶穌基督啊！我從沒想過這一點。你是說，**每一件事**都能根據全體人類的集體想法而改變？我所謂的改變，不是說劇本可以改變，因為它是無法改變的，我們談的是改變時間的次元，這其中就另有蹊蹺了。

阿頓：一點也沒錯，葛瑞。例如，我們在前兩個系列的探訪期間所提到的未來預言，加上我們現在所說的一切，如果人類轉換到時間的另一個次元的話，可能都會無效，都會成空。如果有足夠的人操練寬恕，你們就能轉換到另一種情境。聖靈也可能可以將舊影片消磁。如同聖靈可以為個人瓦解時間，將那人往後的計畫一併重新安排，同樣的事也可以發生在整個世界。

白莎：你知道嗎？有時你租DVD來看的時候，裡面也會安排另一種結局。你看這部電影的時候，其實也可以選擇另一種結局來觀賞。

葛瑞：是啊！我不太喜歡有另一種結局的電影，因為我喜歡把電影當成一件已經是成品的藝術。但是如果人類能觀賞更好的結局，那我當然不介意。

白莎：好，記住一件事：即便你選擇觀賞另一種結局，它也是早已經拍攝完成的成品！所以，你不是真的改變了劇本，你只是在觀賞劇本的不同版本而已，舊的部分被刪除了。情況並非你在最後編造了新的劇情，而是它早已存在。

葛瑞：我了解你的意思。如同《課程》所說，你仍然只是在腦海裡重溫一遍那已經發生過的事，這方面是永不會改變的。

白莎：是的。

葛瑞：因此，在你之前給我的情境裡，你沒有說是哪一種核子裝置，但就我所知，可能是炸彈之類的核子裝置，很可能在一座大城市爆炸。你說有四座城市遭受攻擊的風險最高：紐約、洛杉磯、倫敦，以及特拉維夫。但你是說，我們可能可以避開這樣的攻擊？

白莎：正確，但是注意，我們並沒有說你們一定會避開它。我們說的是，也許可以藉著轉換到另一種情境而避開它。個人與全體人類一直都在透過自己的選擇，決定著他們即將擁有的經驗。

阿頓：現在我們想要提醒你，雖然你在操練寬恕，但這不代表你總是能夠轉換到愉快的結局。再者，你並非那個決定是否能轉換時間次元的人。只有聖靈能這麼做，因為聖靈可以看見整體畫面，而你不能。顯然，耶穌在他的世間冒險結束時，並未經歷愉快的情境，但是聖靈知道他可以處理得來。他的寬恕層次是如此之高，因此他已治癒了所有的罪疚，不會感受到任何痛苦。

因此，不要總是期待好事發生。你的工作就是無論發生什麼事，都去寬恕，這一路上，你也必須學著越來越信賴聖靈。你現在已經在這麼做了，但是應該繼續這麼做，全體人類也必須這麼做才行。在形相層次，有幾個重要問題必須處理。它們不是真的，我們也不是在此要讓它們成真，但我們可以給你一些忠告，告訴你如何寬恕這些事。

葛瑞：你說「這些事」，似乎有很多事在進行當中。我們有氣候變遷、恐怖主義，而且有許多人認為二〇一二的十二月二十一日就是世界末日。因此，我想清楚地問一個問題：二〇一二這件事到底是怎麼回事？

阿頓：世界不會在二〇一二年毀滅，那對小我來說太簡單了。小我想要遊戲繼續進行。自《聖經·啟示錄》以來，每個世紀都有好幾次類似情況發生，有一群人，而且有時是很龐大的一群人，會認為世界快要毀滅了，但世界從來沒有毀滅過。我們過去曾指出，二〇一二年是一個全新循環的開始，循環會以不同形式發生。由於事件的規模逐漸擴大，速度也加快了，因此世界會貌似不同，但其實並**沒有**什麼不同。不同的只有形式，而非內涵。

在形式上，美國會開始在解決例如氣候變遷等全球問題上，更密切地與世界各國合作。這會有一定的難度，因為過去已經浪費太多時間了，而且這個世上最大的強權一直是問題的一部分，而非解決之道的一部分。顯然，中國與印度也是問題的主要部分。更顯而易見的是，地球的氣候變得越來越詭異。

葛瑞：這真不是在開玩笑的！

阿頓：但是，在我們進一步探討前，請跟我們說個笑話。接下來這個

＊循環會以不同形式發生。

主題有點沉重，適合加入一些輕鬆的氣息。

葛瑞：好啊！有個人看見一則廣告，上面寫著：「會說話的狗，特價一百元！」這激起了那人的好奇心，於是他打了電話，問到了那隻狗的所在地址。他抵達的時候，賣狗的人說：「狗在另一個房間。如果你要的話，可以進去和牠說話。」那人走進房間，發現那隻狗真的會說話！狗告訴那人說，牠以前在CIA（美國中央情報局）工作，他們派牠監視人們，因為沒有人會懷疑一隻狗是間諜。牠以前曾在克里姆林宮監視俄國人，為CIA提供機密情報、執行各種特殊任務。情報局視牠為英雄，而且在相當於人類的退休年齡光榮退休。情報局給了他一筆退休金，而牠現在正打算著手撰寫回憶錄。

那人目瞪口呆。他走出去對牠主人說：「那隻狗竟然真的會說話！你不知道自己擁有的東西有多珍貴嗎？你可能可以賺到一百萬，到底為什麼只想賣一百元呢？」主人說：「喔，那隻狗是個騙子，牠從來沒有做過那些事！」

白莎：很好，很妙的笑話。

葛瑞：這是個真實故事。

阿頓：你剛才正要開始談氣候的事。

葛瑞：喔，是啊！我一開始是在九年前注意到這裡的冰風暴，我的意思是，當時，剛好攝氏零度的氣溫維持了好幾天之久！這有多慘呢？全美國的每一根電線桿都必須換掉，它們全斷裂了，當時是一九九八年一月的時候。全國的工人都被召集來換電線桿。他們在一個月內完成任務，被視為英雄。那是我首次意識到氣候變得有多麼詭異。我們在冬季期間停電了二十三天，幸好凱倫的父母家有座燒柴的火爐，但我們可是冒了生命危險才抵達那裡的。自那時開始，我們有好多年都有降雪記錄，但是去年，也就是二〇〇六到二〇〇七年的冬天，卻完全沒有降雪！這可把滑雪勝地的業者嚇壞了。同時，紐約一日內的降雪量創下歷史新高，而歐胡島也連續下了四十四天的雨！這以前從來沒有發生過。唉，真是和《聖經．啟示錄》的描述越來越像了。

白莎：談到詭異的氣候，今年年底，巴格達將會降下有史以來的第一場雪。倫敦會出現第一場颶風，而加州只會有兩英寸（編註：約51毫米）的降雨量。美國東南部與西南部都會發生乾旱，但是明年，中西部將會有災情慘重的水災。氣候將會朝著這個不變的模式發展，不是太多雨就是沒有雨；不是太多雪就是沒有雪；不是太熱就是太冷，都是走極端路線。「正常」的氣候模式已經不復見了。風暴的規模會越來越大，破壞力越來越強。

葛瑞：你似乎有說過，美國必須和全世界一起很努力地合作解決問題？

白莎：沒錯，但是要避免氣候災難，會是個千鈞一髮的情況，中國是不會合作的。喔，順道一提，《告別娑婆》在中國會賣得不錯喲。

葛瑞：你在開玩笑吧？他們甚至不會讓它**登陸**中國，他們不太喜歡那些一直提到上主的書。

白莎：那倒是沒錯，但是中共當局真正懼怕的，是任何挑戰共產黨權威的內容，而你沒有這麼做，所以最後他們會讓你的書登陸。

葛瑞：太棒了！或許有一天我可以造訪中國呢！

白莎：或許，但是在你決定去某個地方之前，別忘了先諮詢我們和聖靈，我們和聖靈是一樣的。你若不問，就不知道何時才是造訪一個國家的最恰當時機。你計畫要前往全美五十州演講嗎？

葛瑞：是的，今年之後就累積到四十州了。

白莎：很好，別忘了休息一下，對自己好一點。此外，雖然我們以前曾建議你，要回答批評者提出的問題，但那不表示你將來要持續這麼做。

〔註：關於攻擊我的那些文章，我寫了一篇回應文，回答了所有的質疑。後來，一位知名作家（同時也是一位非常令人敬重的《課程》教師）麥可．米爾達（Michael Mirdad）也寫了一篇回應所有文章的獨立文章，它的標題是〈奇蹟大傻瓜〉（A Course in Megafools），包括了如下內容：

大體而言，葛瑞最近對那些針對他而來的惡意批評，以及所有湊熱鬧的團體，做出了一對一的精彩反擊，揭露出許多矛盾之處與不實指控。這篇辯護文現在已經刊登在《奇蹟》（Miracles）雜誌上了。在人類法庭上，雷納會獲得勝利，而且輕而易舉。但是值得一提的是，他原本可以不爭辯、不隨之起舞（和肯恩·霍布尼克一樣），不理會那些攻擊者。但是，他選擇回應也能帶來更大利益，因為這能曝露出《奇蹟課程》團體裡充斥的偽善問題（主要是一些讀書會召集人），這個問題使許多人對研習《課程》心生排斥。

我了解，當麥可說我原本可以不爭辯、不理會那些住在玻璃屋裡卻選擇向我扔石頭的人時，他是對的。不回應批評、不回答他們的問題，並不是我從阿頓與白莎那裡獲得的指示。過去，一般而言他們的指示都讓我獲益匪淺，然而我了解到，不再理會攻擊我的那些人，很可能會成為我未來的行動方針，畢竟我已經公開回答所有的問題了，而且不止一次，或許是我該放鬆的時候了。我發現這樣的想法讓我感到平安，而白莎剛才所說的話再度確認了這一點。〕

葛瑞：很好。我一直自己在思考著那些話，多謝你把它說出來。對了，我想起你在《告別娑婆》裡說過的一個預言，你在一九九〇年代期間跟我說的。多數人都不知道我花了九年的時間才完成那本書，因為你們拜訪太多次了，而且時間經常間隔很久，特別是在最後階段。你當時做了一個不可思議的預言，因為美國當時在柯林頓總統的治理下國庫充盈，我們過得很富裕。但是你說美國將會經歷衰退，歐洲會取得經濟與政治優勢。從那第一本書問世以來，我真不敢相信有多少美元平白蒸發了！有些人不喜歡你所說的，但你是對的。或許該是我們重新思考國家政策的時候了。

白莎：歐洲也有他們自己的問題，但終將再度強大起來。那是因為美國的政策不是真的政策，而是算計，它的設計只是為了讓少數人荷包賺得更飽，卻讓其他人跌入地獄，而你們卻不明白到底哪裡出了差錯。以美國的例子而言，重點不在於重新思考，而是在於到底有沒有思考。一直以來，政府從來沒有為廣大人民的更高利益認真思考過……有的只是政治考量。你們將會出現幾次歷史性的選舉，我們可不想讓這本書在選舉還沒結束前就出版。

> ***切記，你的工作就是藉著聖靈的幫助去寬恕你的世界。就這世界而言，上主並未將你帶入這個世界，但是聖靈會一路看顧著你。**

葛瑞：為什麼？你會做預言嗎？那不是和你說過的，會有更多書問世的話互相矛盾？

白莎：不矛盾，之後會有更多書出版，但是至於其他理由，我們目前暫時保密。同時切記，你的工作就是藉著聖靈的幫助去寬恕你的世界。就這世界而言，上主並未將你帶入這個世界，但是聖靈會一路看顧著你。

葛瑞：好的，讓我們假設全體人類依然故我，不操練更多寬恕，那麼夢裡會發生什麼事？我的意思是，我知道關鍵全是寬恕，這也是聖靈要我學習的課題，但是若能一瞥未來會發生的事，還是挺有趣的。

阿頓：如果有越來越多的人**不**操練寬恕，那麼以下是幾件會發生的事。一如往常，有各種好事與壞事發生，事情的發展也有好有壞，但是最主要的差別是，如果**確實**有更多人操練寬恕，那麼一些可怕的事情就**不會**發生。時間的許多次元都非常相似，差別可能很微小，但是若牽扯到那些事情，差別可就變得很巨大了。

葛瑞：就像我避開了車禍那樣，只是你說的是更大規模的事件。

阿頓：完全沒錯。而你此刻正置身於所有的次元裡，你同時過著許多種人世。你看不見這一點，因為它被你心靈中的分裂之念隔離在外了。如同我們說過的，你是非空間性與非線性時間的存在。你無處不在，甚至也在幻相裡。但是在線性時間與空間性的框架裡，你一次只能體驗到一點點。

葛瑞：我體驗到的，已經超出我能處理的程度了。

阿頓：嘿！你已經過得不錯了。你可以參訪各大名勝景點，住高級飯店，還在高檔餐廳用餐，甚至深受女生們的歡迎。對了，這點你怎麼解釋？

葛瑞：很簡單，她們以為我是同性戀。

阿頓：是啊，那完全無傷大雅。既然你的旅行足跡已經遍及世界各地，你覺得哪裡的女人最漂亮呢？

葛瑞：這也很簡單，機場。

阿頓：觀察力很敏銳嘛。

白莎：拜託，你們能不能表現得像成年人一點，只要幾分鐘就好？

葛瑞：好啊，但是既然我們談到了這個話題，我不妨告訴你們男人都是怎麼想的。

白莎：這應該不錯，男人都是怎麼想的呢，葛瑞？

葛瑞：很簡單，若是有把不到的妹，就毀掉她。

白莎：這解釋了很多東西。現在，那些預言是什麼呢，阿頓？

阿頓：好，請謹記我們所說的一切，在這個世界，你們會出現許多新形式的能源。在某些例子裡，這些能源形式已經在少數領域使用了，將來還會有進一步的發展。風力就是個很好的例子，它在未來會更加普及。此外，有一種新的科技會出現，讓煤炭轉變為廉價石油的過程不再污染空氣。煤炭是氣候的最大問題來源，而不是汽車。當人們發現了如何在不污染空氣的情況下燃燒煤炭，美國這個擁有兩百五十年煤炭儲存量的國家將在一夕之間變成這世界的沙烏地阿拉伯。當然，你們也必須要有適當的能源政策，而不是僅讓少數的特定人士致富。你們必須發展聰明的方法來製造能源，而非像一些人所鼓吹的那樣，浪費時間在建設更多的核電廠。

在這個世界，人們會發展出水下能源渦輪，用以製造無限量的乾淨能源，而這些是由海洋灣流和其他潮流所推動的。

葛瑞：哇！如果有人發展了這種技術，然後灣流突然因為氣候暖化而停止活動，那不就好笑了。

阿頓：本世紀的後半期，你們會發展出高速運輸管，這將造成一場運輸革命。

葛瑞：那到底是什麼玩意兒？

阿頓：我們會讓你仔細看看。但是對像你這樣經常旅行的人來說，你會希望自己現在就能使用它。

白莎：在美國，汽車工業已經跌落谷底了，油電混合車將蔚為流行，進一步獲得改善的電動車也會越來越受歡迎，特別是在美國西部。你們甚至會出現由壓縮空氣發動的汽車。

葛瑞：希望我們的空氣不會用完。那乙醇汽油呢？

阿頓：喔，對。在一個仍有數百萬人因飢餓而死的世界，你們還拿玉米轉變為燃料！這只有娑婆世界才會發生。完全沒這個必要，這麼做只是愚蠢地支持了你們的政府。同時，生產免費能源的方法是存在的，但是在上個世紀被壓制下來了。在時間的某個次元裡，這個方法被揭開了，但是在另一個次元則否。人們如何使用心靈，將決定你們會有什麼樣的體驗。

葛瑞：免費能源？我的媽呀，不會吧！對了，你曾說過氫動力汽車會出現。

阿頓：是的，但我們說一開始是在歐洲流行，美國還早得很呢，這也引發出另一種情節。如果有夠多的人在靈性上提升，那麼我們剛才提到的能源形式就已足夠讓這個國家發展得很好。一切全取決於你們，如果你們決定要讓這些方案行得通，就不需要任何其他形式的能源。

同時，你們會出現一種逐漸多元化的趨勢。你會看見各式各樣不同的汽車，就像當今的通訊產業一樣，人們從電視台轉移到網路與其他娛樂形式，以及如同雨後春筍般冒出的各種電子產品。情況再也不似從前那麼簡單了。

葛瑞：你能不能明確地告訴我，關於核武恐怖主義會如何發展？

白莎：那是不對的。再者，別忘了，該關心的焦點不只是核武恐怖主義的威脅。全球的核武威脅尚未結束，包括俄羅斯及其鄰國之間，甚至俄羅斯與美國之間的衝突。還有北朝鮮及其潛在的攻擊目標南韓與日本之間的衝突，更別說最後還會有夏威夷與美國西部的衝突，然後還有中國。除了這些之外，印度與巴基斯坦之間的核武競賽，中間還有中國的介入，還有以色列和伊朗的問題。這可是個瘋狂的投射之境呢！親愛的老弟。

阿頓：從現在算起不到一年的時間之內，一個新的太陽黑子活動週期將會展開，這會持續五年，然後在二〇一三年達到巔峰。這會影響到每一件事，從氣候到人類的事件都躲不掉。有影響力的不只是大氣層，有許多你看不見的因素也參與了這場盛會，當然，這一切都是某種更深層東西的象徵——存在於心靈層面的無意識罪疚感，它可以追溯至最初的天人分裂及其創造出來的巨大罪疚感與恐懼。

白莎：科學家會發現月球曾有水存在的痕跡，火星曾有冰，亦即水存在的痕跡，但其實它的意義遠大於此。最後，如同我們過去早已說過的，人們會發現火星曾有智慧文明的鐵證。但是，你們一開始不會知道他們其實是你們的祖先，你們會開始往火星殖民。科學家終將發現，你們的DNA不可能單純地源自你們自己的星球。以空中無人機和地面機器人進行的戰爭越來越多，這讓科技先進的一方處於極大的優勢。軍隊人員將會在虛擬的戰鬥營裡接受訓練。

今天，你們擔心的是石油。如果要擔心，那你們該擔心的其實是水。乾淨飲用水與灌溉用水的缺乏在將來會是一個嚴重的問題，你們應該現在就開始設法處理。

阿頓：平行宇宙與多重次元時間的概念，存在於數個科學理論裡，不是只有那些形而上學研究者與靈修人士才認為它們存在，而它們確實是存在於幻相之中。不過，科學家尚未了解次元的本質，因為當人們學會了課題，這些次元變成非必要時，聖靈就會抹去它們，讓它們永遠不再被看見。許多人相信你們的宇宙是無限大的，但它並非無限大。如同《課程》教師透過聖靈所說，你的妄造能力已經被設了限（譯註：〈正文〉原文為：「你可以因循苟且，你能夠盡量拖延，但你無法與造物主一刀兩斷，因祂已為你的妄造能力設了限。」**4**），而且所有人最後終將接受真理。如同J兄的教誨：「所有的人終會接受救贖的，這是遲早的問題。因為最後的抉擇早已註定，這說法好似與人的自由意志相牴觸，其實不然。」**5**

葛瑞：所以，身為幻相的囚徒，我們真正擁有的自由意志就是去選擇聖靈的能力，那能夠釋放我們，而選擇小我只會囚禁我們。如果我們選擇停留在這裡原地踏步，結果無疑是最終的死亡。但是，如果我們選擇返回天鄉，結果就是獲得永恆的生命。

*如果我們選擇停留在這裡原地踏步，結果無疑是最終的死亡。但是，如果我們選擇返回天鄉，結果就是獲得永恆的生命。

白莎：好極了！另外，未來科學家將有能力製造與你們的身體相容的器官，不再受到排斥問題的困擾，而且能讓死亡已久的心臟再度跳動。眾科學家和其他人將會開始思考地球以外的廣大宇宙，將整個宇宙視為一個活生生的有機體。他們會看見「胎星」（stellar embryos）生出星球，甚至有各式各樣的生命體不必像人類一樣靠氧氣維生，而那不表示它們就不是像人類一樣「活著」。

如果這樣還不夠，在這個世紀，你們將會與外星生物進行獲得證實的接觸。那其實已經發生了，但是尚未經過你們科學家公開證實。

阿頓：對了，你的上一本書有個錯。記得我們曾經為你顯示你的數千個不同的轉世形相，最後你希望看見阿頓在這一世的樣子嗎？

白莎：嗯，我們並未讓你看見那個人。然後你想要回頭看看多瑪斯和達太的樣子。在那本書裡，你為了達成此一目的而自己說：「你能回去上一世嗎？」當然，我們知道你的真正目的，因為我們能讀你的心，於是我們讓你看多瑪斯和達太的樣子。但是，如果我們只是回去上一世，你就不會看見他們了。你和他們之間還有大約二十次的轉世，包括和「偉大的太陽」在一起的美洲印第安人那一世，還有一世是羅傑．謝爾曼（Roger Sherman），另一世在阿拉摩之役裡戰死。

〔註：我從靈視、回憶、夢境，以及知名通靈者等管道得知，我的某個前世是一個來自俄亥俄州，名叫威廉・哈里遜（William Harrison）的人，死於阿拉摩之役，還有一世是羅傑・謝爾曼——〈美國獨立宣言〉的簽署人之一，也是一位來自康乃狄克州、極受敬重的國會議員，他也協助了美國政府的成立。因莎莉・麥克琳（Shirley MacLaine）在其著作與電影《心靈之舞》（Out on a Limb）中提及而揚名的通靈者凱文・萊爾森（Kevin Ryerson）也透過他的指導靈，也就是他的高靈上師阿頓雷（Ahtun Re），證實了我的某個轉世的確是羅傑・謝爾曼和聖多瑪斯。〕

葛瑞：是的，就像那些政客可能會說的：我口誤了。

阿頓：現在我們要給你一個較難的功課。這件事早有許多人在懷疑，所以也不完全算是新鮮事。不過，大部分的人都不知情，而且即使聽過這件事，也無法肯定是不是事實，所以我們必須告訴你真相。

葛瑞：好的，你們聽起來很嚴肅。

阿頓：有一部分的美國政府積極參與了二〇〇一年九月十一日那天發生的，針對世貿大樓與五角大廈的攻擊，以及造成了將近三千名美國人與各國籍人士死亡的四起劫機事件。

葛瑞：你說的話，我有沒有聽錯？

阿頓：沒有，很遺憾。但這不是沒有證據的。世貿雙塔之所以倒塌，不是因為遭飛機撞擊起火，沒有任何摩天大樓曾因為火災而整個崩塌。那兩棟建築物是發生了內爆，就像拆除拉斯維加斯的老舊酒店一樣。劫機者受到CIA（美國中央情報局）的欺騙，認為他們是接獲恐怖組織的命令而採取行動，其實卻是受到CIA的利用。他們做了CIA要他們做的事，最後也扮演了他們該扮演的角色，認為他們是聽從領導者的指示而行動。透過風險溝通，要如此利用他們並非難事。再者，劫機者也不是你們政府所說的那些人。撞進世貿大樓的飛機也不是被劫機的飛機，而是遙控的無人機。

蓋達組織並未策劃這次的攻擊，賓拉登也沒有，儘管他到最後與沖沖地自己出來邀功，但他是政府用來作為代罪羔羊的完美劊子手。

做一些研究與調查吧！聆聽幾千位獨立的物理學家與工程師描述世貿中心、世貿中心七號大樓，以及五角大廈所發生的事，不要聽信任何團體的話。真相是，你們自己政府的成員，特別是副總統，那天早上剛好是他負責掌管華盛頓特區一帶的空中防禦，他想要製造一次「珍珠港事件」，藉此讓政府取得控制人民的力量，並趁機對世上其他國家為所欲為。你已經看見其中一些後果了，包括：利用災難作為藉口，對美國公民進行更多監控，而且越發朝法西斯主義靠攏。

布希總統並未被告知此一陰謀，因為行凶者也指派了一個角色讓他扮演。那些犯下如此重大不人道罪行的人，自認為聰明絕頂，以為拿下伊拉克猶如囊中取物，但是他們錯了。他們認為證據最終還是無法說服人民認清真相，這也錯了，不過，離真相大白的日子還有很長一段路要走。

沒有錯，有一些人已經知道真相為何了，但是多數的美國民眾仍像無知的羔羊一般，完全相信大企業擁有的新聞媒體報導，而大企業與政府又受控於美國聯邦準備理事會（Federal Reserve Board）與中央銀行（Central Banks）等，由地球上最有權勢之家族所掌控的銀行勢力。這些人想要的是全球性的支配權。

九一一幻相裡真正的致命弱點就是七號大樓，它是在當天稍後才內爆的。該棟大樓並未遭受任何飛機的撞擊，距離世貿中心仍有一個足球場那麼遠，又那麼湊巧是紐約的CIA總部。CIA涉入九一一的證據必須銷毀，但是，引發建築物內爆的超級鋁熱劑（thermites）卻未完全湮滅殆盡，現場仍發現了些許蛛絲馬跡。而且，由這些超級鋁熱劑所製造的熱度與能量在事後都經過了測量。現場所殘留的能量值，遠遠超出了政府與國會調查小組報告呈現的情況裡所能製造的能量。

葛瑞：你以前為何不告訴我這些？

阿頓：想想看，葛瑞。你當時還沒有準備好。我們第一次系列探訪的最後一次，是在九一一事件剛發生不久之後。你隔年還有許多工作要做，書的出版事宜也只進行到一半。你和這國家的其他人民一樣，尚未從震驚的情緒平復。當時，若要你在書裡指控自己的政府策劃並參與了九一一事件，對你是沒有任何好處的。你只會遭到輕蔑與不屑的對待，而且會模糊焦點，讓人們忽略了該書所要傳達的中心要旨。

葛瑞：幹下這件事的禽獸，是怎麼成功地將人民完全蒙在鼓裡呢？

阿頓：有四位CIA探員喬裝成維修人員，只消幾星期的時間就能將鋁熱劑佈置好，再透過無線電引爆。他們所使用的那種超級鋁熱劑體積不太大，是體積較小的那一型、更為先進的，而且比其他類型的鋁熱劑威力更強大。

讓這件事慢慢沉澱，最終試著寬恕它吧！一如以往，這仍是同樣的投射，葛瑞。試著識破它，看見靈性的實相。

葛瑞：好吧，但這真的很難。別提幾年前了，就連現在，我都不知道自己是否準備好要接受真相。

白莎：記住，別對它執以為真。只要注意到它，然後寬恕它就好了，就像你在看著虛擬的電玩遊戲，房間裡沒有其他人，只有你。沒有別人和你在一起，只有聖靈，也沒有人真的在螢幕裡。你看見的影像並不是真實的。

說到這裡，我們該暫時離開了，我們愛你，葛瑞。振作起來，持續寬恕。我們以你為榮。選擇寬恕的奇蹟吧！因為J兄曾這麼教導你：

真相只存於靈性之境，而奇蹟也只會為真理背書。6

4 一個悟道心靈的身體療癒

身體並非上主所造，因為它是可朽之物，故不可能出自天國。身體不過是你心目中的你的一個象徵而已。它顯然是一種分裂伎倆，故不可能真的存在。然而，聖靈最擅長將你營造之物轉譯為學習工具。聖靈的一貫手法乃是重新詮釋小我的分裂藉口，把它轉為一種反證。倘若心靈能治癒身體，身體卻無法治癒心靈，那麼心靈必然要比身體強大得多。每個奇蹟都在證明這一點。[1]

我想要和阿頓、白莎多談談療癒這個主題。我的了解是，當我操練寬恕時，就是在做治療工作。但是我不知道是否每次都需要帶著明確的意圖去治療身上的特定問題，或一般性的治療更好。我曾有過幾次成功治癒背痛的經驗。我已經多年不再背痛了，也希望它永遠不要再復發。幾年前，我發展出一種特定的思考程序來處理自己的背痛問題，我甚至在幾個月前將它運用在我右手的右橈神經問題上，非常有效。我想要和我的上師們談談這件事。

我知道，使用《奇蹟課程》稱為「怪力亂神」（magic）那一類的東西並沒有錯。怪力亂神是你試圖用另一個幻相來治療幻相，例如：使用藥物或手術來治療疼痛。要治癒這些人，那些方法通常是必要手段，如果他們沒有透過怪力亂神就自行痊癒，他們的小我可能會變得過於害怕，然後找一個更糟糕的方法去傷害他們。偶爾丟根骨頭給小我並沒有什麼錯，特別是當你有意識地這麼做時。此外，幻相裡的一切都是怪力亂神。水是怪力亂神，氧氣也是怪力亂神，但這不代表你貌似在這裡的時候不能使用它們。

當二〇〇七年春天的第一天到來，我有種時間到了的感覺。阿頓與白莎一個月在我面前出現一次，我總是滿心期待。那不表示他們未來都會一個月出現一次，但我有種感覺他們會這麼做。

生日前一天，我從舊金山的《課程》研討會返家之後，我和凱倫之間的關係漸趨惡化。那可能是我有生以來最糟糕的一次生日了。凱倫一向很在意過生日的，但是顯然她現在已經不在乎我的生日了。我察覺到，我們的婚姻真的完了，但是我又這麼忙碌，實在不知道什麼時候會有時間處理這件事。我決定了，等阿頓與白莎再度現身的時候，我要和他們談論身體與療癒，然後將大部分的談話焦點放在這個主題上。他們很樂意配合我。

白莎：所以，你一直在想著自己所發展的那個思考過程，利用它配合聖靈的指引治療背痛，然後最近你又將它應用在手的治療上。你何不先說說治療背痛的過程？你的讀者也能用它來幫助自己，然後我們再來談你的手，以及如何將類似的思想轉移至其他治療過程裡。

葛瑞：我喜歡你一針見血。這個思考過程根據的是《課程》內容，以及你在《告別娑婆》的其中一章「治療疾病」裡曾提及的一些事情。我對你說話的時候會把你當成有疼痛問題的人，這樣讀到這部分的讀者就能在需要的時候運用這個過程。我想這對任何類型的慢性疼痛都有效果，當然，每一個存在於形相層次的人都是獨一無二的，而不同的正見思維也適用於不同的人。

這是設計在你晚上就寢前進行的，它能將你的心靈調整至治療模式。然後，在你入睡之後，心靈將會開始治療身體。聖靈扮演了一個最為重要的角色，如果你心繫聖靈、在進行這個過程之前先與它結合，那會很有助益。在你沉沉睡去之前再次心繫聖靈，心情別太沉重，只要邀請聖靈前來與你結合即可。

首先，躺下的時候，想著疼痛的部位，提醒自己那份疼痛與你的身體本身都是個心理過程，疼痛並非生理過程。你正是那個在夢裡想著這份疼痛的人，它不是真實的疼痛，只是一個疼痛之夢，而你就是做夢者。疼痛存在於你的心靈裡，如同整個夢也是。而如果它存在於你的心靈，你就能改變心靈對它的看法。那麼，一旦你徹底明白它只是個心理過程，告訴自己《課程》裡說過的同樣的話：「**無罪無咎的心靈是不可能受苦的。**」2 幾分鐘之後，當你非常清楚了，告訴自己：我是純潔無罪的，上主無條件地愛我。上主想要做的一切就是永遠看顧我，因為上主知道我一如祂是純潔無罪的。觀想自己與上主合一，擴張至無邊無際。你是無限的，擺脫了身體的束縛，完全由上主看顧著。

現在，觀想聖靈那純淨無暇的美麗白光照射在你身上，包圍著你。不消一、兩分鐘的時間，這道療癒之光不僅包圍了你，也浸透了你全身上下。聖靈的愛赦免了一切你可能未曾覺察到的無意識罪疚感，你可以充滿信心，相信你必定會獲得治癒。你在這條路上並不孤單，聖靈已經認可你的純潔無罪了。然後，當你準備就緒之後，便可以在這份靈性的療癒之愛裡安眠。

連續進行三十天，敞開心胸接受這樣的可能性：一切疾病與疼痛都是屬於心靈的，與身體沒有瓜葛。（譯註：〈正文〉原文為：「**它唯一的條件就是體認出疾病乃是出自心靈，與身體毫無瓜葛。**」[3]）

阿頓：非常好。一開始運用這套程序時，你只是單純想到了你的背痛問題，它有效，幾個月之前，你想到了你的手，更精確來說是從你的頸部到肩膀，一直到手臂與手掌的所有神經，這方法同樣有效。

葛瑞：是啊，很不錯吧！

阿頓：對《課程》學員來說還不賴。你最近嘗試過治療其他人嗎？

葛瑞：嗯，有兩個人，一人在紐約市，一人在鳳凰城，就我所知是治癒了，其中一人公開這麼說，另一人不承認。當然，真正治癒他們的不是我，永遠是患者的心靈在決定自己是否要康復，而且這通常是在潛意識進行的。

我的一個工作坊裡有位女子無法坐直。我在休息時注意到她走路的速度很快，其實她在做每一件事時動作都很快，我想她可能有過動症狀。總之，我在心靈層次上與她連結在一起，告訴她她是純潔無罪的，並且與她一起操練寬恕。

白莎：有效嗎？

葛瑞：我不知道，一直到工作坊結束時她依然動作很快，但那不表示結束之後就不會有效，不是嗎？

白莎：那倒是真的。此外，你在操練治療過程與寬恕之後，就該放手讓聖靈來做工。你不該執著於結果是什麼，就像你對待這娑婆世界裡的其他所有事情一樣。

葛瑞：我想，如果我想要完美地實踐《課程》，我所要做的一切就是捨棄這世界，至少捨棄對此處任何事物的心理執著。

白莎：沒錯。你準備好這麼做了嗎？

葛瑞：但願如此。

白莎：別擔心這個，只要持續操練就行了。你表現得不錯，我想你確實幫助了工作坊裡的那個女生。

葛瑞：希望是如此。嘿！你能想像同時出現強迫症行為與注意力缺乏的過動症嗎？那肯定很恐怖。

白莎：我們會給你幾個實用的建議，讓你幫助你的小我，維持你的健康。

葛瑞：你會建議我使用怪力亂神嗎？

阿頓：將這些東西當成一種「優先選擇」（preference）好了。只要你仍貌似存在身體裡，就必須去做一些身體需要做的事。雖然你是《課程》學員，不代表你不需要運動或不需要刷牙，所以，我們會給你一些建議，幫助你的小我改善你的健康狀況。只要你不過度熱衷這些事，它們也是挺有趣的。

*只要你仍貌似存在身體裡，就必須去做一些身體需要做的事。

白莎：來吧！這個方法對伴侶來說特別好玩。阿頓和我會為了好玩和健康的理由使用這個方法，它的放鬆效果很好。

葛瑞：聽起來很不錯。

白莎：身體有五個部位經常被忽略，但其實那些地方含有許多末梢神經，刺激這些神經能提升整體的健康。這些部位應該經常搓一搓、按摩一下，如果沒有人幫你，你也可以自己來。

葛瑞：好玩。怎麼開始呢？當然囉，我比較希望你來幫我按摩。

白莎：從第一個部位開始：頭皮。**頭皮**有太多神經聚集了，特別是有人按摩你的頭，按得很深入時，有時你身體的一些部位會有特別的感覺，這對你非常好。要確保整個頭皮都要按摩到。這是個保養身體的好方法，你在洗頭時的搓頭動作是不夠的，要用你的手指和手掌來按摩。

第二個要刺激的部位是**耳朵**。這個部位和頭皮一樣，經常被治療師忽略，但是和頭皮一樣，這裡也有許多末梢神經叢，而且，按摩耳朵感覺非常舒服，特別是耳朵內部。

第三個部位是：**心臟**。

葛瑞：心臟，這倒有趣了。好玩的是，我曾在書上看過醫生有時會在一個人心臟停止跳動之後按摩他的心臟。不過，你說在它停止跳動之前就按摩它是很好的保健方式？

白莎：這非常重要，和剛才一樣的情況，心臟幾乎完全被忽略了。按摩、刺激它能協助它自癒，能促進血液循環，讓心血管保持暢通。在形相層次上，心臟病是第一大死因，如果人們能接受這個建議，情況將會改觀。

葛瑞：聽起來很有道理。下一個是什麼地方？

白莎：這個你會喜歡。第四個部位是**肚臍**，肚臍也是末梢神經聚集之處，連接身體的中線，從胸部貫通到私處。肚臍眼也經常被人們忽視。

葛瑞：可不是麼！

白莎：如果你在獲得心靈治癒的同時，也很享受這些形式的治療方式，別感到罪疚。這些最後都會帶領我們到第五個、同時也是最後一個非常重要的身體部位：**腳**，這地方也必須加以按摩、刺激。

葛瑞：我曾在交叉口度假中心的spa做過一次腳底按摩，舒服極了！是啊，有些地方會痛，但大致說來感覺很棒。

白莎：在所有這些部位，可能有幾個地方在刺激時會有一點痛。我剛才提到的基本上就是治療整個身體的反射療法，不是只有腳而已。沒錯，也包括了腳在內。如同反射區療法，如果你持續按摩，就會漸漸不再感到疼痛。它之所以會痛，是因為該區神經所對應的身體部位出了些問題。但是刺激那些神經最終會治癒那個部位，就像針灸一樣。那麼假以時日，持續施加刺激之後，如果不再感到任何疼痛，就表示該區對應的、有問題的身體部位已經治癒了。如同《課程》補編中的〈心理治療〉所教導的，你可以在刺激的同時操練寬恕，或許不是分分秒秒都如此，但至少經常這麼做。

葛瑞：好極了！但是如果一點都不痛呢？

白莎：那就好好享受吧！預防勝於治療！

葛瑞：多謝！我會使用這些方法的，還有其他指示嗎？

阿頓：有，別忘記最基本的。你可能會想：如果是我的心靈思想在操縱一切，我是否運用這些保健方法又有什麼關係呢？答案很簡單，你是在努力教育你的小我。你的小我想要你認為自己是身體，而你想要化解你的小我，好讓你可以回家，成為真正的你。為了讓小我放鬆下來，讓它自己得以化解，你在貌似存在於此的時候可以在身體上下一些功夫。而且你知道嗎？反正你本來就必須這麼做！假設你的餘生就只是坐在公園的板凳上靜心冥思，你最後還是得吃東西。即使是J兄也必須吃東西，擁有正常的關係、與人們溝通。

最重要的就是，對於你在此的表相存在，你應該做一些合情合理的事。而終究，你會來到靈修之路上的某個點，發覺這些都無關緊要了，因為藉由正見心境的思維，你在任何時間都能與你的靈性經驗完全連結在一起。但是，這是個過程，允許你自己經歷這個過程吧！

葛瑞：所以，你的意思是，當我在這一路上操練寬恕、化解小我的時候，我也應該同時照顧好我自己，而這麼做的結果是讓我擁有一個健康的身體？

阿頓：或許吧！

葛瑞：或許？

阿頓：記住，這是幫助你在貌似存在於此的這段時間過一個良好生活，同時幫助你化解小我。但是你不能執著於結果，否則就是將這一切執以為真。人們總是想要為每一件事貼上一個價值標籤，包括身體，他們不明白的是，這全是主觀認知。如果他們走在靈性道途上，他們就會**認定**擁有健康的身體比擁有生病的身體來得更有靈性，但真的是如此嗎？有些運動員擁有世界上最健康的身體，但並不見得在靈性上是成熟的。相反地，有些靈性成就非常高的人，卻有一副生病的身體。真相是，你何時會生病，在你貌似出現在此之前就已經決定了，一如其他所有事物。

葛瑞：那麼我就無從判斷何者是靈性的了？

阿頓：完全沒錯。

白莎：有一道你可以走過的窄門，如果你願意的話就能通過——真正靈性的態度，就是在健康身體與生病身體之間不加分別。何以如此呢？因為這兩者皆非真實。

葛瑞：那麼，我幹嘛要努力擁有一個健康的身體呢？

阿頓：答案是「為什麼不呢」。記住，我說過這是一個「優先選擇」，不是個規定。你們已經執著於規則和宗教了，但是藉著優先選擇，你不必執著於結果，它只是一個供你選擇的選項，但不是讓你過度熱衷的東西。你可以放鬆下來，享受生活，然後準備好去寬恕任何看似發生的事。

葛瑞：人們抱持著各式各樣的價值判斷，例如：健康比生病好，擁有一副美麗的軀體比擁有一般人認為不怎麼美麗的軀體好。然而，美不美麗是由誰說了算呢？這一切全是人自己編造的，正如人們認定：人類軀體一定比動物軀體更有價值，尤其是我們吃牠們的肉（至少很多人是如此），其餘的人也吃植物——它們也是活的，是對我們的思想言語有反應的生物。不過，我最近看過很多證據，特別是影片，說動物的思考能力遠高於人們

＊真正靈性的態度，就是在健康身體與生病身體之間不加分別。

以往所相信的程度。如果說，動物能帶著愛的眼光度過牠的一生呢？我就可以看見我的狗眼睛後面有愛、有感覺，還有智能。而如果J兄所說的是真的，亦即你如何看牠就是如何看自己……那麼這不就表示我的狗在靈性上有進步了嗎？

白莎：是的，牠確實有。而且牠會在天堂和你在一起，一如其他每一個人，但不是帶著血肉之軀，而是帶著牠的真實身分——和你一樣都是靈性。你也會在一體之中察覺到牠的存在，所以你不會錯過牠的，因為你將會體驗到萬事萬物都在那裡，當然這也包括了你曾愛過的每一個人和每一隻動物。

人們對這世界的價值判斷是根深柢固的，但是每一個人所擁有的真正價值並不屬於這世界。聖靈也會與動物共事，每一個物種都有牠們自己的思考方式。和人類一樣，牠們在每一個轉世裡也可能在靈性上進步，也可能沒有。和人類一樣，牠們也會和你去到一個相同的地方。基督教不相信動物有靈魂，但真相是：心靈就是心靈，那個裝著它的容器是什麼都無所謂。

葛瑞：是啊，我喜歡你說的那些話——健康或生病都不要緊，因為兩者皆非真實。我想同理也適用於金錢。我記得我父母曾有很深的罪疚感，因為他們沒什麼錢，而自從我的書出版以來，我也遇見過許多人因為自己有很多錢而滿懷罪疚。你怎麼也贏不了的。人沒有錢也會罪疚，有太多錢也會罪疚，他們會因為任何理由而感到罪疚！我們必須放自己一馬，我們必須了解，你是富有的或貧窮的其實都無所謂，因為兩者皆非真實。而如果兩者皆非真實，那麼就沒有哪一個比另一個更有靈性的問題。

白莎：太棒了！時下流行著一種看法——有錢是件非常有靈性的事。如果你獲得了一百萬，你會認為那是你利用自己的心靈吸引了這筆錢，但真相是：那只是剛好輪到你罷了，它無論如何都會發生，因為劇本早已寫好了，你的思考方式與其他一切看似發生的事，也全是劇本的一部分。你知道嗎？一百年前，人們認為貧窮才是靈性的，有些人甚至會誓願過一個清貧生活呢！那就是為什麼我們會說，這些全是主觀認知罷了。流行趨勢來來去去，但真實的慧見恆久不變。正確的觀念應該是去擁有一種無論面臨什麼都能感到快樂與平安的慧見，那才是自由，那才是真實不虛的。

阿頓：言歸正傳，我們繼續來談談，你看似在此的時候需要實施的一些「優先選擇」保健功課，然後同時操練寬恕，我會給你一份簡要的清單，列出一些你可以做的事，在你偷偷溜進正見思維的時候，讓你的小我保持忙碌：

1. **走路**：你可以從一天走三十分鐘開始，那大約是兩公里半。人的平均走路時速是將近五公里。但是如果你最終想要走到一小時，也就是一天將近五公里，你也可以週休二日，但也不是非得如此。一個星期五天其實已經夠了。

葛瑞：是啊，我記得以前讀過一個故事，約翰·屈伏塔一天走路一個小時，結果三年之後瘦了十七公斤多。而且不像一些飲食減重法有復胖問題，如果你持續走路，你減輕的體重會維持住。

阿頓：沒錯，你要花很多時間遛狗，不是嗎？

葛瑞：我想是牠在遛我吧！不過沒錯，自從牠過渡到另一個世界之後，我胖了將近七公斤。

阿頓：這都是習慣問題，就像奇蹟一樣。你已經習慣經常做一些事，如果不做就會開始想念。除了走路之外，你還應該做這些事：

2. **深呼吸**：這很關鍵，只要一想到就深呼吸，也要長長地吐氣，如此能將廢氣排出橫膈膜，吸入新鮮空氣。你會發現，在疲倦的時候深呼吸，會感覺比較有精神。

3. **做伸展操**：伸展你的雙手、雙腳與背部，保持放鬆。

葛瑞：保持彈性（elastic）比變成塑膠（plastic）好。

阿頓：4. **喝大量的水**：喝很多水的人比不喝水的人更不易得癌症，這對男性和女性都適用。對女性來說，這有助於預防乳癌。當然，都是心靈在決定要生病或保持健康，但是既然你的身體成分大部分是水，多喝水有助於防止它變得過於濃稠。足夠的水份也能預防頭痛。

5. **一個月斷食一天**：一個月撥出一天的時間不要進食。喝果汁沒關係，但不要吃固態食物、不喝酒、不吃藥。

葛瑞：不用藥物？別想了。

阿頓：真的，統計數據顯示，一個月斷食一天的人心臟病發機率顯著減少，雖然原因不明。有些摩門教徒甚至將它奉為宗教信仰的一部分呢，雖然他們這麼做不是為了健康，研究卻顯示這對健康很有益。

6. 攝取蜂蜜：不必每天吃，但是蜂蜜是在形相層次上最受忽略的奇蹟之物。考古學家在埃及出土的文物裡發現了數千年前的蜂蜜，而且仍保持新鮮！蜂蜜是你在形相層次上所能發現的物品中最為有機，而且幾乎不會毀壞的東西。如果你有睡眠困擾，可以在就寢前服用兩湯匙，或以你方便的量，最多可達兩湯匙，以此取代安眠藥。你在報導裡聽過，有些人因為嚴重失眠而混合服用多種藥物，結果導致死亡。如果他們早知道蜂蜜的治療作用，就能避免憾事發生了。

如果你有胃食道逆流的問題，晚餐前半小時或出門用餐前也可以吃一點蜂蜜，然後睡前再吃一次。持續這麼做，有效解決問題的機率很高。不過，要記住兩件事：沒有一樣東西是適合每一個人的，因為小我在無意識層面是非常複雜的，儘管這些事情應該對大多數人都會管用。此外，未滿三歲的孩童不可以吃蜂蜜，他們的身體尚未發育完整，還無法接受那種東西。

此外，如果你有過敏現象，也可以吃產自你居住地區的蜂蜜。

7. 喝諾麗果（noni）汁：這並不是十分美味，但是如果放在冰箱裡，味道還不太壞，反正你打開它之後本來就要放冰箱的。它榨取自諾麗果樹，這種植物多半生長在大溪地，具有許多治療功效。你記得自己曾有一世是夏威夷的巫醫（kahuna），對吧？

葛瑞：是的！在夢裡記得特別清楚。我本身修練並且教導「平那」（Huna）信仰，為人們進行治療，使用諾麗果做各種用途，例如：用來外敷傷口，用果汁治療體內問題等。我在夏威夷群島上曾度過幾次美好的轉世，那只是其中一部分。我必須回頭使用一些當時用過的東西，就算是為了好玩也值得。

阿頓：8. **喝果汁**：無論是柳橙汁、番茄汁、葡萄汁、葡萄柚汁、紅蘿蔔汁、花蜜等，喝什麼都好。如果人們無法負擔諾麗果汁，或嫌它難喝，可以用其他果汁代替。如果他們真的肯一天喝一、兩杯果汁，身體層次將會出現轉變。當然，適當的飲食也是有益健康的。不要挑食要吃蔬菜，吃一點你喜歡的種類總比一口蔬菜都不吃好吧！在餐廳用餐時，吃麵包不如吃沙拉。其實一些小習慣累積起來，效果也是很可觀的。

9. **曬太陽**：晴天的時候，一天到戶外曬二十分鐘太陽，而且要補充維他命D3。這兩件事加起來能預防許許多多的問題，包括憂鬱症，雖然我們知道造成這些問題的原因其實是思想，但是這些建議能幫助你感覺更好，如果你感覺良好，就更能夠記得運用正見思維。你的感覺越好，思維就越好，特別是你還有像《課程》這種規範作為指引。

10. **大笑**：租一些喜劇片或觀賞優質的電視喜劇精彩片段、看一些搞笑電影或情境喜劇。開懷大笑的療效比任何藥物更好。

11. **如果你想要青春永駐，研究如何延緩老化**：這是未來的潮流趨勢：尋找能刺激身體自癒能力，讓身體保持年輕的天然產品。最終，你們會製造一種延緩老化的產品，稱為MaxOne，人們都可以買得到。就做那個產品吧，我們不想要你販賣一些與《課程》無關的產品，但這個產品算是例外。它是我所說的未來趨勢的一部分，也非常容易使用。

維他命補充品，特別是維他命C，一直對你很有幫助，繼續使用吧，葛瑞。也有一些預防發炎的補充品，這很重要。多數美國人都攝取過量的脂肪與糖分而有一些心血管堵塞問題，但是除非有發炎現象，否則通常不會有害。發炎會使動脈收縮，讓它們更容易堵塞。既然你已經研究維他命有三十年之久，我們就讓你自行去發現正確的補充品來預防這個問題。

無獨有偶地，這世上有一些地方已經成功地運用了維他命C的靜脈注射來治療大多數的癌症。在北美洲，你很難找到實施這件事的地方，因為多數有效的方法都不為醫學界所允許，他們不是靠療癒人們來賺錢，而是靠治療病患來賺錢的。每個人都該自己做好研究，為自己的健康負起責任。

12. **為身體補充氧氣**：最後這一項有一點難度，因為它需要一點專業訓練，所以大部分的人不會這麼做。你必須正確進行、遵守指示，你要知道，身體缺氧是人類身體最常受到忽略的問題，而這對你的健康至關重要。癌細胞無法在有氧的環境裡存活。如果你能適當地為身體細胞補充氧氣，那麼多數疾病都能夠預防，甚或治癒。

為身體補充氧氣的最佳方式，就是透過攝取百分之三十五濃度食品等級的過氧化氫。不要弄錯，它不是牙醫和一般醫師所使用的百分之三濃度過氧化氫，不能食用那一種，那會對身體造成潛在傷害。有一種養生法是透過攝取百分之三十五濃度食品等級的過氧化氫，適當地為身體充氧。有一本麥德森．凱維諾（Madison Cavanaugh）所作的小書稱為《一分鐘療法》（The One Minute Cure），裡面有這方面的最佳資訊。我們說過，要採取這種方法，必須嚴格遵守指示，多數人辦不到，因為他們沒有這方面的專業。但是如果你實施這種方法，這將會是在形相層次上你能為健康所做的效果最強大的方法。別攝取太多，只是在水裡滴幾滴而已，務必要遵守指示。

就這樣了，老弟。沒什麼太難的東西，其實多數方法都有趣又簡單，但是這和《課程》一樣，如果你不去做，就不會有效。

葛瑞：許多人曾勸我做瑜伽，但我在想，那可能會壞了我喝啤酒的習慣。

白莎：如果你喜歡瑜伽，想要持續鍛鍊，那非常棒，但是你好像不是那種熱衷於身體鍛鍊的人，因此走路可能是最適合你的。《課程》裡的訓練是讓你在過著所謂的「生活」時，在生活過程中來做的，這對你而言十分理想。因此，關於是否採用瑜伽和其他方法，我們就交給你和聖靈來決定了。瑜伽和其他許多方法在很多人生命中發揮了非常正面的力量，這是毋庸置疑的，儘管它們確實會將身體執以為真。

阿頓：我們已經給了你一些優先選擇。白莎和我在我們的最後一世，也就是我們悟道的那一世，一起做了這些事。這不是我們悟道的原因，悟道是透過運用聖靈的思想體系而成就的，不過這些保健方式確實是很有趣、很有助益，因此，就盡情享受吧！

葛瑞：多謝，阿頓。你知道嗎？對於一個高大英挺、皮膚黝黑、長得像希臘神話諸神的傢伙來說，你還不算太壞。

阿頓：我知道那就是你不喜歡我的原因，我很高興看見你寬恕了這件事。

葛瑞：還有別的嗎？

白莎：以你的例子來說，充分休息絕對錯不了。要記得，說「不」是沒有關係的。你一直非常熱心在分享我們的訊息，沒有留一些時間給自己。要從愛德格·凱西（Edgar Cayce，譯註：美國十九世紀的一位大預言家）的例子學到教訓。他就是過勞死的！因為他覺得對那些前來求助的人責無旁貸。

你必須停下來，好好聞一聞花香，如果你無法拒絕別人的要求，那就是尚未克服自我中心的態度。你是在執以為真，你是在說：「那是真實的身體、真實的問題，我必須幫忙。」這完全錯過重點了。他們不是身體，他們沒有任何真實的軀體，他們也不在那裡。他們是靈性，和上主別無二致，這是永遠不會改變的。如同《課程》所教導的，身體甚至不是活的：

唯有生命才可能成就事情，而生命屬於心靈層次，也在心靈之內。身體既不曾活過，故也不

會死；它容納不下你，因你是生命。[4]

它也說：

聖子與造物主肖似之處不在於這具身體。無生命之物，絕不可能是「生命之子」。[5]

葛瑞：嘿！這讓我想起我初次拜訪加州時看見的一個汽車保險桿貼紙，那是一部靈車，貼紙寫著：「我看得見死人。」（譯註：電影《靈異第六感》裡，能看見鬼魂的小男孩所說的一句經典台詞。）

阿頓：請記住J兄在他的《課程》裡所做的不容妥協的區別。它說：「**天堂之外沒有生命可言。上主在何處創造了生命，生命就只可能存在那裡。**」[6]

在離開你之際，我們想念誦《課程》裡的一段話，我們想要你好好沉思一會兒。稍後你可以再查找這段話的出處，很容易找到的。

葛瑞：你們還記得第一本書嗎？我必須自己查找所有引用自《課程》的引文。我甚至連檢索索引（Concordance）都沒有呢！現在，大家只要在電腦上的《課程》電子版輸入一小段話，就能

＊他們不是身體，他們沒有任何真實的軀體，他們也不在那裡。他們是靈性，和上主別無二致，這是永遠不會改變的。

立刻找到他們想要找的引文。

白莎：從學習《課程》的角度來看，你所採用的方式對你很有益。我們想要你好好沉思下面這一段話。當你因為個人的人際關係遭遇難題而感到沮喪的時候，想想我們，還有J兄，然後一如我們所做的，寬恕這個世界。

小我會利用身體來暗算你的心靈，因為小我明白你這「敵人」萬一識破小我和身體並非你的一部分，它們的命運就此告終了，因此它們必須聯手，先下手為強。只要深思一下這種邏輯，沒有比它更荒謬的觀念了。虛妄不實的小我，千方百計想要說服真實無比的心靈承認自身只是小我的一項學習工具而已，還要它相信身體比心靈更為真實。任何具有正見者都不可能相信這種說詞的，事實上，也沒有一個正見之士真正相信過它。

請聽一下聖靈針對小我所有問題所給的唯一答覆：你是上主的孩子，是祂天國內的無價之寶，因為祂已把你創造成祂自己的一部分了。除你之外，沒有其他的生命存在，只有你才是真的。即使你曾選擇活在噩夢裡，上主會將你由這虛幻的夢中喚醒。你一聽到祂的聲音，便會甦醒過來，夢中的一切頓時煙消雲散。你夢裡充滿了小我形形色色的象徵，使你意亂神迷。那只是因為你睡著了，不知道真相。你一旦甦醒過來，看到周遭以及自己的真相，便再也不會相信夢中的一切了，因為它們在你眼中頓時顯得虛幻無比。於是，天國以及你在天國創造的一切對你都變得極其真切，因為它們如此美妙而真實。7

5 多瑪斯與達太的生命課題

新約把我形容為「除免世罪的上主羔羊」並無不當，可是有些人把那羔羊描繪成血淋淋的模樣，表示他還不懂這象徵的意義。正確地說，羔羊純粹象徵我的純潔無罪。「獅子與羔羊同臥一處」，象徵力量與純潔並非水火不容，兩者本來就共存於平安之中。「心靈潔淨的人是有福的，因為他們將看見上主」，這話與前句有異曲同工之妙。潔淨的心靈必了知真理，這是它的力量所在。純潔與力量（而非軟弱）是聲息互通的，為此它絕不會把純潔無罪誤解為一種負面的力道。1

自從阿頓與白莎在二〇〇一年底結束了他們第一系列的探訪之後，我出現越來越多關於前世的回憶，以及對未來的一些預見，亦即我的最後一世。這些回憶以不同的形式到來。我多數的神祕經驗都是非常視覺導向的，而且會在一天當中的任何時候發生。我可以在靜心冥想的時候看見影像或靈視畫面。但是，我最常看見帶有影像訊息的時間是在所謂的「半夢半醒之間」，也就是當我晚上躺在床上，仍然清醒但剛要入睡之際。

就在那半夢半醒之間，我經常在某些短暫的片刻看見影像。這些畫面會以不同形式出現，有時不只是靜止畫面，偶爾還會發展成關於其他時間與地點的完整場景，而且經常伴隨著聲音，類似看電影。隨著一年一年過去，這些畫面變得益加鮮明、清晰。我的感覺是，雖然我也能在睡眠的深層夢境裡出現這種體驗，但是最正確和最容易記住的靈視畫面都發生在無意識心靈浮現至表面，與一個放鬆的意識心靈交會的時候。那些是來自潛意識心靈最可靠的訊息，而當它浮現至表面時，那些能精確看見的人，都是已經學會排除意識心靈阻礙的人。

以我的例子而言，這可以藉由半睡半醒的狀態達成，以愛德格．凱西的例子而言，他是進入完全的睡眠狀態，然後他的潛意識心靈會透過他說話，因為他被人們喚作「睡著的預言家」。歷史上最優秀的通靈者與靈媒，就是那些已能抑制意識心靈對無意識心靈干擾的人。意識心靈扮演著過濾者的角色，讓小我介入了訊息的詮釋。你的意識心靈對訊息的過濾越少，訊息的品質就越好。

一個很好的例子就是「賽斯」（Seth）的傳訊者珍．羅伯茲（Jane Roberts）。她能夠完全放下意識心靈，讓另一個生命體完整地通過她。我見過的最佳通靈者是喬治．安德森（George Anderson），他透過在素描本上塗鴉來讓意識心靈保持忙碌，從他的潛意識心靈出來的訊息真是令人驚異。他不像多數的靈媒那樣必須先進行詢問，他是直接為問事者穩定地提供一連串的訊息，令問事者瞠目結舌。

我通常是藉由靜心冥想或是近乎入睡的方式來排除意識心靈的干擾。是的，我有時候會在看似完全清醒的時候看見靈視畫面，當我見到阿頓與白莎時也總是醒著的，但是來自他們的訊息並非完全來自我的潛意識心靈，它也是來自聖靈的化現，如同《課程》的聲音亦是聖靈的一種化現。

至於我的前世記憶，我了解到這些轉世都是連續的夢，它們唯一的價值就是讓我學習如何利用它們來寬恕，尤其是當同樣的寬恕課題在這一世再度呈現在我眼前的時候。它們的形式或有不同，但其中的課題與內涵其實是一樣的。

在我們學習這些課題的同時，要記住：即使是輪迴轉世也只是一個幻相，因為我們從未真正投胎進入一具身體裡，了解這一點才是明智的。我們的經驗是愛因斯坦所謂的「意識的視錯覺」（optical delusion of consciousness）。沒錯，整個感覺就像我們在一副身體裡，但這只是小我的把戲，一種錯誤的經驗。身體不是真的，它和整個宇宙一樣，都是同一個投射之境的一部分。

關於我回憶這些轉世夢境的方式，大部分的記憶都是在我躺在床上時出現的，直到我的上師在這一系列的第五次探訪之後，情況才有了改變。

〔註：在此為那些不熟悉個中差別的人，提供一些補充說明。一般來說，靈媒（psychic）處理的是心靈投射出的身體層次問題，但不

＊至於我的前世記憶，我了解到這些轉世都是連續的夢，它們唯一的價值就是讓我學習如何利用它們來寬恕。

一定總是如此；而通靈者（medium）僅僅與那些已經過渡到「另一邊」的心靈溝通。另一種是傳訊者（Channelers），他們讓其他生命體透過他們說話。海倫．舒曼（Helen Schucman）或許是史上最偉大的傳訊者，因為她所通傳的訊息品質極為純粹；她有一個獨到之處，就是不需要轉換意識，就能讓耶穌清楚地透過她溝通。不過，她的意識心靈仍會因為「看見」耶穌對她說的話，以及她獨有的速記方式而稍微分心。然而，由於她後來逐漸以「聽見」耶穌的聲音而聞名於世，也在通靈者之間吹起了一股模仿風潮，大家爭相宣稱自己能與耶穌通靈，卻不了解那些訊息其實已大量被自己過濾了。

這就是為什麼海倫所接收到的耶穌訊息，在品質與一貫性方面比其他人的要好上許多。雖然其他通靈者經常認為他們說的和《奇蹟課程》是「同樣的東西」，卻經常不了解個中差別，也不知道自己其實已經在訊息裡摻雜了個人信念，而使訊息變質了。許多通靈者編造出自己的《奇蹟課程》版本，認為那是《課程》的改良版或續集，但真相是，如果他們能學習原始版本，而不是編造出另一個版本則會更好。他們透過通靈所接收到的資訊，其實已經經過他們一己小我的過濾了。何不堅持使用貨真價實的版本呢？

回顧這些年，我在前幾年曾出現過鮮明的過去世記憶，我曾經是古埃及法老的家族成員，也曾是迪迪摩斯．猶大．多瑪斯（Didymus Judas Thomas），現在稱為聖多瑪斯。如同之前描述過的，我也曾經轉世為一個北美印第安人，住在卡霍基亞（Cahokia）地區，師事一位大師——「偉大的太陽」；我還有一世是〈美國獨立宣言〉的共同簽署人，名字叫作羅傑．謝爾曼；還有一世是名叫威廉．哈里森的俄亥俄州人，在阿拉摩之役殉職；我還看見我的未來世，將成為我兩位高靈上師的其中一人。我也透過靈視看見許多來自其他轉世人生的記憶，只是無法識別當時那些人的名字與過去認識的人，不過有時候我可以。

我再次見到我的高靈朋友，是在一個星期二的午後。他們的拜訪時間通常難以預料，不過我有時能憑直覺感覺到他們快要來了。有時候，他們好幾個月都不會出現，這也給了我充裕的時間在日常生活中整合並且實踐他們說過的話。這次，白莎首先開啟了對話。」

白莎：哈囉，葛瑞，你的生活過得如何？

葛瑞：還不賴。我在查爾斯湖（Lake Charles）度過了一段美好時光。他們很感謝我造訪當地，平時那裡沒有太多人去演講。每個人都去了休士頓或紐奧良了（雖然我一定得去紐奧良的法國區瞧一瞧）。自從發生卡崔娜風災以來，紐奧良就成了一塊傷心地，好多人離開了。當然，波本街（Bourbon Street，譯註：紐奧良酒吧聚集的地方）這一條每個人都以為會被上主摧毀的街道，在這次風災中竟然毫髮無傷。當初法國人很聰明地在海平面二十英尺以上的地方蓋房子。總而言之，我最後還是參觀了這座城市，還到一間很棒的餐廳用餐，儘管我的時間不多。

蒙特婁也是個很精彩的城市。我非常喜歡在舊城區品嚐各種美食。我的法國出版商馬克在工作坊結束之後，帶我們去了一家很棒的中東餐廳，那裡的舞者真是太棒了，有許多人最後都起身一起跳舞，一起唱誦……我雖然聽不懂他們所用的語言，但是卻很好玩！

白莎：隨著時間的幻相漸漸往前推移，我們會針對你的人際關係進行更深入的探討。說到這裡，我們今天帶來了一點不一樣的花樣，你想和聖多瑪斯說話嗎？

葛瑞：抱歉，我有沒有聽錯？

白莎：你沒聽錯，迪迪摩斯．多瑪斯——也就是「雙生子多瑪斯」（Thomas the twin，譯註：Didymus即雙生子之意）可以立即現身在你面前，和你說話。你將會見到他被釘上十字架那一年的模樣，他會和你說英語，而不是阿拉姆語（Aramaic，譯註：一種流傳千年的古語，據說是耶穌時代猶太人的日常語言），所以你可以聽得懂他說什麼。他的模樣很像J兄，你知道的，多瑪斯常被誤認為是J兄，因為他們倆長得非常像。

葛瑞：耶！我曾出現過關於他們的記憶和夢境，他們倆長得簡直一個樣子。

阿頓：嗯，現在你可以見見他的「本尊」了，可以這麼說，你可以問他任何問題。記住，沒什麼好緊張的，也沒什麼好懼怕的，你只是在和你自己說話罷了。你曾經是多瑪斯，你未來會是白莎。他們都愛著你，而你唯一要做的就是做你自己，然後去愛他們，就這樣！

葛瑞：多年來我一直努力要去愛白莎。不過，好酷啊，快把那位仁兄請出來吧！

〔註：我的上師們偶爾會讓我完全瞠目結舌，但是這件事不太一樣。在那一瞬間，阿頓消失了，白莎變形為一個完全不同的人。我立刻認出那人就是我在靈視裡見過的人。此人的長相和我記憶中的J兄雖然不是一模一樣，但非常相似。J兄的名字在當時叫作Y'shua。現在，多數人會將那名字的重音放在第一音節，但其實那名字的重音應該放在第二音節。當然，我的老師們只稱他為J兄，但我現在看見的這人不是J兄，他是聖多瑪斯，或稱迪迪摩斯、雙生子，很容易被人誤認為是J兄。他開口說話時，我整個人驚呆了，專注地坐定聽他講話。〕

多瑪斯：哈囉，老弟。你的樣子好像看見鬼一樣。

葛瑞：我真不敢相信！好吧，算我信了，我還以為再也沒什麼東西能讓我感到意外了，但這實在是太不可思議了。你和我在夢裡、在靈視畫面裡看見的，和J兄在一起的你一模一樣。

多瑪斯：你以為會看見什麼呢？一個冒牌貨嗎？

葛瑞：不是的，我不是這個意思。請先告訴我一件事，你從哪裡來的？我對這個問題一直感到百思不解，即使對阿頓和白莎也是。

多瑪斯：你看見白莎變成了我。你可以這樣看：我不是從過去出現在你面前，就像白莎也不是從未來來到你面前。我完全是從體系之外、一個全然存在於時間與空間之外的所在出現在你面前的。我現在是聖靈的化身。白莎會在將來悟道，大概是距今一百年後。當你悟道了，最後一次捨棄你的肉身，那麼你與上主或J兄或聖靈便毫無二致。在靈性層次，他們都是一樣的，分別只有在幻相裡才有意義，天堂裡沒有幻相。

葛瑞：那麼，如果你不承認幻相，又怎麼會出現在這裡？

多瑪斯：這個問題非常好。技術上而言，答案是：我，多瑪斯，其實並未出現在這裡。

葛瑞：拜託，別鬧了。我現在正在看著你呢！

多瑪斯：事實上，你現在正在看的，是聖靈以一種你可以接受並了解的方式出現在你夢裡。聖靈的確承認你的幻相，但是並不相信它們。聖靈會以對你最好的方式出現在你面前。聖靈是愛，完美的愛，一如上主。但是愛會以形相的方式顯現，因為那是能讓你看見、聽見的唯一方式。你記得你曾經和阿頓與白莎討論過聖靈的實相問題嗎？

葛瑞：當然記得。他們引用了《課程》裡的一句話：「**祂是代上主發言的天音，因此具有某種形式。這種形式並非祂的實相……**」2

多瑪斯：聖靈的實相就是靈性，也就是愛，真愛，無所不包的真愛。

葛瑞：所以，你是哪一個？是愛還是多瑪斯？

多瑪斯：是愛。任何已經過世的人，無論是否悟道，都能以聖靈化現的方式出現在夢裡。但是這麼做的時候，化現的其實不是他，而是他的一個形象。一旦你的身體死亡了，你也離開了那裡，你不會再以特定形相回去，除非你是為了溫習那一次的轉世人生。

葛瑞：溫習？

多瑪斯：是的，人有可能回來，再重複一次同樣的人生。如果你能將課題學習得比上一次更好，你甚至能改變時間的次元，體驗一個不同的結局，如同阿頓與白莎說過的，你不是改變了劇本，只是能看見它在不同次元的不同面貌。

葛瑞：我對那樣的經驗很熟悉，雖然它發生的時候，你通常不會知道自己已經改變了時間的次元。它只是感覺不一樣了，就像情境轉換了一般，或者是你認識的人變了，事情變得似乎更簡單了。

例如，我想和你談談關於J兄在兩千年前的事情，但我想要先請教你一個問題。我聽過「心靈分身」（splits）的說法，也就是有不只一個人會擁有身為特定某人的前世回憶。

多瑪斯：沒錯，它必定會如此。

葛瑞：為什麼？

多瑪斯：你記不記得心靈的概念？它就像顯微鏡下分裂的細胞？

葛瑞：當然，它一直不斷不斷地分裂。所以，人類一開始是兩個人，就像神話裡的亞當和夏娃一樣，經過五千年之後，就衍生出六十億人了。轉世輪迴之所以看似可能，就是因為一個認為自己存在於此的生命持續不斷地分裂。那麼，每一個看似分裂的心靈，亦即許多人會稱為靈魂的東西，就會看似以某種形體，化現在這個世界或宇宙中。它可能化現為人類形體，但不一定是。形體就是形體，任何有邊界或限制的東西，即使像是一架鋼琴都是形體。心靈就是透過分裂的機制與分裂思想的投射，而顯化出一個象徵性的形體世界。

多瑪斯：非常好，但是請想一想。如果心靈持續不斷地分裂，那麼到最後就會有好幾個人，是從同一個看似個別的心靈分裂出來的！那表示，他們會擁有同樣的前世記憶，在前世都是曾擁有該心靈的另一個人。當然，這是一種線性模式，它是虛幻的。其實這一切全部都已在一瞬間發生了，只是它看起來、感覺起來像是你現在正處於該事件之中。在線性模式下，人們會有曾身為同一個人的可靠前世記憶。

葛瑞：所以，如果有個人說他是兩千年前的聖保羅，而且記得那一世的情形，而另一個人也說了同樣的話，他們很可能說的都是真的？

多瑪斯：是的，完全沒錯。這對你來說也是如此。如今活在這地球上、曾是兩千年前的聖多瑪斯的人，不只一個，同時，他們都會擁有曾經身為聖多瑪斯的可靠記憶。

葛瑞：這太奇怪了！外頭有另一些人，在潛意識裡和我擁有同樣的記憶，因為我們曾擁有同一個心靈！

多瑪斯：的確是很詭異的概念。不過，你們依然擁有同樣的心靈，只是看起來不是如此，因為你們正做著天人分裂的大夢。說到這裡，你想知道關於J兄的什麼事呢？

***心靈就是透過分裂的機制與分裂思想的投射，而顯化出一個象徵性的形體世界。**

葛瑞：我想知道我的記憶、夢境與靈視所見是否正確。例如，當我處於靈視的心靈狀態時，我會看見他和抹大拉的馬利亞（Mary Magdalene）是有婚約關係的，而且她極其美麗。

〔註：有少數讀者認為，《告別娑婆》是附和了《達文西密碼》的內容，都說J兄與馬利亞是結婚的。《告別娑婆》與《達文西密碼》都是在同一時間出版的，也就是二〇〇三年的春天，因此不可能模仿對方。〕

多瑪斯：馬利亞豈止美麗而已，她已經悟道了。她和耶穌是一樣的，而門徒們因為很多理由而嫉妒她。

葛瑞：為什麼呢？

多瑪斯：首先，耶穌常常公然親吻她，這讓一些人不悅，因為在那個時代，人們不太做這種事。其次，她和耶穌一樣悟道了，而我們尚未悟道。除此之外，她也是一名優秀的老師。當時我是書記，我比大多數人更能夠理解她的教誨，但是我完全不想站出來對人們講話。你在這一世對公開演說也曾採取同樣的保留態度，但是你透過寬恕克服了這一點。對於這一點，我很佩服你。不過，馬利亞不僅是個傑出的講者，更是靈修天才。

葛瑞：你的意思是我不是？

多瑪斯：我想，「天才」這個字應該不適合你。

葛瑞：什麼？你覺得我很笨？

多瑪斯：不是啦，我會說你已經利用有限的資源做到最好了。

葛瑞：我以為阿頓已經夠壞了。

多瑪斯：我和你鬧著玩的，老弟！我說過，我很佩服你。

葛瑞：嘿，你還記得「最後的晚餐」嗎？

多瑪斯：當然，我記得。

葛瑞：那實在太棒了。

多瑪斯：關於「最後的晚餐」，很多人都不知道，其實在那一夜，門徒之間是充滿歡笑的，J兄和馬利亞也是。通常他們看起來就像一對普通夫妻，一點也不會擺架子或矯揉造作。那幅知名畫作《最後的晚餐》雖然未盡完美，卻充分捕捉了當晚他們在一起的樣子。至於席間的歡笑，可以參考《聖經》〈詩篇〉裡的「大衛的詩」（Psalm of David）。儘管那和死亡一點關係也沒有，許多人卻會在葬禮上朗誦這個詩篇。它是關於一種無懼的生活方式，你可以學習嘲笑死亡。J兄和馬利亞都十分喜歡這部分經文。它寫道：「我雖然行過死蔭的幽谷，也不怕遭害，因為你與我同在。」當然如此！

行十字架苦刑的時候，有一個羅馬士兵用大釘子刺過耶穌的手腕，他卻不覺得痛，也沒有表現出任何痛苦的模樣。士兵因而非常惱怒，他對著J兄怒吼，質問他：「為什麼你沒有感到任何痛苦？」J兄平靜地看著他，說：「如果你的心靈之中沒有罪疚，就不會受苦。」士兵因為折磨J兄不成而勃然大怒，用茅刺向了他的側邊。這個行為對士兵沒有任何好處，對J兄也沒有造成任何影響。

有一刻，J兄釘在十字架上，鮮血不斷流淌，他以滿是愛的眼神凝望著馬利亞，她也凝望著他。當他們眼神交會時，兩人臉上都露出了一抹溫柔的微笑。他們知道，他已經克服了死亡。在他的心靈裡他並不是一副身體，真正的他無法被這世界所殺，甚至不會被這世界所傷！他真正所是的靈性，與上主別無二致，是永恆不滅的。她的體驗和J兄如出一轍，世界上沒有任何人能以任何事來改變他們內在體悟到的真理。

那就是十字架苦刑所要傳達的訊息，或如同J兄之後在《課程》裡所說的：「**只教人愛，因為那是你的天性。你若賦予十字架任何其他的詮釋，表示你已將它扭曲為一種攻擊武器，忘了它原本的和平訴求。**」[3]

葛瑞：所以，J兄勝過了死亡。我記得你說過的一些話，而且我的記憶符合事情實際上發生的樣子。然後，他在釘刑之後出現在我們面前。不過，你說那其實是聖靈以J兄的形象示現，雖然他看起來、感覺起來就和其他人一樣真實，而這也是你、阿頓和白莎出現在我面前的方式，對嗎？

多瑪斯：你說得沒錯。我還有另一件事要請你思考一下。

葛瑞：我對建議一向抱持開放的態度。我不會聽進去，但我歡迎建議。

多瑪斯：想像一下，J兄遭受釘刑，我們被羅馬人通緝。我們大多數人，特別是彼得，都感到士氣低落，甚至達太和我都感到舉步維艱。我們了解J兄要傳達的訊息，馬利亞、腓力、司提反以及其他一些人也都了解，但是對多數人而言，那實在是一段極端難熬的日子。我們有信心嗎？J兄真的克服了死亡嗎？當時，我們沒有一個人有那個心思到外面向人們宣稱他克服了死亡。

這就是你必須根據當時的情況去推測真相的地方。當時所有的門徒不可能走到外面的世界，去教導人們J兄話裡的真正含義，除非發生了一件事：他**確實**在十字架苦刑之後，以一具肉身的模樣出現在我們面前，就和任何人的肉身一樣真實，或說一樣不真實。任何對耶穌是否克服死亡心存疑慮的人，都必須仔細思考這一點。除非J兄真的復活了，否則你要如何解釋門徒們的行為呢？我們突然變得積極熱心，沒有其他合乎邏輯的解釋了。沒有錯，他死亡之前的教誨與身教已經十分了不起並深具啟發性，但是聖靈知道我們已經準備好接受那樣的示現，因此以此鼓勵我們。有時候，聖靈會用某種方式鼓勵你在道途上繼續前進，我們當時就是受到了那樣的鼓勵。

最終，這世界將會篡改J兄的訊息，將它從靈性的變成宗教的，但是當時那對我們並不重要，當時根本沒有一個名為「基督教」的東西。我們了解並且相信，J兄已經回到了上主的懷抱。

葛瑞：但是你被形容為一個懷疑者。

多瑪斯：那真是胡說八道。就因為你想去觸摸一個出現在你眼前、來自另一個世界的人，不代表你就缺乏信心，光是好奇心這一點，就已構成做這件事的充分理由了。你難道不想觸摸白莎嗎？

葛瑞：想，不過我的理由可能不只這一個。

多瑪斯：教會編造了一些關於我的故事，同時還將馬利亞完全從歷史中抹去，將司提反變成一個不重要的人，而且對達太隻字未提。他們無法將我完全從歷史中抹去，因為我名氣太大了。我曾旅行至許多國家，當時有許多人都知道我是在印度的清奈（Chennai）被一個糊里糊塗的部落頭目所殺，那地方也叫作馬德拉斯（Madras）。順道一提，我死去的地點就是現在當地人稱為聖多馬教堂（Cathedral of San Thome）的所在位置。

葛瑞：你的遺骨真的在那裡嗎？

多瑪斯：是的，但那不是我，所以別小題大做，重要的是教誨。

葛瑞：嗯，說到教誨，你能不能為我示範一下，J兄在兩千年前是如何像現在《奇蹟課程》的「那聲音」一樣，教導這些同樣的內容的？

多瑪斯：當然好。在《新約聖經》裡，有一位年長的老師問他：「十誡裡面，最偉大的誡條是哪一項？」你可以看看他如何回答。當時我就在現場，他的回答真是精彩極了。他不理會那位年長老師的信仰與他們的經典，甚至不承認《摩西法典》（Laws of Moses）。他反而給了兩項新的誡條，用來取代舊有的誡條！

葛瑞：他有的是最重要的那一項。

多瑪斯：他有的是真理。他說：「這兩項誡條維繫著所有的律法與先知。你當以全心、全靈、全智來愛你的主。」他又補充道：「你當愛鄰如己。」

葛瑞：這提醒了我一件事。湯瑪士．傑佛遜（Thomas Jefferson）編輯了自己的《聖經》版本，現在稱為《傑佛遜版聖經》（The Jefferson Bible），阿頓和白莎很久以前向我提起過。當時它並不普遍，不過現在很普遍了。在他的版本裡，他也完全不理會舊典籍，包括《摩西法典》，他所著墨的部分都是關於如何看待這個世界與生命的問題。那和J兄在回答那些老師的問題時的做法一模一樣！

多瑪斯：很有趣，不是嗎？J兄即是生命，真實的生命，亦即上主的愛。那樣的生命是活生生的，因此他才會對那些老師說：「上主不是死人的上主，而是活人的上主。」

葛瑞，上主之外沒有真實的生命。那樣的生命，也就是你悟道之後將在天堂恆久體驗到的生命，是永恆的生命，它是沒有對立面的。即使是在你貌似以肉體存在於此的這段期間，你有時也能體驗到真實的生命，但是最終你都會透過真寬恕而永久回歸至真正的生命，因為真寬恕能讓你化解小我，回歸上主的天鄉。而任何沒有教你如何做到這件事的靈修法門，都將耗費你漫長的時間。如果你化解了小我，你會知道，表相上看似與生命對立的是死亡，然而死亡只不過是一個在幻相中自行開展的信念。

你必須了解，〈多瑪斯福音〉只是我寫下的J兄話語裡的幾個樣本。你已經知道了，在拿戈瑪第（Nag Hammadi，譯註：埃及中部城鎮，一九四五年此地挖掘出一批密封陶罐裡的法典集）發現的版本並不是原始版本，在三百年的時間裡，人們增添了許多修訂，那就是為什麼白莎在你的第二部著作《斷輪迴》裡，提供了福音的正確版本，刪除了四十四條錯誤語錄，又編輯了其他一些引述句，甚至將其中幾段話合併在一起。白莎的版本比拿戈瑪第的版本更合理，因為它有一貫性，其他版本有時根本是自相矛盾。有了內容一致的版本，你會發現J兄的教誨並未改變。你會開始看見《奇蹟課程》的「那聲音」在兩千年前教育我們的樣貌。

我所撰寫的J兄語錄，最後大多遭到教會的破壞，不過其他福音書裡也有J兄的語錄。一旦你學習了《課程》，就能自行分辨哪些話是他說的，哪些不是。你心靈裡的靈性越多，就越能夠分辨哪些東西來自靈性，哪些東西來自小我。

＊J兄即是生命，真實的生命，亦即上主的愛。

我想告訴你，我在那一世學到的幾個重大寬恕課題。多數的轉世都有幾個較難的課題，即使你知道奇蹟之中並無難易之別，它們還是挺艱難的。人們不該假裝自己已經對各種感覺免疫。深切體會你的感覺並且操練寬恕，遲早，那感覺會變為一種平安的感受。

我的其中一個艱難課題，是我愛上一位美麗又聰慧的女子，她的名字叫作伊莎（Isaah）。我們在形相層次上可以說是天生一對，除了一件事之外：她是阿拉伯人。在當時的時空背景下，猶太男子與阿拉伯女子發展戀情可是觸犯文化大忌的。不過，我最後還是娶了她。

和她在一起的時光充滿了喜悅，她是個優秀的肚皮舞者，以前也經常以舞蹈誘惑我。你現在之所以陷入感情困擾，一部分原因是因為你記起了那一世發生的事。她擁有絕佳的幽默感，那是靈性發展較進階的一個很好的指標。她身邊仍在世的親人不多，因此我們的婚姻對她來說問題不大，但是在我這邊，那可是件大事了。我在拿撒勒很受歡迎，那裡也就是J兄、達太和我居住的城鎮。達太是我最好的朋友，我們是同時開始追隨J兄的。伊莎加入我們之後，她也完全投入了他的教誨。然後，她和馬利亞結為好友，馬利亞我早就認識了，我們五個人偶爾會聚在一起，享受歡樂時光。

一方面，由於我們有許多時間和J兄與馬利亞相處，並聆聽他們進一步解釋教誨，我們遂比其他多數人對他們的教誨了解得更深入。達太、伊莎和我都覺得非常幸運能擁有彼此。

我們的關係不僅僅是特殊，更能夠了解彼此的本來面目。因此，J兄和馬利亞也能維持他們的特殊關係，他們能像一般人一樣愛著彼此的身體，能出門享受愉快的時光，但是終歸到底，他們都深知彼此的本來面目為何。

葛瑞：你是說，在某種程度上，他們能夠超越身體，將彼此視為整體的全部，而非一部分，也就是完全純潔無罪、與上主別無二致的？

多瑪斯：完全正確。而那就是他們接觸一己神性的方式，透過在彼此身上、在他們遇見的每一個人身上看見神性。達太、伊莎和我在那一世向最終目標邁進了一大步，只是仍然尚未一步到位。

由於我們是猶太人與阿拉伯人結合的夫妻，因此遭到了社會的排斥，伊莎和我都未獲受邀參加別人的婚禮。這在當時可是一件很嚴重的事！婚禮是年度的文化盛會，人們會從幾百英里之外的地方專程趕來，探望多年未見的親人，有時候，一些親人還是第一次見面呢！由於我會帶著伊莎同行，遂不曾獲邀參加任何親戚的婚禮。我確實是被社會與多數的家族親戚放逐了，那實在令人心痛。不過，我最終在十字架苦刑之後寬恕了這件事。我看見了J兄經歷了那一切，卻依然活出他的教誨，我幾乎可以看見他在嘲笑我的處境，對我說：「你難過就因為**這個**？」

J兄在世的時候，我覺得生活比較好過，一方面是因為我們五人，也就是兩對夫妻加上達太，感情非常親密，每個人都是彼此的重要支柱。我們還有腓力與司提反這兩位親密的朋友，有了這些友誼，伊莎和我才不至於覺得孤單、覺得沒有人可以說話。

葛瑞：達太有結婚嗎？

多瑪斯：我讓你自己問他，他很快就來。

葛瑞：喔，天哪！

多瑪斯：你會在準備好的時候與上主合一，雖然在實相裡，你早已經在那裡了。事實上，你從未離開過。我的另一個寬恕課題就是彼得與J兄的兄弟雅各（James），他們就是無法理解J兄的教誨。我一直以為他們總有一天能會意過來，但是他們始終未能明白。我也從未見過保羅，或說聖保羅。他的加入，是在彼得和雅各於當地和其他國家建立了幾座小教堂之後的事。雅各和彼得一開始並不信任保羅，最主要是因為他從未見過J兄。但是，當他們讀過幾封保羅寫給教會的信之後，發現不僅行文優美，而且深具啟發性，便改變了對他的看法。保羅是個非常懂得譁眾取寵的人，教會也愛極了他這受苦受難、犧牲自己的天使。此外，雅各與彼得也喜歡保羅的神學理論，於是那最終成為了基督教義引以為據的根基，而非以J兄的教誨為依據。

保羅非常能言善道，於是成了眾人的領袖，成為早期和後來的基督教人士所仰望的對象。但是，那時距離正式宗教的建立還有三百年，也就是在君士坦丁大帝和他的妻子、軍師

（那些決定在教義裡該保留什麼、該剔除什麼的人）之前。那些被剔除的訊息都被摧毀了，所以多數人才會覺得我的著作不多。

但是別忘了，歷史只不過是歷史。別擔心你在別人眼裡看起來如何。如果你擔心自己看起來如何，那麼你就是將幻相當真了。為什麼總要擔心別人的看法呢？如果別人的眼光根本不重要呢？你所體驗的是**你自己**的體驗，不是別人的。

寬恕所有看似待你不公的人。我必須從鄙視我娶了伊莎的親戚身上學會這個課題。你身為我的延續，你也必須學習這個課題，徹底從那些企圖毀掉你的人身上學習。在形相的層次上，你是對的，你被霸凌了，賴瑞牧師說的一點兒也沒錯。

（註：某個《課程》講師（那個煽動大家毀掉我的人）威脅說，如果我參加二〇〇七年在舊金山舉辦的《奇蹟課程》大會，就要杯葛大會，其中一位贊助人賴瑞・班迪尼牧師（Rev. Larry Bedini）對我說：「葛瑞，他們這樣對待你是不對的。」）

多瑪斯：然而，這就是你必須效法J兄之處。記住他在最近的教誨裡所說的話，那和他兩千年前的教誨是一樣的，雖然形式有所不同，但內涵並無不同。他在《課程》裡說：「**當心那讓你認為**

＊別擔心你在別人眼裡看起來如何。如果你擔心自己看起來如何，那麼你就是將幻相當真了。

自己受到不公待遇的誘惑。這種心態不過想證明只有你是無辜的，他們則不是，你想把罪咎套在別人身上。讓別人背負你的罪咎，就能買回你的純潔無罪嗎？」4

他特別以大寫的T強調了「他們」，因為在虛幻的面紗之下，真正的他們就是純潔無罪的靈性。但是如果你認為自己受到不公平待遇，那麼你就是將一切執以為真，這也讓罪疚的整個小我思想體系變得更真實了。要找到你的純潔無罪，唯一的方式就是明白它不是真實的，並且寬恕他人，因為在實相裡，他們並未做這件事。既然它從未發生，你也可以將他們視為是純潔無罪的，而那也就是讓自己純潔無罪的方式。永遠別忘了這一點，那是唯一的方式。

我從家人和其他人身上學習這件事，而你可以從那些將自己的無意識罪疚投射到你身上的人學習。是的，我還有其他課題要學習，而你也是；但我有了顯著的進步，而你也是。天呀，你只剩一次的轉世了！

葛瑞：我有可能在這一世寬恕那麼多，讓我不需要再回來溫習身為白莎的那最後一世嗎？

多瑪斯：這個問題問得很好，那顯示你想回家了。技術上而言，你是可能這麼做的。你仍然保留了一種力量，也就是擁有自由意志隨時去選擇聖靈的真寬恕，而不是選擇小我所渴望的罪疚感投射。但是，聖靈要化解小我的那套劇本，需要你再來人世間一趟。記住，你不會是唯一一個看似存在於此的人，你將會對他人發揮正面的影響力，這也會反過來幫助他們操練寬恕，加快他們返回天鄉的腳步。這一切全部息息相關。

葛瑞：嗯，至少我會變成辣妹，那一定很有趣。

多瑪斯：無論你在表相上變成什麼，都不要執以為真。拒絕讓它變得真實，能幫助你走在正軌上。在《課程》上不要妥協，你幹得很好，請繼續保持下去。

基督教借J兄之口說了一些J兄沒說過的話。在《新約聖經》裡，他們讓J兄說的最後一件事之一就是：「天父啊，為何你要遺棄我？」J兄**絕對**不會說這種話。如果你回去翻閱《舊約》的〈詩篇〉，在一開始的第二十二篇，你會看見：「我的上帝啊，我的上帝啊，你為什麼離棄我？」這樣的話。這是一個很好的例子，顯示出《聖經》作者不僅試圖要讓J兄看起來更像神的獨子，也試圖採用了舊的教誨並將它強加於J兄身上，企圖在猶太教和新萌芽的宗教之間搭起一座橋樑。別相信這一套。

在十字架苦刑之後，達太、伊莎和我一起遊歷了許多地方——埃及、敘利亞、希臘、波斯，最後抵達了印度。我們在印度四處走動的時候遇見了一位軍閥，他想要將我處死，因為他不喜歡來自我們那個地區的人，也就是他所謂的西方人，在那裡傳播這些瘋狂的思想。

當你人頭落地的時候，如果劊子手真的夠專業，刀子夠鋒利，下刀也落在脖子的正確位置上，其實在你人頭落地時，依然能夠存活一、兩分鐘。你其實還能看見東西，還能思考！你猜我當時在想什麼？

葛瑞：我不知道。我該如何脫離這一世嗎？

多瑪斯：不是，我在想著J兄。在他被釘上十字架前的幾年，他曾答應過我，當我過渡到另一世的時刻到來時，他會在那裡。他兌現了他的諾言，他朝我走來，然後我便離開身體了。他引導我前往接下來該去的地方，轉入中陰身，一路伴著我愉快地向前行。

J兄也會在那裡引導每一個人，你唯一要做的就是呼喚他。記住，J兄與聖靈現在已是一體的、毫無分別的，《課程》說：「**即使你的邀請只是輕描淡寫的一個手勢，聖靈仍會全力以赴地回應的。**」**5**

話說回來，遭到處決仍是我最大的寬恕課題。這件事發生前的幾分鐘，我知道當時在場的伊莎還沒做好心理準備。她痛心疾首，卻被迫眼睜睜看著我被處決，多虧我最好的朋友達太在行刑那一刻將她的頭轉開，她才沒有親眼目睹實際行刑的過程。

葛瑞：還好有這麼做。我曾聽說，我母親的第一任丈夫在一場恐怖的工地意外喪生的經過，那是當時在場的一個人告訴我的。當時，他在一座自己經營的建築工地現場，一顆大鐵球出了點狀況，他心愛的小卡車剛好停在它擺盪的軌道上，他便跑過去要移車，以免被撞毀，結果那時大鐵球鬆脫了，把卡車的上半部和他的頭整個撞飛。

後來，在他的葬禮上，他那總是盛氣凌人的父母堅持要使用開放式棺木。當我母親來到他的棺木前和他吻別時，他的頭顱突然脫落，不用說，這讓我母親深深受創。

多瑪斯：當然。那是小我最拿手的事——任何能讓身體看似真實，讓你和母親或任何人對發生之事做出無意識反應的事，小我最擅長。

我臨終時，我在寬恕自己的死亡這方面做得很不錯，尤其是事情發生時的衝擊還滿大的，我了解遭到處決是我的業。在印度，他們看待業的方式非常好——如果一件事發生在你身上，那就是你的業。

此外，我後來也知道了，我曾在另一個如夢般的轉世裡處決了那個軍閥。人們只是一再互換角色罷了。所以你最好是真正地寬恕那些侵擾你的人，那樣才能打破小我的惡性循環，讓你從中解脫。

在那一世，我還沒能完全寬恕我親戚對我和伊莎的冷落與鄙視，一部分原因是因為我被處決時才三十六歲。因此你，身為我的延續的你，在這方面仍然得下一番工夫，但是現在形式改變了，現在想要傷害你的人不是你的親人，而是一些《課程》講師，這讓整件事顯得更可笑，不過其中的意涵是一樣的。堅持下去，老弟，揮出漂亮的一擊吧！

我得告辭了，我只是想要在寬恕這件事上為你加油打氣。這件事再怎麼強調都不過分的，也絕不嫌多。多數人在這一世都不會去做這件事，但是你不必成為那些多數人。保重了！我的朋友。我會在天堂與你會合，到時你會明白，我們其實從未分開過。

〔註：多瑪斯瞬間消失無踪，一如阿頓和白莎現身與離去的方式。他消失之後，我的老師又立刻雙雙出現在我面前。〕

葛瑞：哇！你們這些人真會把我的腦袋搞得團團轉，厲害到可以破紀錄了，喔對不起，我是指我的「心靈」。

阿頓：不過，你已經知道和自己過去如夢般的轉世身分在一起是什麼滋味啦！我們再給你一個機會，讓你和我當時的轉世身分講講話怎麼樣？

葛瑞：多瑪斯說過這件事會發生，但我不知道就在今天。你們饒了我吧！

〔註：阿頓立刻變形為一個模樣完全不同的人，白莎也同時消失了。我立刻認出阿頓所變的那個人是我曾在靈視畫面裡看見的某人。他有一點胖胖的，蓄著鬍子和一頭長髮。他穿著一件短袍，模樣就像我印象中那個時代、那個地區的居民會做的打扮。多瑪斯也是這樣的穿著打扮，但我幾乎沒有注意到，只是專心地緊盯著他的臉龐。這位新來的訪客對我露出微笑，看起來開朗而輕鬆，不似多瑪斯那麼嚴肅。〕

達太：記得我嗎？我的朋友？

葛瑞：當然記得，好久不見！我想你是來這裡幫助我在道途上走得更順暢的，就像多瑪斯一樣，是嗎？

達太：這讓我休假時有事可做。多瑪斯已經描述過，他在J兄那個時代所遭遇的幾個重要試煉，或說課題了。我也會如法炮製，因為這能幫助你對所有的事情有更正確的認識。如同《課程》教你的：「**考驗不過是你過去尚未學會的人生課題再度出現於你眼前，讓你在過去選錯之處作出更好的選擇，擺脫往昔錯誤帶給你的痛苦。**」6 這不僅適用於你目前的這一世人生，也適用於每一世。

葛瑞：很好。我一向很樂於找出自己尚未學會的東西。

達太：我最終學會了，而你也將學會你自己的課題。你已經學會了大多數的課題，和許多進階的靈修學員一樣，你還有一、兩個較大的課題有待做出更好的抉擇。

葛瑞：那麼，在你作為門徒的那些日子，或是十字架苦刑之後，什麼是你的最大課題呢？

達太：首先，你問過多瑪斯我有沒有結婚，事實上，我是個同性戀，而且我對這件事並未感到任何罪疚。我還是個gay味十足的同性戀呢！而且我為自己感到驕傲。只是有一些問題，其一是：我是個拉比（rabbi，譯註：猶太教士），而且還是唱詩班的領唱人，這代表我歌喉很讚。我會在聖堂裡唱歌，我歌藝超群，人們很喜愛我，很多女性排隊要嫁給我，只是我對結婚一點興趣也沒有。

就這樣啦，我是個很會唱歌的拉比，有點像你童年時期那個很受歡迎的人，會唱歌的修女，人們也期待我當一個好拉比，然後結婚，然後生養眾多等等。那就是拉比該做的事，包括J兄，除了生養眾多那一部分。但那不是唯一的問題，身為拉比，我必須教導經典，也就是神的律法。而其中一條律法是什麼呢？你記得〈利末記〉（Leviticus，譯註：摩西五經裡的第三本）裡的那句名言吧？

葛瑞：所有的巫師、通姦者、靈媒與同性戀者都應該處死？

達太：聽起來不錯吧？所以，即使我對自己身為同性戀一點問題也沒有，我卻對死亡有問題。那是我的一種恐懼，也是我的一大課題。一方面我的工作得心應手，一方面我心裡卻明白，若被人發現這個祕密，不僅生命會四分五裂，還會從此結束。

葛瑞：那真是非常困難的一個課題啊！多瑪斯說你們五個人是好朋友，彼此互相支持，我想這幫助你度過了這段艱難的時刻？

達太：完全沒錯。J兄教導我的其中一件事就是，即使我的朋友不在身邊，我也絕非孤單一人，聖靈總是與我同在。多數人認為，如果他們是房間裡唯一的一個人，他們就是單獨一人，但是J兄教我的卻非如此。

他教我如何寬恕，而且是從「因」開始著手而非「果」，這一點確實再怎麼強調都不為過。你無法因為人們做了某件事而寬恕他們，那就是《課程》所謂的「**毀滅性的寬恕**」**7**，那樣的寬恕根本是浪費時間。然而，甚至連百分之九十九的《課程》老師都告訴人們要如此寬恕，而不是教導人們真正行得通的真寬恕。那種方式無法化解小我，因為他們將那件被寬恕的事情當真了，他們沒有膽告訴人們，這世界根本不是真實的，一如《課程》試圖教導人們的那樣。因為心靈就是如此作用的，當你對你所寬恕之事執以為真，就無法使自己獲得解脫與自由。你是在告訴自己的潛意識心靈：你是有罪疚的！任何學習《課程》卻不了解、並活不出這一點的人，是平白浪費了許多時間，這麼教他們的人也是。

另一個我必須經歷並且寬恕的重大課題，就是眼睜睜看著我最好的朋友被處決，你知道的，這根本是合法謀殺。犯下這個罪行的軍閥叫我回去自己家鄉，告訴鄉親說到他的國家傳播邪惡信仰會有什麼下場。如果是我自己被處決，我會感覺好多了。但是伊莎也在場，我已經盡力安慰她了。然後，就在多瑪斯遭到謀殺的兩天之後，他在伊莎的夢中出現，對她說話。她告訴我，當時的情況就像她所經歷過的任何真實體驗，非常真實，她可以去觸摸並感覺到他。多瑪斯對她說，他很好，她也會沒事的。在那之後，她就變得不一樣了。這件事帶給她的安慰，絕不是我能辦到的。

葛瑞：天哪，你們真是經歷了一場冒險啊！這是個精彩的故事，雖

＊當你對你所寬恕之事執以為真，就無法使自己獲得解脫與自由。你是在告訴自己的潛意識心靈：你是有罪疚的！任何學習《課程》卻不了解、並活不出這一點的人，是平白浪費了許多時間。

然它的形而上面向對一些人來說顯得很不可思議。

達太：真相比小說更不可思議。

葛瑞：是啊，我注意到這一點了。

達太：話說在十字架苦刑之前，我們會與J兄遊歷四方，伊莎通常會同行。馬利亞多半也會同行，不過有時候她會到別處從事自己的教學工作。她也有一群追隨者，多數是女性。她有她獨到的方式，就和J兄一般優秀。在J兄過渡到另一個世界之後，她在拿撒勒住了幾年，然後便前往法國南部定居，直到過世。她其實沒有孩子，不像一些人相信的那樣。她誨人不倦，是一個活生生的悟道典範，就像是《課程》所謂的「救恩」一樣。

J兄和馬利亞在教導時都喜歡使用隱喻，J兄在《課程》裡也是如此。有一些人教我們的是：J兄在兩千年前所說的每一句話都該按照字面解讀，也有些人教我們J兄在《課程》裡所說的每一句話也該如此解讀。那完全荒謬至極！關於J兄所說的話，其中的非二元真理應該按照字面解讀，但是其他的每一句話都是隱喻。無論是針對兩千年前或是今天的教誨，如果你能了解這一點，那麼J兄所說的話是說得通的。他的《課程》內容從頭到尾都是合情合理的、一以貫之的，他真正說過的那些兩千年前流傳下來的話語，也是合情合理的。如果你不了解這一點，《課程》就會顯得自相矛盾。有些人就是因為覺得它自相矛盾而放棄學習，而其實它並不矛盾。因此，身為一個老師，必須知道自己在說什麼，這非常重要，剛才所指出的問題就是它之所以重要的原因之一。

葛瑞：我的理解是，以前你們是由前來聆聽J兄教誨的信徒所照顧的？他們會一路提供你們食物和住處嗎？

達太：多半的時候會。J兄確實是聲名遠播，但有時候我們也會餓肚子。

葛瑞：J兄接受金錢贈與嗎？

達太：是的，他賺小費。

葛瑞：真的？

達太：可別把這些當真。你有很棒的幽默感，值得好好維持。對了，我沒有談到我的焦慮，稍後會再跟你說……

我現在要去做一點非空間性的旅行了，我只是想現身一下，藉機鼓勵你。繼續努力，你做得很好。我們下回見。

〔註：達太突然間就消失了，我那兩位老朋友回來了，阿頓就坐在原來達太所在的位置，白莎在他旁邊。〕

阿頓：好了，那就是兩千年前的我們。

葛瑞：好一趟難忘的旅行啊！你們最近真是帶我走過太多旅行了。

白莎：是的，既然達太和你自己——多瑪斯，已經從古老的年代來拜訪過你，我們要告訴你一個與當時時空有關的小祕密。

葛瑞：如果你告訴我，就不再是祕密了。

白莎：沒關係。你記得我們上一系列的最後一次探訪嗎？我們曾告訴你，阿頓與白莎不是我們的本名，我們用的是假名，這樣才能避免將來被人們搜尋到。

葛瑞：我當然記得。

白莎：嗯，兩千年前，阿頓與白莎是我們兩位朋友的名字，我們偶爾前往波斯旅行時才會與他們見上一面。他們經常出現在我們旅行途中會停留的一個綠洲，而且也是J兄的朋友。他們很早就認識J兄了，甚至在我之前就認識了。

葛瑞：酷！你們的名字不是隨便挑的，而是真有其人，或說和任何人一樣真實，而且還是你們的朋友。你們用他們的名字向他們致敬。

白莎：是的，他們是好人。當然，我們當時也有二元對立的概念。你可能被搶匪搶劫、謀殺，或被任何從陌生人變朋友的人所接受。那就是二元世界的運作方式。

葛瑞：我對二元世界越來越厭煩了，那真是一種拖累啊！

阿頓：所以你才喝酒的嗎？

葛瑞：我想是的。我的意思是，我覺得自己不屬於這裡了。

阿頓：的確是如此，但你也知道有更好的辦法能脫離這裡，你可以好好想想這件事。我們不會對你說教，更不可能評斷你，但是在時間的幻相裡，你已經不再年輕了，那就是我們和你談論健康的原因之一。

葛瑞：我了解。你知道班傑明．富蘭克林（Benjamin Franklin）曾說：「健康是第一順位的財富。」看過我父母的經歷之後，我相信了。我會開始好好照顧自己的，我保證。

阿頓：非常好。那是該由你自己來做的決定，而不是我們，你的行動也將跟隨著你的決定。

白莎：另一件對你有益的事就是，別去在乎別人對你怎麼想。莫忘了J兄曾說的：「父啊，寬恕他們吧，他們不知道自己在做什麼。」他們之所以不知道自己在做什麼，是因為他們投射了自己的無意識罪疚到J兄身上，但是自己卻不知道。他們以為自己是對的。當然，他們其實是瘋了。

葛瑞：其實他們也不是真的在那裡。

白莎：看！你漸漸明白了。你創造出他們的形象，但他們其實不是真的在那裡。如同《課程》教我們的，你創造了一個代替實相的世界，而他們是其中一部分：

凡是相信上主可畏的人，只會打造一種替身。縱然這替身千變萬化，卻萬變不離其宗，那就是以幻相取代真相，以片面取代整體。因著它一而再再而三的切割、分化、再分化，最後讓

人再也認不出它原本一體而且永遠一體的真相。你其實只犯了一個錯誤，就是把真相帶入幻相，將永恆帶入時間，把生命帶入了死亡。你的整個世界都建立在這個錯誤上頭。你所見到的紛紜萬象，無一不是這個錯誤的倒影，你所經歷的每個特殊關係也都離不開這個錯誤。[8]

現在，你已經知道如何出離了，葛瑞。你以心靈在身體與靈性之間做選擇，而你養成習慣選擇的那一個，對你來說就會成為真實的。如同J兄所說，心靈是「靈性的運作主體」[9]。

阿頓：老弟，你並不在這裡。這一點，往後你將會有更多的體驗，這是你應得的。你的寬恕為你帶來了報償，以後也將繼續如此。我們下回見，在那之前，請記得《課程》裡的這段話，並請放心，你的救恩是毫無疑問的。

> 寬恕是幸福的關鍵。我願由那活得朝生暮死且充滿墮落與罪惡的噩夢中覺醒過來，全然了知自己仍是完美的上主之子。[10]

6 葛瑞的生命課題

只有你能定自己的罪，所以也只有你能寬恕自己。[1]

二〇〇七年六月，我和凱倫共同做了一個決定，我們知道，該是分道揚鑣的時候了。我們各自聘請了律師，展開離婚的法律程序。那對我們兩人來說都是一場試煉。我們已經在一起二十六年了，包括了二十五年的婚姻生活，我們不是沒有盡力挽回過。

從那時再往前推二十年，也就是一九八七年八月，我做了另一個決定。那是「和諧會聚」（Harmonic Convergence）發生的時間，當時太陽系的行星連成一線，全球數百萬人站在他們的真理之圈裡面，做出了關於一己信念與目標的宣言（譯註：那是當時一個全球性的靈修活動）。在那之後，許多人的人生便開始朝著不同方向前進了。這一切全部息息相關，必然如此。對我個人而言，在和我的樂團Hush一起在波士頓地區、偶爾在新英格蘭地區演奏了八年之後，我決定要改變自己的生活。

雖然麻州的比佛利（Beverly）距離緬因州的波蘭泉（Poland Spring）只有兩個半小時的車程，卻是兩個截然不同的世界。比佛利—撒冷（Beverly-Salem）一帶地處波士頓郊區，那裡是個人口稠密的地區，如果你想要的話，很容易就能過一個快步調的生活，從那裡到波士頓市中心只要四十分鐘。我去過芬威球場（Fenway Park）不下一百次了！如果球賽提前結束，我會在肯摩廣場（Kenmore Square）的夜店參加派對，而在靈性生活方面，我經常前往紐伯里街（Newbury Street）的EST中心，持續了許多年。

波蘭泉是一個小鎮，位於波特蘭（Portland）北邊四十五分鐘車程、緬因州首府奧古斯塔（Augusta）南邊四十五分鐘車程的地方。它的範圍涵蓋了數英里的鄉間地區，是個靜謐而悠閒的地方。那裡沒有人行道也沒有街燈，冬季溫度通常比波士頓低大約攝氏六度，比紐約低攝氏十二度。如果波士頓下雨，緬因大概已經下雪了，至少波特蘭以北的地區是如此。這裡過的是鄉村生活，但我是個都市男孩。生活上首當其衝的，就是文化衝擊。對於這不變的困境，我也曾以各種方式苦中作樂，但是一段時間之後，就再也不好笑了。

EST是由溫納．厄爾哈特（Werner Erhard）在一九七四年建立的一套個人轉化課程。我接受過EST的「訓練」——一九七八年十二月，我在洛根國際機場附近的華美達旅館裡看見它是這麼寫的。當時我飽受憂鬱症的折磨已長達七年，加上在那之前的另一個七年也有輕微的憂鬱症狀，我已經身心俱疲，而EST課程正符合我當時的需要。它給了我第一個思想體系，為我所見的一切提供了一種全新的、一貫的思考方式，而它的詮釋方式在兩年內就讓我擺脫了憂鬱症。EST並不是《奇蹟課程》，但它是一套能在不可思議的一段短時間裡獲得成果的心靈教育法，能為《課程》提供很好的基礎訓練。在長達將近十四年的時間裡，大約有一百萬人接受過它的「訓練」（熱衷此道的人是這麼稱它的）。我敢大膽猜測，其中至少有十萬人後來都去研習《奇蹟課程》了。

在一九八七年的「和諧會聚」期間，一個名叫桃瑞斯．蘿拉（Doris Lora）的女子也做了一個決定。她和女兒辛蒂（Cindy Lora）從俄亥俄州移居到陽光普照的南加州。她的另一個女兒潔琪已經就讀大學，後來也搬去加州與她們團聚。桃瑞斯是一個擁有兩個博士學位的聰慧女子，一個學位是音樂，另一個是心理學。和我當時一樣，莎莉．麥克琳帶給她很大的影響，她渴望在思想自由的所謂「南加」（SoCal）展開新生活。

桃瑞思載著兩個女兒橫越了半個美國，經過德州時已筋疲力竭，車子幾乎沒油了。她不知道自己能不能再撐下去，於是她呼喊：「請告訴我，我做這件事到底對不對？」桃瑞斯得到了答案。

突然之間，有一股力量推著她的車子前進，有好一陣子，彷彿她根本不必駕駛。有人在助她一臂之力，推動車子與車上的兩名乘客。那是聖靈在為心靈加持，引領桃瑞斯和她女兒前往該去的地方。很久之後，我才發現一件非常有趣的事，千里之外的兩個人會同時做出一個決定，而有一天，這個決定會將他們兩人聚在一起。桃瑞斯和辛蒂搬家的同時，我也處於改變人生方向的過程中，朝著緬因州前進，而不久的將來，這又將引領我來到這對母女所在的地點。《課程》說：「救恩中沒有偶然的事。註定要相逢的就會相逢，因為這一會晤將為他們開啟神聖關係之門。他們已為對方準備好了。」[2]

彷彿我們都在彼此前進的軌道上，即使我們看似分開，卻注定有一天要在某一個時間與地點重逢，發展我們的關係，重拾享受其中美好、寬恕其中負面細節的機會，並看見對方的真正所是。

在一九八七年的那個決定之後，我花了兩年的時間才離開了樂團，因為我之前簽下太多合約，而且樂團的行程已經預約至一年半以後了。我在一九九〇年的元旦搬到緬因州，然後一住就是十七年半。

在那段時間裡，加州根本還不在我的雷達範圍裡，我仍然夢想著能住在夏威夷。甚至一直到二〇〇四年，在《告別娑婆》出版後的一年，除了一次非常短暫的停留之外，我可說還沒有造訪過加州。後來，我真正第一次造訪那裡，我記得我的東道主湯姆開車載我沿著海洋大道（Ocean Avenue）來到了聖塔摩尼卡（Santa Monica），我非常喜愛眼前所見的一切。我環顧周遭，心想：「這真是太酷了！」在那次的造訪之後，我在第二本書中曾提及，白莎問我：「喜歡加州嗎？」我告訴她我有多麼喜愛那個地方，她說：「很好，你以後還會去那裡很多次。好好享受吧！」她知道一些我尚不知情的事。

在那趟旅行期間，我住在日落大道的凱悅酒店，不過後來它被另一間酒店取代了。我展開我人生第一次的好萊塢漫步之旅，我對周遭環境完全陌生，也不知道要走去哪裡，只知道我人就在赫赫有名的日落大道上，而且完全被星光熠熠的氛圍沖昏頭了。我一輩子都是個電影迷，而現在我人就在所有電影的製造中心。

沿著街道走了一陣子之後，我晃蕩至一座購物中心，看見一間維京唱片行（Virgin Records），我莫名其妙就決定走進去，儘管這間知名唱片行在好萊塢歷史上並不具任何代表性。我在店裡閒逛，隨意瀏覽著音樂產品和店裡的客人，然後看見一位女子就站在其中一條走道上。一種強烈的熟悉感突然朝我襲來。

她的身材嬌小、纖瘦，有一頭紅褐色的頭髮和一張美麗的臉孔。她短暫地瞄了我一眼，但我們並未四目交接。我盯著她看了一分鐘，幸好她正忙著看一張CD，沒有因為我直直盯著她看而揍我。我有一種強烈的感覺，覺得我認識她，覺得我不是第一次見到她，但我知道我們不是在這一世見的面。

今天，要那些看過或聽過我在公開場合演講的人相信這件事有一點難，因為我是個極為害羞的人。我不是那種在屋子裡逛一圈就能隨便和女人搭訕的人，這種事甚至不會落在可能的範圍內。所以，我也沒有驅前和這位女子攀談，但我絕不會忘記她的臉，那張臉已經深深印在我的腦海了。我經常會想起她，而且為了沒能和她打聲招呼而懊

＊即使我們看似分開，卻注定有一天要在某一個時間與地點重逢，發展我們的關係，重拾享受其中美好、寬恕其中負面細節的機會，並看見對方的真正所是。

惱不已，但我又能說什麼呢？「我想我在前世見過你？」這種搭訕台詞也太爛了吧，此外，我當時還是已婚身分。一分鐘之後，那位女子便離開了。

兩年之後，我在世界的靈性首府拉斯維加斯演講，參加我的出版社賀氏書屋舉辦的座談會，演講結束後繼續為書做簽名活動。簽名時，有位親切的女子走過來讓我簽名。她十分和藹友善，我猜她大約六十好幾的年紀。我不清楚為什麼，就是感到和這位女子有某種連結。她對我的著作說了一些讚美之詞，我們也互相寒暄了一番，這位女子就是桃瑞斯．蘿拉。

接著，事情發生了。隊伍裡的下一個人開始和我說話，我簡直不敢相信自己看見了誰，一切又瞬間回到了我的腦海中：我知道，這個女子就是我在靈視中見到的、兩千年前的達太。我知道她在當時是誰、在這一世會是誰。我知道她在一百年後將會是一個名為阿頓的男子，也是我的其中一位高靈上師，我還知道，她就是我兩年前在好萊塢的唱片行遇見的那位女子。

她告訴了我她的名字是辛蒂．蘿拉，說自己是個音樂人。她從一九八七年之後就一直住在加州，當時是由母親駕著車從俄亥俄州移居至當地的。她從《告別娑婆》裡知道我也是個音樂人，然後給了我她的網站。當時我的腦袋其實無法清楚思考，因為實在太震撼了，但我仍力圖保持冷靜。這次，我不能再讓她溜走了，即使什麼事也沒發生，我至少必須認識她，我問她網站上是否有聯絡方式，她說有，一分鐘之後，我該為下一本書簽名了，於是她和母親一起離開了，卻沒有離開過我的腦海。

我和辛蒂透過電子郵件交流了幾次，結果她也是已婚身分，和一位名叫史蒂夫的男子結了婚。不過，當我們倆更深入認識彼此之後，發現我們的婚姻顯然都正面臨結束的命運。辛蒂和我認識之後的頭一年，我們並未時常見面，但是在凱倫和我正式離婚，辛蒂也和史蒂夫正式離婚之後，我和往常一樣，尋求聖靈的指引，而答案再清楚不過了。我請辛蒂在洛杉磯地區找一間公寓，搬進來和我同住。二〇〇七年六月十八日，我飛到了加州，並下定決心從此不再住在該處以東的地方。

每一州都有自己的離婚法規。在緬因州，法律規定離婚雙方應訂定自己的離婚協議，用意是節省法院的時間與金錢。在這過程中，夫妻與雙方的律師必須和另一位稱為「離婚調停人」的律師（或我認知的仲裁人），一起會面協商。因此，八月的時候，我便飛往緬因州，在緬因州路易斯頓（Lewiston）的法院辦公室與凱倫和其他人會面。

我是最後一個走進辦公室的人，現場氣氛凝重。凱倫看起來很緊張，她的律師則看起來很生氣。調停人首先打破沉默，對過程做一些指示之後，彼此的攻防戰也變得白熱化了。凱倫和我還好，但我們的律師卻無法在任何一項條件上達成共識。結果，這不是他們兩人第一次對打，他們已經有過相同的交手經驗了，你可以感覺到他們之間的劍拔弩張，特別是代表凱倫的那位中年女律師。我的律師是位年紀較長的紳士，個性較溫和，像一位年長的政治家，凱倫的律師則是盛氣凌人。她指控我花三百美元吃一頓午餐（有一次，我帶了幾個人一起用午餐，商討一件重要公事，是我付的錢）。我問她想要我給凱倫多少錢，她的回答是：「你全部的錢。」

那對我似乎不公平，我願意將一切對半平分。在一個像加州那樣有「無過失離婚」法的州，這是一種標準做法，但緬因州的法律規定是：如果你已經結婚超過十年，有一方就必須支付贍養費，即使沒有孩子也一樣。由於大部分的錢是我賺的，我就被選為支付的一方。

眾人依然沒有共識，律師之間的唇槍舌戰似乎毫無意義。兩個小時之後，我們中場休息。在我抵達緬因州之前，凱倫和我已經計畫好要共進晚餐。我在休息時提醒她，她仍然想去。協商毫無進展，我們的調停人建議我們雙方應該努力做出一個最好的安排，而不要讓法官來決定。凱倫的律師不想要凱倫出去和我用餐，但我們仍同意在緬因州奧本市一家最好的餐廳Applebee共享晚餐。

凱倫曾在一九九〇年代研習過《課程》大約兩年的時間，我們曾一起前往同一個位於緬因州李市（Lee）的《奇蹟課程》讀書會，那個小鎮甚至比波蘭泉鎮還要小。凱倫喜歡那裡，甚至可說是非常喜愛讀書會的學員，但是當時她尚未全心投入《課程》的研修。當時她之所以參加讀書會，大部分原因是因為我喜歡《課程》，一段時間之後，她也發展出自己的興趣，便不再修習《課程》，也不參加讀書會了，只有在例如聖誕節等特殊場合才會參加。

但是，我離開之後，情況居然改變了。凱倫回去研習《課程》，似乎我必須離開，她才能這麼做，這必須出自她自己的意願。幾個月之後，她學習《課程》的深入程度更讓我感到非常驚訝。她再度認真做〈練習手冊〉，同時也開始研讀肯恩．霍布尼克的《練習手冊之旅》（Journey Through the Workbook）。那是一部專論〈學員練習手冊〉的傑作，在研讀《課程》之際同時研習那本書就好像和肯恩一起做〈練習手冊〉一樣。他不僅針對每一課提出解釋，也特別指出〈正文〉裡與課題相互呼應的句子。如果學員要獨自做這件事，至少要花上十年，少說也要好幾年的時間才能完成，而最精通《課程》的肯恩，已經幫學員完成了這件事。

寬恕可以是很實際的。那天晚上，凱倫和我一起共進晚餐的時候，氣氛和當天下午會議室裡的氣氛迥然不同。一開始交談，我就想起了過去一同外出享用晚餐的舊時光，我們什麼都不做，就只是單純地在那裡。我們聊到了過去的美好時光，懷念起我們的狗努比（Nupey）——當時牠已經過世八年了——牠曾作為我們家中一份子十五年之久。

努比非常清楚自己在團體裡的位置。我是領袖，如果努比需要保護，或我需要保護，我們會互相支援。如果牠聽到雷聲而受到驚嚇，牠會跑到浴缸邊跳進去，那時，安慰牠並照顧牠就是我的工作了。凱倫在家裡的排行位居第二。努比會尊敬我，但是如果我和凱倫發生爭執，努比會突然跑去擋在我們兩人中間，試圖保護凱倫。其實牠不需要這麼做的，但是努比察覺到在我們兩人之間，保護凱倫應該是牠的首要任務。看著這其中的互動關係是件很妙的事，那天晚上，我和凱倫聊起這件事都覺得十分有趣。

我們兩人都一直在操練寬恕，而且是非常積極地操練，因此我們那天晚上的餐桌上才沒有瀰漫著敵意。一會兒之後，我突然靈光乍現，拿起一張餐巾紙，寫下一個離婚協議的簡短提案。然後，我慢慢地將餐巾紙挪到凱倫面前，說：「你覺得這樣如何？」她回答：「我不知道，你何不明天過來，我們再詳細談談？」

回去老家感覺有點奇怪，雖然才經過短短兩個月，卻感覺像是過了兩年。我發現我做得越多，時間越顯得沒有意義。我一個月前做的事彷彿是一年前發生的，而一年前的事彷彿是三年前發生的。於是，我回到了我在新英格蘭的最後一個居所，感覺好像是另一個人住在那裡，而不是我。

凱倫前來應門，態度十分友善。她立刻遞給我一張紙，那是另一份離婚協議書。我花了一分鐘瀏覽了一下，有一些細節是我不想要的，所以我稍微做了一些更動，然後將那張紙交還給她，問道：「這樣你覺得怎麼樣？」她想了一會兒，然後看著我說：「OK。」

寬恕的實用性可以發揮在許多地方，因為「奇蹟是愛的具體表達，可是它們未必昭然若揭、有目共睹」3。《課程》說，奇蹟（也就是源自因而非果的真寬恕）能「感動許多與你緣慳一面的人，為遠在天涯海角之人帶來不可思議的轉變」4。如果我行駛在洛杉磯的高速公路上，突然有人超車，我很可能情緒失控，尤其是在我心情不好的時候，然後向那個人比出中指。而如果那人有槍呢？我可能會遭到射殺。但如果我當下寬恕，我就能活命了，那是一個非常實際而且截然不同的結局。我不是在改變劇本，我是在決定時間的次元，卻未有意識地覺察到這一點。在某一個時間次元裡，我依然活著，而在另一個時間次元裡，我只是為因行車暴怒而死亡的人數增添一個人次而已。

在緬因州那模糊不明的情況下，凱倫和我只討論了不到幾分鐘的時間就達成了協議，而如果是那兩位律師，可能得花上兩年才辦得到，而且還能賺一大筆錢。後來，我的律師同意了這份協議，凱倫的律師仍不同意，不過凱倫堅持她的立場。我在隔天便離開了美國，但是兩個月內必須再回來。

即使你已擬定了一份離婚協議，仍必須由法官核准，而且離婚判決必須經由法院的書記員辦理才行。你在前往法院的時候，其實不知道會發生什麼事，即便你們已經完成協議，法官依然可以加上自己的意見，而在法庭裡，法官的意見就是法律，除非它後來被推翻。

我在十月回到了緬因州，在安卓斯哥吉河（Audroscoggin River）地區找了一間旅館住下。無論是城鎮、山脈或河流，新英格蘭的大多數地方要不是以美洲原住民部落命名，就是以英國的某個城鎮來命名的。以美洲原住民部落命名的這條河流分隔了奧本市與路易斯頓。在印第安人之後，法國人在路易斯頓安頓下來，他們是從魁北克一路往下遷徙的。事實上，緬因州曾經是加拿大的一部分，後來，它成為麻州的一部分，最終在一八二〇年成為獨立的州。

那天晚上，我沿著河濱的一條步道散步，當時的氣候對十月的緬因來說算是暖和的，清爽的空氣舒適宜人。接著，發生了一件我永遠料想不到的事情。在薩滿文化裡，人們普遍相信「靈力動物」（power animals）這樣的概念。這個概念是說：若有一隻動物闖入你的空間，該動物的種類和牠表現出來的態度，例如：友善或帶著敵意，即預告著你不久將來的遭遇，那是一種象徵，代表了你在當時吸引了什麼樣的能量進入你的空間。我一向相信徵兆，當它們出現時，我從不輕率忽視。

我沿著河岸走著，聽見了一聲雁鳥的叫聲，接著又聽見了第二聲，牠們都在我後面。我過去也曾聽過雁鳥的叫聲，當時牠們是從波蘭泉白橡丘（White Oak Hill）附近的房子飛過，但我其實從未見過任何雁鳥。突然間，雁鳥飛到我頭頂上，距離不超過十五英尺。當時我的印象是牠們很快樂，我不確定快樂的雁鳥鳴叫聲是什麼樣子，但牠們似乎還挺愉快的。而牠們接下來動作令我大吃一驚，頓時目瞪口呆。那兩隻雁鳥原本一直並肩飛行，突然間，卻各自往相反的方向飛去，一隻直直飛向我的左邊，一隻則飛向了我的右邊。我簡直不敢相信，這份訊息再清楚不過了。

我知道，隔天法官不但會核准我們的離婚協議，還會有一個很好的結果，凱倫和我將勞燕分飛，但我們倆都會很開心。

隔天早上，事情果然進行得相當順利。法官是位好人，只問了我們幾個例行的問題。「你們確定這是你們想要的嗎？這是你們雙方都同意的協議嗎？你們是否在服用藥物的情況下做出決定呢？」接著我們跟著書記官走，她為我們辦理了手續，一切都辦妥了，法律也生效了。不過，凱倫看起來有點憂傷，我們走的時候，她對我說：「你終於如願以償了，葛瑞。」那讓我心中生起了罪疚感。我看得出來，凱倫依然覺得受傷。當時我並不明白，一段長期關係的結束有時候和摯愛的親友過世一樣，都必須經歷一段哀傷的過程。一開始可能是憤怒，接著是否認，然後是其他階段，最後再轉而接受。即使你操練了真寬恕，任何一個階段的感受都可能會無預警地突然出現，直到它們完全被治癒為止。凱倫是在表達她的失望情緒，而我必須讓她這麼做。

那天晚上，我雖然對離婚程序的順利完成感到鬆了一大口氣，卻也不停在腦海中回想著凱倫說的話。我想要出去喝一杯，但是上主保佑，我的上師在我最需要他們的時候出現了，那是他們有史以來最短暫的一次拜訪。阿頓與白莎很少告訴我關於我個人未來的事，但是這次，他們覺得有必要破例。如果他們那天晚上沒有出現，我真不知會發生什麼事。我很開心他們突然在我的旅館現身，剛好房間也有張長沙發。

阿頓：結束了。你有什麼感覺？

葛瑞：有一點奇怪。我想你知道凱倫在離開時說了什麼話。

白莎：別擔心，葛瑞。明天凱倫會打電話給你，你們倆明晚還會相聚。你們可能還會一起參加一些聚會，將來仍會是朋友。一切都會沒問題的，好好享受吧！

葛瑞：真的嗎？

阿頓：就這樣了，老弟。我們要走了，保重。

他們來得意外，走得也突然，但我心裡覺得踏實多了。那天晚上我看了電視，想到這兩位訪客說凱倫隔天會打電話給我，心裡感到很不可思議。真的嗎？不會錯，一定是真的。我的上師早已贏得了我的信任。《課程》的〈教師指南〉教導了我們如何培養信任，但不是那種盲目的、宗教性的信念。我會對人們說，聖靈會贏得他們的信任。他們的經驗將會教他們，聖靈永遠與自己同在，一直在維護著他們真正的、最佳的利益。有時候，靈性徵兆會出現在這世界上。如果那徵兆真的是靈性的，那麼你永遠可以信任那徵兆背後的真相，透過徵兆傳達的訊息也是可靠的。

隔天，凱倫打電話給我，問我會在城裡待多久，當天晚上是否有空。我們共進了一頓愉快的晚餐，後來又到我房裡小酌。我有好幾年都沒見她像那天晚上那麼放鬆了，她好似從肩頭卸下了一個重擔，那就是我。我們相處愉快，我也感覺到我們之間的關係已經邁向了另一個新階段，它沒有結束，只是改變了。

兩個月之後，凱倫打電話給我，祝我聖誕節快樂。她有好消息要告訴我，她即將搬到夏威夷了！剛得知她會比我更早完成住在夏威夷的夢想時，我不免心生些許嫉妒，但我真是為她感到開心。我知道，自從我們在一九八六年第一次造訪當地以來，她就和我一樣深深愛上了夏威夷。她會在威基基（Waikiki）買一間公寓。我恭喜她，告訴她我好訝異，不光是因為她要搬去歐胡島了，更是因為她竟捨得離開她母親。她母親是她最好的朋友，而凱倫現在卻要搬去五千英里遠的地方。這個改變著實需要很大的決心與勇氣，我對她刮目相看。

至於我，我知道我已經處於我該在的位置，與我該認識的人相遇。我在加州還有工作要完成，或許地點還是我一直追星的好萊塢。我不知道劇本會如何演變，但我必須扮演起我的角色。我知道挑戰會來，它們總是會來，不過，隨著人生每一個階段的來臨，有些挑戰卻是我始料未及的。

二月的時候，我人剛好在歐胡島，在鑽石頭合一教會帶領一個工作坊，那是我的經紀人珍所安排的。我們幾個人在二月十三日凱倫生日當天，帶她到餐廳共進晚餐，她看起來平靜而愉快。我們安排了一個事先策劃好的搞笑橋段，有人提議乾杯，然後說：「乾杯吧！」接獲暗示之後，大夥兒就立刻全部戴上一副Marx Brothers（馬克思兄弟，美國戲劇演員）的眼鏡，上面黏著假鼻子和八字鬍那種，結果惹得這間高級餐廳裡的客人全盯著我們瞧。能幹一些蠢事，不用管他人怎麼想，實在太好玩了。

當我離開夏威夷，繼續我的演講行程時，我發現自己必須承認一件事：我無法一邊旅行、一邊寫作，旅途上實在太多令人分心的事了。總是有一些事要處理，包括旅行本身、與人會面、與工作坊的籌辦者或讀者共進午餐或晚餐，準備一整天的活動、帶領活動、好好休息以發揮最佳狀態，追踪各種聯絡訊息……等等，總是忙亂不堪、應接不暇。那也是個操練寬恕的好機會，我**真心想要**和人們分享《課程》裡的訊息和我的書，但是人們最期待的是我的新書，而我已經答應了接下來幾年的巡迴行程了。

我想和上師好好談談這件事，以及其他我所面臨到的寬恕課題，例如：雖然我認為自己已經寬恕了和父母親的關係，我腦海裡偶爾還是會跳出一些回憶，覺得我不是一個理想的兒子，懊惱自己當時沒有做得更好。此外，還會出現我在緬因州曾有過的一些不愉快回憶，一些我當樂手那些年的回憶，以及一些曾與我共事過的人的回憶。而現在，我做出了重大的改變：移居加州、改變生活方式、經歷文化衝擊，更有許多新的人際關係有待探索。

二〇〇九年年底，在我展開新生活兩年又四個月之後，我收到了一封來自國稅局的信。正當你以為自己已經寬恕得夠多時，國稅局找上門了。

我和凱倫實際分居兩地時，她開始將銀行帳戶裡的錢提領出去，我了解到我也必須這麼做。我們一共有三個帳戶：支票帳戶、儲蓄帳戶，以及一個預存繳稅款的帳戶，這實在很諷刺。因此，我另外以我自己的名字開了三個帳戶。幾個月之後，我移居加州，又另外開了三個新帳戶。現在，總共有九個帳戶了，顯然這引起了國稅局的注意，他們決定來查帳，不但要查二〇〇七年的，還要查二〇〇八年的。他們宣稱我轉帳至加州戶頭的錢是收入，但其實根本不是，那些錢是我之前賺的，而且已經繳過稅了。但是，他們根本不接受你的說法，於是接下來就是一連串持續至二〇一二年、不斷努力證明我沒有欠稅的漫長過程。那兩年半的時間真是難熬，令人沮喪不已，也嚴重干擾了我的工作。

其中一個問題是，當國稅局稽查你的時候，證明無罪的重任是落在你身上。在你證明自己清白之前，你都是有罪的！這並非典型的美國作風，但似乎一點也不重要。

我的高靈朋友看見了這一切，但不去相信這件事，這也是聖靈的真知見運作的方式，他們挑了一個我比較有空的下午前來探訪我。

阿頓：大人物，你可真忙碌啊。我知道你覺得很喪氣，因為你所做的事，人們大多都不關注，他們只想知道下一本該死的書在哪裡。

葛瑞：可不是嗎？其中一些人竟如此妄下評斷，讓我感到有些驚訝。

白莎：你若給人們機會去投射，他們會立刻抓住這個機會！當然，他們並不知道自己在投射些什麼，正如我們談論過的其他人，他們總以為自己是對的。

阿頓：是啊，但你的錯誤不是在於尚未完成這本書。你的錯是告訴人們會有這本書，如果他們事先不知情，書沒出版就不會如此懊惱。從現在開始，或許你不該在書未完成前就事先透露出版訊息，那麼等到書真的出版時他們就會感到開心又驚訝了，不會像現在這樣焦躁不安。

葛瑞：是啊，我不會再犯同樣的錯誤了。現在，要是我能減少旅行次數就好了，我會有更多時間寫作。

白莎：我們曾建議過你要減少的，或許你該更常聽取我們的建議。事實上，你該更常聽聽自己的心聲，因為你已經透露出想要花多點時間待在家裡的意願。你不該只是嘴巴說一說，而是要身體力行。

葛瑞：我知道，我實在太自不量力了。我得好好整頓一下，好好控制我的幻相，像是時間等等。

阿頓：那就開始行動吧，我的朋友！無論如何，你的巡迴演講和你所操練的寬恕，已經讓你有了極佳的進展，更不用說你的工作坊幫助了那麼多人在餘生受用不盡。

葛瑞：喔，這位高大英俊的帥哥，此話怎講？

阿頓：奉承話留給白莎吧！極佳的進展指的是你克服了害羞，你還記得自己第一次帶領工作坊的情形嗎？

葛瑞：記得啊！我嚇死了，覺得自己做不來。如果不是我在走進工作坊時想起聖靈，我真的覺得自己一定辦不到。當然，在那之後，我發現我應該在走上講台之前就與聖靈結合，我也學會了如何對聽眾操練寬恕。我不會認為他們真的存在那裡，若是真的存在，我就是處於所見之「果」的位置，我會觀想他們都是源自於我自己。現在，我在「因」的位置，而他們並非真的在那裡。那是來自無意識的投射，那是人們無法看見的心靈的絕大部分。

美洲原住民總是說：「看那偉大的奧祕。」（Behold the great mystery.）《課程》則會說，「看那偉大的投射。」（譯註：〈正文〉原文為：「**這一投射的傑作實在令人嘆為觀止；只是，當你面對它時，應懷有療癒的決心，不必心懷畏懼。**」[5]）因為一切都是投射。一切都是我們深深相信的一個巨大的、該死的投射。那並不存在，沒有一個時空宇宙，只有一個時空宇宙的投射！若能如此思維，我就能略過我所見的形象，一探帷幕背後的靈性真相。那就是靈性的視野，也是寬恕的第三個階段。有了靈性的視野，唯一存在的就只有真相，所以沒什麼好怕的。我喜歡《課程》裡描述奇蹟的一段話：「**奇蹟拒絕與身體認同，堅持它的靈性本質，才能發揮它的療癒之效。**」[6] 這句話實在太酷了。

白莎：你理解得非常透澈，你的了解越來越深入了，我們也很想要強調那第三個階段，因為很少人真正去實踐，而且幾乎沒有任何老師會強調它。然而，若沒有它，寬恕就不算完成。除非你以一體性的角度去思考、去看，也就是和聖靈一樣的方式，否則就不算完成。

你第一次上台的時候緊張得像隻瑟縮的小貓，今天你走上台時自在得像這場子的主人。對著一群聽眾演講不會再讓你備感壓力了，就像刷牙一樣簡單，而那就是事情應該要有的樣子。其實，不該有任何事比刷牙更有壓力。恭喜你在這方面有了長足進步。

阿頓：你現在可以大膽走到房間另一邊，和美麗的女子攀談嗎？

葛瑞：我想現在我可以，只是我不必這麼做。

阿頓：嗯，我們等一下會談談你的新關係。

白莎：那麼，讓我們先了結你的舊關係吧！你幾乎已經完全寬恕了自己和父母的關係。你覺得自己是個壞孩子，因為無法在父母需要幫助的時候伸出援手，但是在那之後，你透過個人的神祕體驗學習到，他們已經寬恕了你。那麼，還有什麼問題呢？或許問題在於，你真正需要寬恕的人就是你自己。我們稍後再回頭來談這件事。

你的記憶有時是個祝福，你擁有絕佳的記憶力，那能幫助你記住《課程》，但它也可以是個詛咒。你會記得不愉快的時光，而那正是小我想要的，因為那就讓整件事變得真實無比。

葛瑞：是啊，多年前我曾聽過女明星英格麗·褒曼（Ingrid Bergman）

＊沒有一個時空宇宙，只有一個時空宇宙的投射！

說，幸福的祕訣是好的健康與不好的記憶。如果你的記憶力不佳，就不會去想著愁苦的時光和人們對你做過的事。

白莎：是啊，一點也沒錯，但以你的例子來說，當一個讓你感覺不好的記憶浮現，你應該記起《課程》所說的它浮現的原因。它浮現是為了讓你寬恕，一如所有的負面事物。存在你心靈裡的，無論是來自過去、現在或未來都沒有關係，它們全都一樣，因為它們全都同樣地不真實。不好的回憶，事實上是《課程》所謂雜念紛飛的一種形式。記住，它說：「**你過於放縱自己雜念紛飛，任憑心靈妄自造作。**」7 小我喜歡雜念紛飛，不好的回憶是一種讓你困在肉體身分認同的絕佳方式，因為伴隨不好的回憶而來的感覺會讓你以為那些全是真實的，也就表示，你以為自己記得的一切都真的發生過。這又回過頭來讓所有的事變得真實。但是，聖靈告訴你的是：這其中沒有一樣是真實的！

葛瑞：那麼，我要如何寬恕過去呢？

白莎：和你現在寬恕眼前之事一樣的方式。什麼是回憶？只不過是你心中的一個畫面而已。而你現在看見的是什麼？也只不過是心中的一個畫面而已。因此，當你逮到自己被動地縱容著妄心的造作，你就必須負起管控的責任了。停止以小我來思考，轉向聖靈，莫要再對過往執以為真。

葛瑞：有時候，我會浮現一些自己在最後一個樂團度過整個八〇年代的記憶，甚至也會想起更久以前的事，一直回溯到一九六五年，這期間有許多美好的回憶，但也有傷人的回憶。我依然記得，樂團裡有幾個人對我說過的一些很無禮、甚至是很不堪的話，我記得有個鼓手真是個大混蛋！

阿頓：你剛才已經將它們當真了。

葛瑞：對不起，我的意思是，我記得有這麼一個夢中的角色，他是從我自身的無意識心靈投射出來的人，他是個代罪羔羊，承擔了我對最原初的天人分裂所產生的罪疚感，他有時會看似對我說一些讓我覺得很不恰當的話。

阿頓：囉嗦了點，但是很正確。對了，千萬別說對不起，那暗示著罪疚。

葛瑞：總之，我盡力要對這傢伙好，而且還挺他挺了一陣子，但是他一直不停製造麻煩，我後來變得很討厭他。我記得他一到春天就會過敏，他有嚴重的花粉症。我總是幸災樂禍，我喜歡看他受苦，那就像是在替我報仇。

阿頓：然後呢？

葛瑞：即使到了最近，我仍會因為記起一些他曾說過的話，而出現情緒反應。我已經寬恕了大部分的類似時刻，但你好像必須十分留意困擾你的回憶，因為它們似乎會無故冒出，而且隨時都可能出現。我想，是什麼回憶並不重要，小我總是會一直丟東西給你，而大多數的時候，那些東西會看似來自外在，而其實是來自內在，儘管我想在究竟上內外並無分別，因為其中沒有一樣是真實的。

白莎：那就是為什麼「持修」（perseverance）是《課程》學員必須具備的一項最重要特質。當《課程》說「**只為上主及其天國而儆醒**」**8**的時候，可不是空口說白話。

葛瑞：是啊，我想多年前當我決定要清除生命中的衝突時，我並不知道那是一個多麼艱鉅的任務。

白莎：是的，要求一樣東西時要小心。不過，你終將必須經歷化解小我的過程，所以，何不早一點這麼做呢？你越晚做這件事，受苦的時間就拖得越長。

葛瑞：所以，似乎無論遇見什麼，其實都一樣。如同橫跨美國的大遷徙，經歷了許多文化衝擊，體驗到新的人際關係，多數是很棒的人，但總有一些人很奇怪……這全是同一個巨大的寬恕機會。

阿頓：是的，但是記住，正是你每天所寬恕的那些小事，累積而成你的救恩。藉由在日常生活的每一天操練寬恕，例如：在事情無法如願的時候寬恕，你的心靈就會養成寬恕的習慣。那麼當一件看似重大、需要你去寬恕的事件發生時，你就越有能力去寬恕，因為你的心靈已經接受了寬恕的訓練。我的意思不是說，寬恕那些看似重大的事件是件容易的事，但你可以透過練習讓它更容易，即使你需要花一些時間才能寬恕它們。

偶爾，你也會有一些輕鬆愉快的時刻，以及你該記得的美好時光。當你回想過去時，該想想人們在表達愛的那些時刻，那會幫助你將心靈維持在愛的狀態。要記住所有的歡笑時光，只要沒有傷害他人，歡笑絕對是屬於聖靈的。歡笑能幫助你去感受並體驗到，這個世界無需嚴肅以對，它實在太瘋狂了！你該待之以歡笑，而不是淚水。眼淚只會讓它變得更加真實，讓你坐困愁城而已。

葛瑞：但是，那些遭遇不幸的人怎麼辦？你當然不能期待他們會笑著面對。

阿頓：當然不是在不幸發生的時候。這時，你就該記得肯恩的忠告：「別忘記怎麼做一個正常人。」就讓他們哀傷吧！讓他們去體驗，當他們準備好的時候，終將在最後寬恕那不幸。同時，你要做到你自己的寬恕工作，而且不去將人們視為受害者，而是看見他們本是的面貌，亦即圓滿的靈性。

白莎：說到美好時光，跟我們說一件你旅途上的趣事吧！

葛瑞：好啊！有一次我在華盛頓州演講，地點在西雅圖郊區，有一個叫作希羅拉的親切女孩負責接送我到工作坊。她來接我，而且有許多問題想要問我，於是我們聊了起來。她開車上了我們要走的公路之後，一邊開著車，一邊和我講話，大概講了半小之久，因為她不斷提出問題。

突然之間，她驚覺到我們越過了加拿大邊界而嚇了一大跳！原來她走錯路了！她走的公路沒錯，只是走向了往北的方

> *你要做到你自己的寬恕工作，而且不去將人們視為受害者，而是看見他們本是的面貌，亦即圓滿的靈性。

向，而不是往南！現在我們可麻煩了，而且麻煩不只一個。首先，即便我們能回頭往正確的方向行駛，至少也會晚一個小時抵達工作坊。第二，我們看見對向車道的車子大排長龍，都等著進入美國，看來這壅塞的車陣需要三個小時才能消化完畢，那麼，我們抵達工作坊的時間就會延遲四個小時，很可能必須取消了。第三，最重要的一點是，我們必須解釋去加拿大做什麼。當時是二〇〇五年，剛好是往來美加之間需要出示護照的前一年。在那之前，你可以出示出生證明，而當然，那天我們都沒帶出生證明，只有駕照。所以，我們要怎麼辦才好呢？

操練寬恕吧，我們這麼做了。我們寬恕了這整個處境，我們不將它執以為真。我們寬恕，而且請求聖靈的指引。這時，希羅拉看見兩條路之間有一條聯絡道，於是走上了那條路，哀求其中一位往南行駛的駕駛讓她插隊，這條隊伍實在長到不像話，那位駕駛肯定也等很久了，所以如果他不讓我們插隊，我們也不怪他。希蘿拉高舉著手，彷彿在對那位駕駛做出祈求手勢，那位駕駛看見希蘿拉高舉著手懇求幫忙，便讓她插隊了。十分鐘之後，我們就來到了美加的邊界。

我想邊境的警衛看見了我們，越過邊界進入加拿大又折返。加拿大的檢查崗哨還在前方遠一點的地方，因此我們尚未抵達那裡。幸好希蘿拉很有智慧，決定據實以告，承認是自己沒有覺察到走錯路，不小心越過了邊界。警衛應該看出了她的誠心，而且她的說法也符合他看見的情況，便放行讓我們回到美國，甚至沒有要求我們出示證件！我不知道他們現在是否會如此寬宏大量了，似乎從那時起，美國的邊境管制就一年比一年嚴苛。你知道的，有點變本加厲了。但是在這幸運的一天，我們操練了寬恕，依照我們獲得的指引來行動，最後終於順利回到了美國！

後來，我們估計大約會遲到一個至一個半小時的時間。半小時之後，我真的很想上洗手間，便在一處休息站停車。我走進洗手間，拉下褲子拉鍊，卻把拉鍊拉壞了！這種事從來沒有發生在我身上。這下我衣不蔽體了，因為拉鍊根本關不上。

我們抵達了工作坊，兩人一起走進會場。那天早上，工作坊的主辦人請一位聽眾席裡的好心人彈吉他自彈自唱，為活動暖場。他表演了比預計更長的時間，在我抵達會場之前盡力娛樂聽眾。接著，我走上了演講台，告訴聽眾：「很抱歉我和希蘿拉遲到了，但是我的拉鍊壞掉和遲到的原因一點關係也沒有。」

白莎：很棒的故事，這句話的「笑」果很好。

葛瑞：是啊，有時候我實在不想開玩笑、嘻皮笑臉，就像國稅局討稅那件事。我已經盡力寬恕那件事，但它實在像心頭刺那樣討人厭。無論你提供多少資料給他們，他們總是嫌不夠，簡直沒完沒了。

白莎：依你的情況，你正在經歷一個我在第一系列探訪時提過的所謂「燉鍋式的煎熬」階段，那時我用它來形容我在最後一世經歷的、被一個學生危及事業的經過。燉鍋式煎熬的事件永遠是你最大的寬恕課題之一，對這件事你必須特別地堅決才行。

有一件好事是，你在形相層次是實際的。你請求指引，而那引導你遇見了一位能介紹優秀會計師給你的人，你也允許她來協助自己。她知道你不會接受國稅局的威脅而屈服，而他們會一再這麼做。他們會試圖讓你繳納你根本沒欠他們的那筆錢。他們不會依法律辦事，有時甚至連他們自己的規範也不遵守。他們的目的是想從你身上挖錢，而有很多人真的會因不堪脅迫而繳了根本不該繳的錢。

國稅局知道，大部分的人不會和他們上法院。大部分的人寧願花錢了事，如果他們花得起，又能讓事情解決的話，都會選擇花錢。他們不知道，如果和國稅局告上法院，這場官司有百分之八十的機率都是國稅局輸，那是因為他們沒有依照法律行事。在稽查過程中，提供證明的責任落在你身上，這是錯的，但他們就是這麼蠻幹。如果你告上法院，提供證據的責任就在他們了，他們必須證明你欠稅，而大多數的時候他們都提不出證據。他們希望你不會真的聘請一位稅務律師替你打官司，他們知道，即使你贏了官司，有時你支付給稅務律師的錢也會和他們要你補繳的稅款一樣多，體制顯然對他們有利。

在此我們不去深究，其實國稅局是在你們轉至聯邦準備系統後不久成立的，而聯準會是個私人機構、非政府機關，沒有人管得動它！那是題外話了，但是多數人永遠不會明白，幕後其實有很多事情在進行，你們其實並不民主。人民是傀儡，他們也表現得像傀儡一般。然而，雖然你沒有一個自由的國家，還是能擁有一個自由的心靈。

葛瑞：好吧，我們既然談到了寬恕課題，那麼要如何寬恕自己呢？我的意思是，你不久前給過我一個思考過程，但是人們一直問我這個問題。

阿頓：那是因為他們沒有施行那個思考過程，不過，那倒是對每個人都很重要的一個問題。我們曾告訴過你：不要說對不起。人們應該在說某些話時警覺到自己在做什麼。如果你說對不起，請在心裡修正自己。你不必把心裡想的都大聲說出來，你所想的甚至比你所說的更具力量，因為思想永遠走在前面，即使你不明說也無妨。所以，請在心裡如此思維，因為那就是聖靈修正你的方式：

我是純潔無罪的，沒有任何事發生
聖靈明白真正的我是誰
我在上主懷裡覺醒

當你如此思維，就不得不讓你的無意識心靈接受聖靈的治療。

白莎：人們必須記住，夢裡的事件的確彷彿發生過，但那並不表示它們是真實的。你昨晚睡覺時做了一個真實無比的夢，以致無論從哪一方面來看，它都已經成為你的現實。唯有當你醒來時，你才會赫然發現那不是真的。

如同你對他人有兩種詮釋，小我的詮釋與聖靈的詮釋，別人對你也有兩種詮釋。多數人會選擇小我版本的詮釋，因為他們不知道有什麼更好的方式。但是，一旦你知道其實有更好的方式，你就必須貫徹它。J兄並未在揭發小我或描述問題之後就此打住。任何人都能描述問題，但他們不能給你一條出路，他們沒有為你提供任何解決之道，他們沒有為你指出回家的路。所以，他們會困在問題的分析裡面，而這麼做就是將問題當真。

葛瑞：是啊，那就是這世界對待每一件事的方式。我們會研究、分析問題，而且認為最博學的人就是那些研究、分析得最透澈的人。科學家與物理學家最擅長分析，醫師、工程師、心理治療師等等也是，而他們所做的都是去證實幻相的真實性。因此，他們所想到的那種寬恕（如果他們想過任何關於寬恕的事），都是將事件變得更加真實的寬恕。根據J兄在《課程》的〈正文〉裡所說：「**沒有人能寬恕自己明明感到百般真實的罪。**」9 那就是我們為什麼不想去分析我們寬恕之事的原因。我們不想耽溺其中，我們只是**注意到**它，略過它，然後以真相取代它。

所以，J兄並未在令人動彈不得的分析階段停頓下來，他一路向前走，他徹底地以聖靈的思想體系取代小我的思想體系，並且教導我們，靈性慧見就是完全從框架之外、體系之外來思考。透過看穿那道遮蔽實相的簾幕，看見夢境外的實相，那你能藉由覺醒而體認到的實相，就可能將你的身分認同從認同於身體，轉變為認同於某種毫無局限且永恆不朽的生命。

白莎： 非常好，因為如果你教導那種將一切執以為真的寬恕，你就不是真的在教導《奇蹟課程》。你看外面有多少《課程》的老師在談論寬恕，包括常上電視的知名人士，卻從未真正了解真寬恕是什麼？那就是他們可以上電視的原因，他們沒有徹底實踐寬恕，依然對世事執以為真。他們的言論是安全的。你上不了電視，因為你徹底實踐了真寬恕，不會將世事當真，所以你的言論鐵定會讓大眾不安。你會說出真相，而這對流行文化圈裡的靈性人士來說實在太過激進了。擁抱這一切吧！總得有人做這件事。

至於其他人，當他們受到指引而有勇氣上電視告訴人們《課程》真正說的是——世界不存在，我們寬恕人不是因為他們真的做了什麼事，而是因為他們其實什麼事都沒做，因為他們並不存在；除非你明白了實相與夢境之間的差別，並且只對其中一個保持忠誠，否則你的無意識心靈永遠無法獲得治癒。唯有如此，他們才能稱自己為《奇蹟課程》的老師。

而你呢，親愛的老弟，你必須看穿簾幕來思考，並且教導他人也這麼做。光是描述錯誤還不夠，你必須有個能夠取代它的東西。人們必須接獲這樣的訊息：他們永遠無法以肉眼找到靈性慧見，而是必須透過思考方式來找到。如同《課程》教導我們的：「肉眼只能看到外在形相，它是為了什麼目的而造的，它就無法超越這一限度。肉眼是為了看見錯誤而造的，不是為了看穿表相。」[10]

心靈必須接受訓練，才能持續選擇那無法得見，卻能被認知為真理、被親身體驗的。

葛瑞：因此就某方面而言，你可以說《課程》那一百萬字裡，有半數內容的目的在於讓我們擁有一個超越語言文字的經驗。

阿頓：說得好極了。別忘了，如果這個世界不存在，那麼在你出生之前，世界不存在，在你離去之後，世界也不存在。它從未存在過，身為一個分裂生命的你也從未存在過。你真正所是且永遠不變的，是完美的靈性，與你的造物主處於完美一體之境。你要永遠記得：

小我否定真理
聖靈否定小我
選擇聖靈的權力在我

所以，《課程》是你化解小我的一套訓練。每當你逮到自己以小我思考，就立刻停止，那麼你便能與聖靈結合在一起。這就像戒菸一樣，你必須先戒掉抽菸的習慣，才能呼吸到新鮮空氣。

*如果這個世界不存在，那麼在你出生之前，世界不存在，在你離去之後，世界也不存在。它從未存在過，身為一個分裂生命的你也從未存在過。

葛瑞：這點我很清楚。我過去經常一天抽一包半的菸，也就是一天三十根菸。一天要抽三十根菸也要花上好一段時間呢！我已經戒菸三十年了。當時我必須抉擇，而當你的心靈做出決定，它可以成就任何事。我是一下子突然全戒掉了，那很難，需要莫大的決心。我可以體會你所說的戒除小我這檔事，那甚至更難，因為小我一直不斷回來。它可是孜孜不倦的，但是仍未像聖靈那般孜孜不倦。事實上，你可以說《課程》是孜孜不倦地不妥協，無論小我多麼努力嘗試，聖靈的回答永遠都將獲勝。

白莎：是的，而且聖靈無所不知。在那些你曾參與演講的研討會裡，你看排得最長的隊伍是什麼？

葛瑞：我看見最長的隊伍是人們排隊等著和靈媒說話，或等著解讀塔羅牌。人們想要有人告訴他們該怎麼做，而他們的問題多半屬於同一類型。「我要如何找到我的靈魂伴侶？」「我要怎麼找到合適的職業？」

白莎：沒錯，而且即便他們從靈媒或塔羅占卜師那裡得到了答案，也很快又會出現另一個問題，然後他們就會一而再、再而三地回來找靈媒或塔羅占卜師。如果他們夠幸運，也會有一半的機會得到不錯的答案。不過，如果他們能擁有一個永遠取用不盡、永遠正確的諮詢來源，而不是只有一半機會是正確的呢？如果他們能更加融入靈性之中，並且取用聖靈的靈感啟示，他們就能一直獲得答案，讓那些答案指引他們走向對他們自己和其他每一個人都最有益的情況。

葛瑞：我非常清楚，我一直受到聖靈的指引，讓我現在處於我該在的地方，雖然我不是如我所願地置身夏威夷。

阿頓：你在這裡有任務要完成，但是那並不會抹煞你將來有一天會住在夏威夷的可能性，即便只有一年當中的某一段時間。

葛瑞：我知道有人會在一年當中的某一段時間住在夏威夷，某一段時間住在西岸，或說「左岸」（left coast），那些熱衷政治的人都喜歡這麼稱呼我們。不過，能在夏威夷居住一段時間真是很酷的事。我很喜愛在那裡散步，雖然在這裡散步也很棒，但那裡的海水很溫暖，夜晚的微風會輕撫你的臉龐，就算在冬天也是如此，不像東北海岸，風是猛然拍打在你臉上的。雖然這裡的天氣通常很溫暖，但大多數人都不知道，加州的海水是冰冷的，因為洋流從北邊過來，這和東岸的情況剛好相反。但是，我不是在抱怨，人們特地遠道前來這裡度假，我卻能定居在這裡。洛杉磯、好萊塢，比佛利山莊、馬里布、聖塔摩尼卡，威尼斯海灘……全都在這裡！我們的地理位置很好，二十分鐘就抵達機場，可以走路到很棒的餐廳，這真是太好了。不過，可惜的是，我們的鄰近地區布蘭特伍德（Brentwood）是因辛普森案而聞名之地。

〔註：辛蒂和我就住在OJ辛普森遭指控謀殺的犯罪現場那條街。這樁受害人為妮可·布朗·辛普森（Nicole Brown Simpson）與羅納德·古曼（Ronald Goldman）的可怕謀殺案，在布蘭特伍

德社區是很罕見的，這個地方很靜謐、犯罪率極低、人們可以無懼地在夜間出來散步。〕

阿頓：記住，重要的是你自己的經驗，而不是人們心中對你或某個地方的印象。你正在化解小我，那已經是一項了不起的成就了。透過療癒你自己的心靈，以及全體人類的心靈，你對人類做出了真正的貢獻。有史以來，並沒有很多人操練過這種源自因而非果的真寬恕，這是歷史的一項嶄新發展，而現在，有為數相當多的一群人正在身體力行。你可能不會被寫進歷史書裡，但那又怎樣呢？多數歷史書上的人物不過是戰爭發動者罷了，你和你的讀者卻是和平締造者，那才是了不起的。

*重要的是你自己的經驗，而不是人們心中對你或某個地方的印象。你正在化解小我，那已經是一項了不起的成就了。

葛瑞：或者，如果你深入研究《課程》，你也可以說那其實什麼都沒發生，這樣的說法也很了不起吧！哈哈！

白莎：你實在很搞笑。你去履行陪審員義務時，辛蒂說了些什麼？和葛瑞在一起永遠不無聊！

〔註：我曾至OJ辛普森受審的同一個洛杉磯法庭擔任陪審員，我帶了一本《聖經》過去。當檢查官和辯方律師挑選陪審員時，他們可以篩選掉幾位他們覺得對他們不利的陪審員。檢察官問我，如果

證據確鑿，我是否會投下有罪的票，我非常誠懇地說「不會」，並且指出，耶穌在《聖經》裡說：「不要審判人，以免被人審判。」檢查官拒絕我擔任陪審員，我被免除了陪審責任，奉命離開陪審團。法官看起來不太高興，但是很幸運，他沒有說我藐視法庭。」

葛瑞：那段話是什麼呢？「對自己要誠實。」但是多數人都不知道句子的其他部分：「務必如黑夜跟隨白晝般奉行，你就不會欺騙任何人。」你知道這些話是莎士比亞寫的嗎？

阿頓：所以你知道這句話的意思囉？

葛瑞：當然，它的重點就是一貫性。事實上，《課程》本身說……喔，等等，是在〈教師指南〉裡說的，它說誠實「這個詞是指表裡如一、前後一致的修養。你所說的話，沒有一句與你的所思所行衝突，沒有一個想法會自相矛盾，你不會言行不一，自相牴觸。這才算是真正的誠實。他們心裡各個層面毫無自相矛盾之處。自然也不會跟其他人或其他事產生衝突。」[11]

我很愛和J兄開玩笑。我會說：「天啊，你何不把標準再設高一點？」他的一貫性是完美的。我想，我還必須再多練習一些，但是沒有關係，反正我也沒有別的更好的事可做。

白莎：沒錯，你是沒有。化解小我並與他人分享《課程》的真理，是你能期待的最好的事。那就是為什麼我們不斷來見你，或讓你見到我們。這次系列探訪的目的和第二次系列探訪一樣，都是繼續加速你和他人化解內在小我的過程，那也是你工作坊的目的。是的，我們和你講話時會有一些重複的內容，那是學習《課程》的必要做法，如此也才能讓這些內容扎根、落實。儘管如此，若你不做好自己的寬恕工作，它依然不會扎根、落實，不過重複是至關重要的。

有人說，《奇蹟課程》的〈正文〉是以一百種不同方式重複說明六頁的內容。

葛瑞：技術上而言，若要精確統計，是以一百一十一種不同的方式重複六頁的內容。

白莎：阿頓，我們該說些什麼，還是瞪著他看就好？

阿頓：我們就瞪著他看吧。

〔註：三十秒之後……〕

白莎：重複貌似存在於時間裡，但是如果重複正確的訊息，它會化解時間。時間一如空間，只是個分裂的概念。你有不同的時間、不同的地點，但其實並沒有那些東西。在時空宇宙裡，萬事萬物皆建立在分裂的基礎上。萬事萬物都有生有滅，都有其界限或限制。你必須學會不被宇宙那貌似壯觀的場景所蒙蔽。我們的意思並非你不可以享受它，而是說你不可以把它當真。

葛瑞：我了解這一點。我去看電影的時候，知道它不是真的，但那不會妨礙我享受它，電影就是這個樣子。你不會因為知道那不是真的，就無法從中獲得樂趣。我大半輩子都是個音樂人，而且現在比以往更愛聽音樂。我們才剛剛去好萊塢露天劇場看了「老鷹合唱團」演唱會呢，那簡直嗨翻了。

白莎：其實，如果你化解了小我，你將能更盡情地享受生活，而不是無法享受，那是因為你心靈中的無意識罪疚減少了，如果你的罪疚感較少，就能更盡情地享受每一件事，我真的是指「每一件事」。所以，永遠記得，享受樂趣並不違規。J兄、馬利亞、達太、伊莎和我、司提反、腓力，甚至彼得，我們一夥人以前都會一同進城開懷大笑，人們以為我們喝醉了呢，但是我們其實沒醉，有時候，我們當中一些人就是會有好心情。我們會喝點紅酒，情況是，當時並沒有乾淨的飲用水，人們因水污染或誤食腐敗食物而死亡的情況屢見不鮮。

葛瑞：聽起來是相當灰暗的生存環境。

阿頓：如果你的快樂是取決於環境，那麼當時的確是相當灰暗的生存環境，除非你是王公貴族。今天，人們過的生活比當時的貴族還要好，卻不知珍惜，這顯示了世上的種種玩具並無法使人獲得真正的快樂。那或許可以帶來短暫的興奮感，但那種感覺總有一天會消退的。但是，你若能化解心中的罪疚，將能心生喜悅，你的痛苦也會大大減輕。記住，這件事再怎麼強調也不為過，《課程》說：「**無罪無咎的心靈是不可能受苦的。**」**12**

葛瑞：是啊，但是我呢？

阿頓：那表示，如果你的心靈完全沒有無意識罪疚，也就是當你的心靈完全被聖靈治癒，當你成功做完所有的寬恕課題時，你就真的不會感受到任何肉體上的痛苦。當J兄遭受十字架苦刑時，他並未感受到任何痛苦，他不可能會受苦。那也就是為什麼耶穌為了他人的罪而受苦並犧牲自己的概念，是人類歷史上最大的迷思。他不可能受苦，犧牲亦非他知見的一部分。一具身體可以犧牲它自己，如果你與它認同的話，但是十字架苦刑為我們帶來的教訓是：J兄不會被傷害，因為他已經不再是一具身體了。他並未將自己與身體認同。在他的心靈裡，他在體驗著與上主的完美一體，他的真正本質是無法被殺死的。這一點，你也可以體驗得到！想像自己就像J兄、白莎或我的最後一世，在地球上走過這一遭，覺得自己完全百害不侵、全然無懼，那會是什麼樣子？

同時，白莎和我也過著正常的生活。我們知道如何享受樂趣，就像你，就像兩千年前的你、多瑪斯、伊莎和達太一樣。我們並不總是符合《新約聖經》裡所描述的虔誠人士樣貌。當時根本沒有所謂的「新約」這種東西，那是後來才出現的。J兄的時代仍是舊時代，就像舊經典那般古老。如同達太曾暗示過的，那些人的確知道怎麼「生養眾多」，憑空引申出一堆內容！

葛瑞：那是上帝的旨意。

白莎：你依然能享受樂趣，但你的人生已經改變了，你是否寬恕了你最近的文化衝擊經驗呢？

葛瑞：嗯，最近的改變著實不少，多半是變得更好，除了我還沒有減少旅行次數以便專心寫作這件事以外。抱歉了！

白莎：記得我們是怎麼說「抱歉」這個字的嗎？

葛瑞：喔，抱歉。總而言之，我很喜歡我的新家庭。感恩節就是這個全新經驗的絕佳例子。我在緬因州的時候，我會和凱倫一起前往岳父母的家，當然，在她父親去世之前，她父母都會在。她的兄弟和家人也都會出現，基本上我們的話題都圍繞著體育賽事打轉。關於體育賽事，我可以滔滔不絕地講一小時，但我可不想連續講個六小時。現在，情況完全不同了，辛蒂和我會在假期與她的妹妹潔琪和她母親在潔琪家碰頭。潔琪是個催眠師與《課程》教師，辛蒂的母親桃瑞斯也是《課程》的資深學員，他們和辛蒂一樣都讀過我們的書，因此在多半的時間裡，我們談的都是關於《課程》的話題！那真是和我在緬因州的生活截然不同，當初的生活現在感覺恍如隔世，但是我想，我們在如夢的這一世裡，也活過了好幾世吧！

〔註：自那時起，我們四個人裡加入了馬克，他在我贊助讀者的墨西哥郵輪之旅上與潔琪相遇，八個月之後，他們結婚了。馬克是位用功的《課程》學員，也是退休的空軍少校，他以前是大型運輸機駕駛員，在阿富汗擔任駕駛訓練官。他也是一位優秀的音樂人、錄音師和影片製作人。馬克家裡有個錄音室，他既是我兄弟也是我的連襟，而且我很快注意到，他是個能平衡運用這副幻相大腦左右半球的人。〕

葛瑞：當我住在麻州，還是個孩子時，整個家族都會聚在一起，可能有多達四十個人會擠在我叔叔家，而且我們每個人大多會玩一種樂器或唱歌，或兩樣都會，然後我們會來一個即興爵士音樂會。回憶起來，那彷佛是非常久遠以前的事了。我真不敢相信我已經年屆六十了，我覺得自己好像只有三十多歲。

阿頓：你有沒有注意到，自從我們第一次現身以來，你並沒有老化。從我們第一次現身算起，很快要滿二十年了。

葛瑞：我從來沒想過這種事呢！我只是發現自己的外表很年輕，但是你說的沒錯。那是因為你打破了我的慣性思維模式，而且我開始操練真寬恕嗎？

阿頓：是的，你以為你歷經了滄桑，但那些經歷帶來的壓力和你原本該經歷的比起來，根本不算什麼。重點不是處境如何，每個人都會經歷一些導致沮喪的處境，重要的永遠是你如何看待它。

葛瑞：我想要問你一件事。我一直在思考將書拍成電影的事，但是資訊實在太多了，可能無法將它們塞到一部影片裡。你覺得做成一系列的電視影集會好一點嗎？

白莎：我們不會告訴你該怎麼做。我們想要你去經歷這整個過程，那是你的劇本的一部分，我們沒有別的意思，只是要你親自去體驗你該經歷的過程。請求聖靈的指引，讓祂告訴你該怎麼做吧。你會得到指引，去做對每個人最好的事。

葛瑞：你聽聽這個想法怎麼樣？我看見你和阿頓置身槍林彈雨中，在鹽湖城被壞人追著跑，你們的車在教堂廣場前撞毀，接著，你們、壞人和摩門教幕聲合唱團（Moromon Tabernacle Choir）的叛徒三方人馬展開了一場激烈的槍戰。

白莎：這還得再花些功夫吧！你剛才提到文化衝擊。

葛瑞：喔，是的。一陣子之後，你會比較習慣看見名人，看見一邊有五線道的高速公路，而且你會開始發現一些呈現真實加州風貌的特殊小角落，目前為止還不壞。事實上，目前為止大部分都很好，只是消費水準高了點。我想這整件事開始以來，旅行這部分一直是最難的一關。我的意思是，我剛開始旅行的時候，我受到的是顧客的待遇，但現在我卻受到嫌犯的待遇。每一年，他們都會想一些新點子來刁難旅客，那對我來說是個很大的寬恕課題。我看見辛蒂遭到全身搜查後，真的開始惱火了。

阿頓：辛蒂呢？

葛瑞：我告訴你，辛蒂也很生氣，幾乎開罵。

阿頓：但是她沒有。

葛瑞：沒有，她是我見過最樂觀的人了。你知道〈練習手冊〉第六十八課說的：「愛內沒有怨尤。」她就是這種人。

阿頓：是的，你很幸運。每當出現任何要你寬恕的事，就像婚姻一定會有的情況，別忘了那件事的目的。如果你好好利用它，如同聖靈希望你利用它的方式，將他人視為他們本是的面目，那麼你就能擁有一段神聖關係。

葛瑞：是啊，而且同時還能享受看電影的樂趣，包括旅行。舉個例子好了，我在丹佛曾有過一次有趣的經驗。當時我正在通過安全檢查站，有一位年紀較大的運輸安全管理局（TSA）探員在讓行李通過金屬探測器。他看起來有七十多歲了，我不禁想，他超過退休年齡還得工作，應該是生活所迫吧！總之，我剛好在他身邊，於是說：「一切還好嗎？」然後他說：「我正在過夢想的生活。」

白莎：他在開玩笑吧！他對自己的處境還能保有一份幽默感，誠屬難得。然而，我們的確有可能過一個J兄所說的、美夢般的快樂生活。他的《課程》就是一種快樂形式的靈修，而不是人們過去所習慣的受苦、沉悶、宗教教條等等。事實上，它保證能解決你看似深陷其中的困境，獲得一個快樂結局。你知道時間是有終點的，因為《課程》教導我們，聖靈從「時間的終點」（譯註：〈正文〉原文為：「**祂很清楚時間的意義，並教給所有的心靈，使每個心靈都能由時間的終點，自行決定什麼時候才願把時間釋回啟示與永恆之中。**」**13**）回頭看這一切。當我們說聖靈能看見一切，我們不是在開玩笑。

每個人都會去到同一個地方。沒有人會被遺留在天堂之外，否則它就不是圓滿的。

葛瑞：但那些不值得上天堂的混蛋又怎麼說？

阿頓：這些弟兄不會以混蛋的身分上天堂，因為他們不會以身體的形態上天堂。他們終將完全忘記自己對身體的所有認同，那不過是一個夢罷了，當你從夢中醒來時，夢去哪兒了？它消失了。那就是我們之所以告訴你要將第一本書命名為「宇宙的消失」的原因（譯註：《告別娑婆》英文書名直譯為「宇宙的消失」）。

> *每個人都會去到同一個地方。沒有人會被遺留在天堂之外，否則它就不是圓滿的。

葛瑞：喔，我一直在納悶為何它的書名是這樣呢！

阿頓：他們將會回歸天鄉，也就是那圓滿的一體性，記住一件事，葛瑞，地球上沒有一個人不曾在某一世當過謀殺犯，那就是基於二元對立性。你認為你們該一直停留在《課程》所謂的「地獄般的噩夢裡」嗎？（譯註：〈正文〉原文為：「**基督不會讓你孤苦零丁地活在地獄般的噩夢裡，祂要為你的心靈清除所有遮蔽祂聖容的障礙。**」[14]）

葛瑞：我正在想。好吧，我忘了表相上的對立了。許多人都擔憂下地獄這件事，他們不明白的是，他們已經置身其中了。根據J兄所說，任何不屬於天堂之圓滿一體性的，都是地獄。你知道，仔細想想，你在古老經典的地獄圖像裡看到的各種恐怖酷刑，大火燒烤、砍頭等，其實可能發生在這裡、在你身上！你不需要下地獄，因為你若不是在天堂，就是在地獄了。但是，**由於無所不容之境是沒有對立的**（譯註：〈正文〉原文為：「**與愛相對的是恐懼；但無**

所不容之境是沒有對立的。」**15**），所以地獄並非真的存在，它不存在於任何地方，儘管它呈現出各種表相。

白莎：精彩的見解。那麼，告訴我，你在緬因州奧本市的新時代書店拿起《課程》，並且讀了一些內容之後，你對它的第一印象是什麼？

葛瑞：我心想，這是什麼鬼啊？我的意思是說，它好像是用外文寫的一樣。這讓我想起，辛蒂和我去希臘雅典時，我在當地主持了一個工作坊，我問道：「當我們看不懂像《課程》這樣的東西時，我們會說『這像是希臘文』，那你們會怎麼說呢？」他們說：「像中文。」

白莎：你為什麼覺得《課程》這麼難懂呢？

葛瑞：你是說除去百萬字的內容中有半數的都是學術性的、佛洛伊德式的、聖經式的用語，外加抑揚五步詩，而且因為其中的教導太過狂野、沉重而導致人們產生了一些身體症狀等這些原因嗎？

白莎：是的，除了這些原因之外。

葛瑞：我不知道。

阿頓：它很難懂，因為它是一種全像式的呈現。它不用線性的方式來述說，例如：將事情一字一字拼出來給你。《課程》一開始就提出了它最高階的原則。請看「奇蹟原則」裡的第一條。它說：「**奇蹟沒有難易之分。**」**16** 人們不可能一讀到這行字就懂得它在說什麼。

首先，你根本連奇蹟是什麼都還不知道。J兄之所以稱這部書為《奇蹟課程》，是因為他想要改變「奇蹟」這個字的定義。人們一向認為奇蹟是某件發生在外在，在你所謂的「世界」這個大螢幕上的事，那只是「果」，就像「燃燒的荊棘」（譯註：在〈出埃及記〉裡，神在燃燒的荊棘裡對摩西說話）。他不想要人們這麼認為，而是想要人們開始思維奇蹟是一件發生在心靈裡的事，心靈就是「因」。沒錯，奇蹟可能會也可能不會出現在螢幕上，作為一種徵兆，但是真正的奇蹟是發生在你改變心靈、與聖靈一同操練真寬恕，而非以小我來思考的時候。

現在，透過反覆研讀，你可望能開始掌握《課程》的內涵，但是如你所知，能達到這種程度的人還是非常少見的。因此，我們會藉著你的書，以線性描述的方式來為你和他人呈現《課程》的內容。我們將它一字一字拼給你。我們會讓你了解它到一定的程度，讓你回頭自行研讀的時候能理解它在說什麼。

葛瑞：我相信是如此。我和無數已經放棄研習《課程》、已將它束之高閣多年的人談過，他們讀了我們的書之後都回頭再讀《課程》了，因為現在他們懂了。如果你不了解一件事，就無法將它應用在生活上，而現在他們懂了。光是這一點，就讓我所經歷的那些狗屁倒灶事值回票價了。

阿頓：你或任何人所經歷的事，唯有在你寬恕它的時候才是值得的。永遠記住事情發生的目的。所以，我們工作的目標是以線性敘述的方式來呈現《課程》，讓人們能掌握要點，以便能自行研讀並了解《課程》，而且加以實踐。

葛瑞：了解。還有關於「聖靈會從時間的終點往回看」的這個說法，實在頗為瘋狂，不過很酷。

阿頓：《課程》的時間觀是會令人頭昏腦脹的，那是因為時間是矛盾的。一方面，時間是全像式的，一切事情全在一瞬間一起發生，而且根據《課程》的說法，事情早已結束了。過去、現在與未來是同時發生的，如同愛因斯坦曾指出的，《課程》也會同意這一點，但是《課程》會說它只是看似發生了。除了全像式模型外，還有線性的虛妄經驗。對了，全像式模型也是虛妄的，因為在究竟上，我們說過的，時間只是一個分裂的概念。

因此，你的經驗是事件一個接一個發生，而漸漸地，你其實會相信是自己編造出這一切。我並非在說人們的經驗不是如此，那的確是人們所體驗到的，我的意思是，那是一種虛妄的經驗。你所看見的並不真實。那又如何呢？那表示即使它已經發生了，你還是必須去經歷它！

葛瑞：是啊，《課程》裡我最喜歡的一句話是〈練習手冊〉的第一百六十九課。J兄給了我們一些關於時間的深奧概念，以及聖靈如何「奉造物主及其聖子之名而寫出救恩劇本」**17**。（譯註：〈正文〉原文為：「我們只是接下無始以來早已指定的任務，而且心裡徹底明白，祂已圓滿完成了那任務；『祂』就是奉造物主及其聖子之名而寫出救恩劇本的那一位。」）那就是基督，也就是當我不在此處時的我，而這就是對小我劇本與一切事物的答案。接著是我最喜歡的一句話，J兄說：「**我們不必在世人無法了解的事上多費唇舌了。**」**18** 我愛極了這句話。我是說，那他一開始幹嘛要提起呢？

阿頓：順便告訴你，聖靈所寫的劇本不會發生在這個世界上。記住，根本沒有世界！我想你知道的，雖然這是個關於「因」而非「果」的課程，多數的《課程》教師與學員想做的第一件事就是將它放在世界這個大螢幕上，讓它變成拯救世界的東西。這下好了，現在他們要去拯救一個不存在的世界。不是的，聖靈的劇本是小我劇本的一種不同詮釋。小我的劇本是發生之事，你也可以稱它為「業」。那是虛妄的，那是看似發生在大螢幕上的虛幻因果，包括那些發生在你身體上的事。但是，就算是身體也只是個果。它是一種症狀，一個分裂的徵兆。

聖靈的劇本發生在心靈之中。你可以學習如何運用自己那唯一的真實力量，也就是對你所見的一切，選擇聖靈的詮釋版本。你若能這麼做，就是轉換到聖靈的劇本，它來自時間與空間之外的地方，也將改變你對時間與空間的看法。

葛瑞：哇！我想我真的懂了。那表示我在靈性方面很進階嗎？

白莎：別讓我們又只能瞪你。

葛瑞：有時候，有人會問我什麼是研修《課程》最好的方式，譬如說：他們想知道自己是否該先研讀〈正文〉，或先做〈練習手冊〉；他們是否必須在一年內做完〈練習手冊〉，還是可以花更久的時間；如果他們覺得做得不對，是否該重頭來過等等這類問題。

阿頓：首先，如果他們讀過《告別娑婆》這本書（或你的許多讀者暱稱的DU〔編註：取自英文書名開頭的英文字母縮寫〕），他們就可以從〈練習手冊〉開始。如果他們讀過你的第一本書，就大致能了解其中內容。而如果他們讀過你的第二本書，了解的程度甚至會更高，而很快地，他們就能讀到我們現在正在做的這本書。此外，他們不需要在一年內完成〈練習手冊〉，你第一次做的時候花了一年又四個半月的時間才完成。有時候你會發現手冊裡的某一課對你特別有幫助，你就可以多花幾天的時間在那一課，或你可以休息幾天，沒關係的。你知道的，唯一的規定就是你一天不可以做超過一課以上。

此外，你在做〈練習手冊〉的時候，不要像許多人那樣停下來又重頭開始，他們認為自己做得不對，然而沒有人練習的時候能像自認為的那樣正確。如果他們的練習做得很完美，我倒要質疑他們一開始來這裡幹嘛。只要盡力去做就行了，說服自己做得不對然後讓自己重頭來過，那是小我想要誘騙你不去做它的伎倆之一。

至於《課程》的〈正文〉，記得你一開始就想要迅速讀完它嗎？

葛瑞：記得，那真是很蠢，我的了解根本不足，不過我知道那是J兄以第一人稱在講話，因為我讀過一點《聖經》。

阿頓：閱讀〈正文〉的最佳方式是慢慢讀，一天大約讀兩頁就行了，別囫圇吞棗。如果你一天讀兩頁以內的量，還是可以在一年內將整個〈正文〉讀完，甚至偶爾還可以放假。如此你會了解得更深入，而且能讓它變得實用，就像〈練習手冊〉一樣。它將不再只是理論，你可以將你讀過的概念運用在日常生活中，隨機應用。那就是《課程》裡所謂的「正見思維」。你是以聖靈在思維的，你打破了小我的思考模式，而這最終將會改變你的生命經驗，因為你處理的是「因」。

對〈教師指南〉也應採取同樣的做法。讓它沉澱、落實，要習慣於像聖靈那樣思考，你就能回歸靈性。

白莎：我們說過，《課程》教導的天堂是永恆不變的；我們也說過，「神聖的一刻」是當你選擇聖靈而非小我的那一刻。那麼，記住〈正文〉裡這些成為「神聖一刻」的章節：

> 若非變化無常，便難以想像時間的存在；然而生命的神聖性是恆常不變的。這一刻，不只會教你認出地獄並不存在，你還會看到天堂就在這一刻的救恩之中。天堂是恆常不變的，所謂重生於神聖的當下一刻，其實就是由無常解脫。[19]

葛瑞：謝謝。知道天堂是恆常不變的真好，你知道有個東西是可以永遠仰賴的。篤定地知道真寬恕就是抵達那裡的途徑實在太棒了。你知道嗎？我遇見過研習《課程》已經五年的人，他們還不知道重點就是寬恕——真寬恕，如此而已。他們被形而上的

＊「神聖的一刻」是當你選擇聖靈而非小我的那一刻。

東西迷得團團轉，或被那些似懂非懂的老師所誤導，結果就是他們只能見樹不見林。

阿頓：別忘了，你的潛意識對了解這些內容並實踐它的抗拒是非常巨大的，這不是聰明與否的問題，而是小我的抗拒問題。這對小我來說是死亡，而在某種程度上，小我察覺到了這一點。因此小我會編造出一千零一種方式來使你偏離真相。當然，它的首要之務是使你相信自己是一副身體，但它也會使出其他各種讓你分心的手段。對小我來說，只要任何能拖延你、讓你無法體驗到真相的方法都行。

葛瑞：你是說像那個備受爭議的事件，說舊版本的《課程》比多數人熟悉的「心靈平安基金會」版本更正確這件事？

白莎：是的，那符合《課程》在形容爭議時所說的「**一種抵制真理的反應、存心拖延的伎倆而已。**」[20]（譯註：〈正文〉原文為：「**然而，他們必須心甘情願地罔顧那些爭議，明白那只是一種抵制真理的反應、存心拖延的伎倆而已。**」）這兩個版本的不同之處大部分是在前五章，其中含有個人隱私與專業上的資料，當初是僅限於給筆錄者的，他們是想要刪除這些內容的。但是《課程》〈正文〉不是只有五章，而是有三十一章，更別提加上〈練習手冊〉和〈教師指南〉了。真所謂見樹不見林！

《課程》的筆錄工作持續進行七年之久。海倫所信任的朋友及同事比爾．賽佛（Bill Thetford），曾聆聽海倫從速記本上轉述J兄的口授內容，將它打字出來一次。但是海倫自己在之後的六年期間也以打字謄寫了六次，每次都由J兄所校訂。到了一九七二年，海倫首次拿部分的《課程》內容給肯恩．霍布尼克看時，她早已完成了所有內容的校訂工作。海倫與肯恩所做的唯一編輯工作，就是校訂標點符號、章節名稱，並注意用詞的前後統一。肯恩從未做過任何內容上的校訂，比爾對當個編輯也從不感興趣。他唯一的貢獻就是將奇蹟的其中兩條原則合併為一條，由總共五十一條原則變為五十條，因為他覺得這樣看起來比較好。除此之外，他沒有做過任何校訂。

有些人一直針對《課程》的早期版本裡說的，「若對《課程》有任何意見分歧，應讓比爾來決定」這句話大做文章。但是有件事，這些人並沒有告訴你，因為他們不在場，那就是海倫和比爾之間對《課程》內容從來沒有任何意見分歧。他們明白它的意義所在，因此《課程》的內容該當如何，這對他們而言是不證自明的事。而且別忘了，海倫和比爾是在一九七〇年代後期才來到加州向人們介紹《課程》的。與他們一起出現的是心靈平安基金會，他們也使用並且支持由基金會出版的版本，同時他們和肯恩．霍布尼克、巴伯．史考區（Bob Skutch）、茱蒂．史考區（Judy Skutch）（現在冠夫姓是茱蒂．史考區．惠特森〔Judy Skutch Whitson〕了），都是該基金會的創始成員。

流入市面的《課程》早期版本裡，含有被「美國版權局」和維吉尼亞海灘的「探索開悟協會」（Association for Research and Enlightenment）圖書館所竊取的資料。這件事完全有違正直，如果你嘔心瀝血完成一本書，將它出版了，某人卻偷了你的初稿，非法將它放在網路上，還宣稱這才是那本書的正確版本，你所販售的是錯的版本，你會作何感想？而那正是《課程》所發生的事。而且後來，因為一位糊塗的法官（他將課程形容為「幼稚的」）將它的版權判決為無效，讓它在公共領域流通，所以今天人們可以任意販售早期的初稿，用竊取的資料來賺錢。如果你想要支持他們，請便吧！或者，你可以一心一意專注在真正的版本上，也就是海倫在七年期間陸續接收到的訊息，由J兄不斷修正的結果，如同聖靈不斷修正你一樣。

葛瑞：告訴我你真正的感受吧。嘿！別轉移話題，如果馬利亞和J兄一樣悟道了，她是否曾像J兄一樣，行使過任何看似奇蹟的事，例如：讓死人復活之類的？

白莎：有的，她已經悟道了，她也會行奇蹟。當然，奇蹟發生在心靈之中，那也就是「因」，然後它顯現在這世上，也就是「果」。現在你不必像J兄一樣使死人復生才能悟道。如果每個人都讓死人復活，就沒有人會死了，你也會永遠困在這裡。馬利亞曾在她的貓死掉的時候讓牠復活，並不是說有任何人或動物真的會死，但馬利亞覺得受到了指引讓貓起死回生，於是就這麼做了。牠又多活了幾天，馬利亞覺得十分欣喜。

有一次，J兄和馬利亞一起行走在水面上。

葛瑞：一起！

白莎：是的，這真的把親眼目睹的人嚇壞了，包括達太和我。可以說，事情發生得非常突然，它發生在他們結婚的前幾天。當時J兄二十七歲，馬利亞二十二歲，在那個時代，這個年紀結婚已經算很晚了，但那是注定好的。

葛瑞：劇本已經寫好了。

白莎：是的，他們這麼做並不是為了誘使人們相信他們，而是為了顯示：當你明白如何藉著聖靈的指引而運用心靈力量時，這世界的法則就不適用了。如同J兄後來在《課程》中所說：「**透過你的神聖本質，上主的大能得以彰顯出來。透過你的神聖本質，上主的大能得以發揮大用。上主的力量是無所不能的。**」**21**

伊莎和我確實參加了J兄和馬利亞的婚禮。我送給他一個卷軸和書寫工具作為賀禮。J兄和我都會讀寫，但是當時大部分的人都是文盲。他立刻將禮物回贈給我，並且說：「和我一起旅行吧，用這些東西為我做記錄。」我聽見這番話真是欣喜若狂。這個提議感覺很正確，而且伊莎完全舉雙手贊成，她一向喜歡我們五個人在一起，包括達太。接下來的幾年，是我們生命中最精彩的時光，因為我們得以透過與他人分享聖靈的訊息而有所貢獻，同時親自向J兄與馬利亞學習。

J兄與馬利亞也能使用心靈傳輸瞬間抵達世上的任何地方。J確實去過了傳說中他去過的那些地方，例如印度、西藏、中國，甚至法國和英國。他和馬利亞都很喜歡巨石陣

（Stonehenge）。他們知道能量不是真實的，但他們依然能欣賞它，以及這整件事背後的天文學與占星學。

葛瑞：我知道，我去過那裡！

白莎：沒錯，但你沒有見過它最原始的形式。在最初的一千年左右，它仍保持完整，而且巨石陣其實不止那些佇立的石頭而已，還有許多覆蓋其上的石頭，一起形成了一個完整的圓。J兄和馬利亞有一天早上前往該處，與上主合一，然後，他們漂浮升空，消失了，讓少數看到這景象的人驚訝不已。

葛瑞：我在希臘的時候，有人告訴我J兄有生之年曾造訪過希臘。

阿頓：是的，希臘並不是那麼遠，他們雖然會使用心靈傳輸來移動，但不必使用該項技巧也能到得了。當時人們從事長途旅行所踏跡之處，比現在我們想像的要遠多了。我們當時有橫跨半個地球的貿易路線，但J兄和馬利亞採用的方式很容易。

有些人知道，掃羅（或說聖保羅）在耶穌遭受釘刑之後，曾在雅典的帕德嫩神殿（Parthenon）講道二十年。人們較不知情的是，J兄也曾在當地講道，而且比聖保羅還早二十五年。當時人們無不驚訝於他早發的智慧。

我們說的是一個十二歲的孩子，在耶路撒冷的神殿和拉比們一起布道，而且他們亦尊稱他為「拉比」，也就是老師的意思。你能從一位拉比口中得到的最高讚美，無非就是尊稱你為拉比了。總而言之，當一位大師最後一次轉世回到人間，他們並不會有太過劇烈的學習曲線。他們幾乎已經明白悟道所必須知道的一切了。通常，他們只會有一個較大的課題要教導和學習，而在J兄的例子裡，那個課題就是十字架苦刑，他們也會作為指引人們朝著正確方向前進的光。當你操練真寬恕時，自然而然會對別人產生影響力，因為每一個心靈其實都是在一起的。你不能替他人做他們自己的寬恕功課，但你可以做一個榜樣。

阿頓：現在讓我們來玩個遊戲吧！

葛瑞：玩遊戲？你該不會又要讓我在宇宙間穿梭個不停吧？我和我的整脊治療師還有約呢。

阿頓：不是啦！告訴我們你從《課程》裡學到了什麼，或你實踐《課程》之後體驗到了什麼結果？儘管丟出來，像自由聯想那樣，像是在為我們列一張清單那樣。顯然，這不可能貼切傳達出你實際學習到的東西，但是可以作為一個範例，我們稍後會告訴你為什麼。

葛瑞：好，讓我想想。

白莎：不要想。

葛瑞：嗯，有時候當你問一個做過一件了不起的事的人：「嘿，你怎會想到要做這件事？」他們會說：「喔，我就是突然想到了。」那就是一種靈光乍現的想法。它自己來到你身上，感覺你並不是那個將它想出來的人。那個想法自己來到你的心靈之中，然後，你付諸行動，而且產生效果。這時，你會開始對這一類的想法感到雀躍不已，因為你體會到你獲得指引，它永遠都在，而且它行得通。

人們認為修習《課程》要花很久的時間，那是因為他們想獲得立即的滿足。但是如果他們獲得立即的滿足，他們反而變得不滿足，因為那不會讓他們快樂，快樂頂多持續短短幾天。事實上，十年或二十年在宇宙萬物的大格局裡並不算什麼。我們花了好幾百萬年的時間，養成了以小我來思考的習慣，而這還只是生命漫長歷史裡的人類部分，就像一桶水裡的一個小水滴那麼微不足道的部分。因此要在一、兩世的時間裡化解這一切習性，絕對是個貨真價實的奇蹟。

有一次，在我的工作坊裡有一位八十歲的聽眾，我告訴大家，想要在操練寬恕方面做得很純熟，可能需要十年的時間，就像學習一種樂器一樣，需要時間的累積，而且你必須每天練習，而她在休息時間走過來對我說：「十年？如果我要花十年才能做到，我到時已經九十歲了！」我想了一下子，然後反問她：「如果你不去做，十年後你會是幾歲呢？」

後來，我談到化解小我與覺醒的話題時，我告訴聽眾：「需要花一段時間又怎樣呢？反正你沒有別的更好的事可做。」

有時在工作坊期間，如果我有想到，會在午休時提醒大家不要吃太飽。人們習慣用食物當作鎮靜劑，但是大吃大喝會讓你昏昏沉沉的。我們吃的其實不需要像我們想像的那麼多，那只是小我要讓我們更加根植於身體的另一個陰謀。想到這裡，我打賭J兄和馬利亞一定吃得不多。

《課程》說：「**天堂是我必然的選擇**。」**22** 所以你必須親自去做，決定好天堂就是你要去的地方，而透過真寬恕盡快覺醒就是抵達那裡的途徑。沒有什麼外在於你的事物能為你代勞。你沒有要快樂的理由，所以，就毫無來由地快樂吧！

當我以聖靈來思考，我就像「**超越戰場之上**」**23**。我很喜歡〈正文〉裡的這段描述，彷彿你不會受困其中，你是完全不執著的。

Namaste 這個字不應是個分裂的概念，就像我們稍早之前討論過的。當人們想起它的意義，也就是「我內在的神性向你內在的神性頂禮」，情況變成你有你的神性在那裡，我有我的神性在這裡，而你別碰我的神性。但是「神性」這個字其實指的是完美的一體性。

歷史就只是個故事。它從未發生過，也沒有今天或明天。

在這世上製造任何事並不是《課程》的目標，但是諷刺的是，如果你正在化解小我而更能夠接觸到靈性，你就越有可能獲得指引去接觸世上的好事，但事情並未保證會如此。你可以看看**J**兄在人生的最後階段是什麼情況，事情不會完全往好的方向走。重點是，那無關緊要。

若不化解天人分裂的概念，你就無法化解你對匱乏的經驗。只要你仍在體驗著分裂，你就永遠無法覺得富足。當你化解了天人分裂的經驗，你永遠不會感到匱乏。即使你破產了，也會感到富足。但是只要有分裂的概念，即使你很富有，也會感到不足。

我愛J兄，他真的貫徹了《課程》的宗旨。

茱蒂．史考區和肯恩．霍布尼克，這些甚至在《告別娑婆》出版之前就一直支持著我的人，一直對我非常好。我十分感激他們的友善。

如果我們對上主沒有任何無意識的恐懼，對死亡就不會有一絲一毫的懼怕。

基督教充斥了許多暴力意象。有一次我在南卡羅萊納州的時候，看見一個廣告看板上畫著耶穌被釘在十字架上的圖，他滿臉倦容，表情有些憤怒。從他嘴裡吐出來的對話框寫著：「你先讓我流了第一滴血，但我會回來找你的。」我想那應該是藍波耶穌吧！

有一回，我在聖塔芭芭拉（Santa Barbara）聽到一個關於聖芭芭拉（Saint Barbara）的故事：她父親砍掉了她的頭，後來他就被雷劈死了。今天，矗立在市區的聖芭芭拉雕像手中還握著一道閃電。對一位聖者來說，這還真是個火爆的女孩啊！

由於罪疚感使然，失去所帶來的傷痛要比獲勝的快感更大。

兩千年前，J兄曾說：「如果你有足夠的信心，就能移山。」多數人不知道他接下來說的是：「你要把它們放在哪裡呢？」

＊若不化解天人分裂的概念，你就無法化解你對匱乏的經驗。只要你仍在體驗著分裂，你就永遠無法覺得富足。

我的前妻凱倫一直非常支持我寫書，也支持我所有的工作，我對此非常感激。她甚至會拿我的書分送給他人呢！

白莎：你可以在這裡停下來了。有時這麼思考也不錯，就是滔滔不絕地述說一些你學習到的、觀察到的正見作為，如此能強化你的正見思維。回顧你已經走過的那一大段路是件好事。你在二十來歲的時候，整個人的狀況糟透了，要對之後發生的事心存感謝。

葛瑞：我聽見了。

〔註：我的人生似乎一直有一個十四年一輪的週期。我從股票市場和觀察這世界獲得一個心得，就是每一件事都有一個循環週期，從我出生到十四歲那段時間，我的生活過得不錯。人們都喜歡我，我很聰明，我跑得很快，我棒球打得很好，還有許多朋友。我有脊椎側彎的毛病，但是自己不知道。我擁有一股爆發力，在短距離內能像風一樣疾速奔馳，但我沒有續航力。我只能在一百碼之內跑得飛快。

等到我十四歲的時候，我開始變得憂鬱，而且情況一年比一年嚴重，直到二十多歲的時候，我的人生已是愁雲慘霧了。有十四年的時間，我真的不知道自己怎麼了，也不知道是自己那些年來的想法造就了我的經驗。

二十八歲的時候，我參加了EST訓練，接下來的十四年對我來說是一段很棒的學習經驗。

我的思考模式透過EST而有了突破，我的第一套思想體系賦予了我改變人生的力量。

十四年之後，人在緬因州的我，在四十二歲的年紀，終於準備好要向阿頓和白莎學習《奇蹟課程》了。他們規劃了一種不同的十四年學習進程。在前九年的引導階段裡，我從對《課程》一無所知到學習它、將它運用在生活上，我的人生從此有了轉變。我五十二歲時，《告別娑婆》一書出版了，從那時起，我的人生可謂徹徹底底地完全改觀了。

五十六歲的時候，是我另一個十四年週期的開始。我做了一件幾乎這一生都難以想像的一件事，我遷居至加州，這當然是一個新週期的開始。這裡會變成一個充滿喜悅的地方嗎？或它會變成一個巨大無比的寬恕課題呢？劇本將會自動揭曉答案。我準備好了嗎？

而等到我七十歲，第五個週期開始的時候，又會發生什麼事呢？我會移居至夏威夷嗎？有許多時候，我的人生風貌會自行展現，然而仍是有那麼多的未知。由於阿頓和白莎的關係，我有時候會覺得，對於自己的下一世和最後一世，我知道的比對這一世的未來更多。

現在我和辛蒂在一起。《課程》非常明白地道出了一段特殊關係和神聖關係的差別，我們兩人也都知道其中的差異。我們能夠形成一段神聖關係嗎？我覺得如果我們辦不到，就沒有任何人能辦到了。不過，J兄對特殊關係的描述，似乎讓這個挑戰顯得更令人畏懼，如同以下這段摘自《課程》、語氣尖銳的段落所說：

誰會需要罪？只有形單影隻的孤獨者才會把弟兄視為異類。正是他們眼中的這些「差異」引來了罪；即使它毫不真實，卻因歷歷在目而顯得理所當然了。罪如果真的存在，人間所有的差異性必也假不了。不神聖的關係就是建立在這個差異性上，雙方都認為對方擁有自己所缺之物。他們聚在一起，純是想要掠奪對方，滿全自己的需求。這關係會持續到他們認為對方已經沒有東西可偷了，才會分道揚鑣。他們就這樣在一個處處是陌路與異類的世界流浪，即使棲身同一屋簷下，也得不到庇蔭；即使住在同一房間，也像活在不同的世界裡。24

我知道這個段落勾勒出時下大多數伴侶的情況，然而我們依然能看透那層簾幕，永遠不要因為差異而感到孤單，而能夠在一體性之中感到充實、圓滿，一如《課程》在同一節裡說道：

> 神聖關係的出發點則完全不同。每個人都會朝自己心內看，卻看不到任何欠缺。他們必須先接受自己的圓滿，才可能和其他同樣完整的生命結合，使這一圓滿生命不斷延伸。他在彼此身上看不出任何差異，因為所有的不同只限於形體。為此，他在對方身上也看不到任何值得掠奪之物。他從此再也不會否認自己的真相了，因那是顛撲不破的真理。他緊貼著天堂而立，不再被世界騙回去了。因為他們的關係具備了天堂的神聖性。如此肖似天堂的關係，距離自己的家園還會多遠？25

因此，我們還是有希望的。有了靈性慧見，也就是真寬恕的必然結果，就有可能同住一屋簷下、共處一室，而依然能夠認識天堂的圓滿，永不分離。」

葛瑞：我的的確確心懷感恩，相信我，雖然我有時會忘記去道謝。此外，與《課程》相伴過日子實在很有趣。你可以對這世界和它的愚蠢開開玩笑，不必太過嚴苛。

白莎：尤其是它根本從來不曾存在。

葛瑞：沒錯。所以，如果我吃掉了咖啡桌上那顆蘋果，它不見了，那也沒關係，因為它一開始就不曾存在。

白莎：正確！

葛瑞：如果我有一把突擊步槍，可是它是違禁品，那也其實沒有關係，因為它一開始就不曾存在。

白莎：是啊，我想你應該在下次的全國步槍大會上發表這個高見。我相信這會造成全場嘩然，讓整個場面為之改觀。

阿頓：你會發現，無論我們討論的內容是什麼，遲早我們總是會將話題回歸到真寬恕，那才是最能夠加速你覺醒過程的因素。如你所知，學習並運用這種真寬恕可能是件艱難的事，特別是剛開始的時候，因為它和世界的思考方式完全相反。但是，你會漸漸地習以為常，它會成為你的一部分。你的心靈將以一種好的方式越來越受到主導，亦即被聖靈所主導：「**從此，奇蹟成了你的天性，正如在你選擇神聖生命以前，恐懼及痛苦成了你的天性那樣。**」**26**

這次探訪對你來說冗長了點，慢慢將所有的事情融會貫通吧！目前為止，這就像是一趟地獄般的雲霄飛車之旅。

白莎：我們知道，這次不讓你為我們的對話錄音，這個決定會讓你的寫書計畫更困難。加上其他種種事情，對你來說可說是相當繁重的工作。但你也知道，這對你是有好處的，你在我們不在時聽見我們說話的能力，已經變得比以前更好了。你已經成為一個不錯的通靈人了。至於進度落後的事，別擔心，未來只要多花一點時間在寫作上就好，最終你將會兜一圈回到原點，回歸一個作家的身分。謝謝你成為我們的筆錄者。我們真的很感謝你，雖然我們有時會無情地戲弄你。

葛瑞：我愛你們兩位。

阿頓：我們也愛你，老弟。在這次探訪的最後，我們想以《課程》裡的幾個段落劃下句點，這些內容和寬恕的奇蹟有關。保重，繼續化解小我吧。

奇蹟充滿了天賜的恩典，因為施與受在它內成了同一回事。這是真理之律的最好寫照；世界卻與此背道而馳，完全不了解奇蹟的運作方式。奇蹟會把眼中顛倒的知見翻轉回來，消弭世間種種怪異扭曲的現象。如今，知見已經能向真理開放。如今，寬恕終於被視為天經地義了。

寬恕是奇蹟的搖籃。基督的慧眼能為所有受它仁慈及關愛眼神祝福的人帶來奇蹟。知見受到祂慧見的修正以後，原先意在詛咒的，如今變成了祝福。每一朵寬恕的百合都悄然無聲為全世界帶來愛的奇蹟。獻給上主聖言的百合，安放在供奉造物主及其造化的普世祭壇上，閃爍著完美、聖潔及無窮喜悅的光輝。27

7 這一世的阿頓

既然沒有過去或未來，那麼投胎一次或者多次的說法就失去了意義。因此，確切地說，輪迴不可能是真的。我們最多只能這樣問：「輪迴觀對人有沒有任何益處？」這當然要看你如何運用這一觀念而定。如果它能加深人們對生命永恆本質的認識，當然有所幫助。1

我們會歷經一世又一世的生命並擁有不同身體這樣的概念，廣為世上多數人所接受。在美國，據我所知，還沒有人針對這一主題做過任何精確的民意調查，但是顯然有許多人相信自己以前曾經活過，也將會再次轉世。《課程》對這個概念有不同的看法，由於它的教導是我們從未真正存在於身體裡，我們也就無法「轉世投胎」。身體本身只是時空宇宙投射的一部分，一如其他的投射。身體在表相上看似包覆了我們，成為小我之分裂計畫的一部分，但是它和世上其他任何事一樣，並非真實的存在。

因為，我們的一生只是一個有著人身之生命體的虛幻夢境。因此，當多數人將過去世視為肉身的輪迴轉世時，《課程》會將其視為一連串需要消除而非珍愛的幻相。人很容易禁不起誘惑，而對自己看似重要的前世引以為傲，將它及其身體當真。記得前世的人，通常記得那些卓越而非凡的前世，甚少記得那些坐困獄中或跌落陰溝死去的前世。小我想要讓整件事看起來魅力無邊，讓我們一再想要回來。

儘管如此，輪迴轉世的概念還是可以有所助益的，因為它能幫助我們理解，表相上的這一世並不是全部，無論是虛幻的或真實的生命，都是不會結束的。如同J兄在《課程》裡所說，我們需要認識到：「**誕生不是生命的起點，死亡也非它的終點。**」[2] 每當我們在心理上重溫那些發生過的事，往往會忽略掉即使我們看似困在肉體裡，但整部電影也只是個詭計。在虛幻模式之下，有一種連續性，但沒有一樣是真的，包括身體。輪迴轉世不是個事實而是個幻相，它的確能夠幫助我們認知到：這一世的生命並不如我們想像的那麼重要，因為我們有太多世的生命了。有一次，阿頓與白莎告訴我，我們在表相上已活過數千次了。這符合〈教師指南〉裡說的：「**任何觀念只要能加強『生命與身體是兩回事』的認知，對人多少也會有些益處的。**」[3]

這些年來，隨著日子一天天過去，我開始看清：那些發生在我身上的事與沒有發生在我身上的事都是純然的業。如果有人在這一世看似要攻擊我，那是因為我曾在某個過去世攻擊過他。如果我在這一世對一些人不友善，那是因為他們曾在一個我並未有意識覺察到的過去世裡對我不友善，而無意識心靈永遠不會遺忘這些。現在，不同的是我已經擁有工具能超越虛幻因果，亦即所謂「業」。真寬恕能夠消融業，讓因與果雙雙化解。如果人們透過真寬恕學習並解決了一個課題，那個課題就不需要在未來於這如夢般的人生中出現，惡業將會消失。

表相上的因果也適用於人生境遇，它在人生大螢幕也會以二元對立呈現。如果此生富貴，那麼另一生必定貧窮。如果此生貧窮，那麼另一生必定富貴。如果此生貧窮，過去必曾富貴。如果此生健康，過去必曾體弱多病；如果此生生病，他們必定曾在另一世有過健康的體驗。

人的思想總是直接影響著他們對人生的體驗，卻不是總能影響發生在他們身上的事或在物質上的收穫。我記得很久以前，曾聽伍迪．艾倫（Woody Allen）說過他害怕飛行的事。他很討厭搭飛機，而他熬過這一關的方式就是：想像十種可能發生的最糟糕情況，那麼，當這些事都沒發生時，他會感覺好過多了。這也能幫助他了解到，人們所擔憂的大部分事情根本從未發生，這能讓他減輕恐懼感……不過，等一等，如果新時代的教條說，你的思想能吸引事情發生在你身上，以及吸引到哪些物質的東西來到你生命中，那麼我們的朋友伍迪．艾倫如此專注在負面思想上，應該早就死於這些負面思想了，或至少在很久很久以前就被這些思想毀滅了。相反的是，他擁有一個極為成功的人生，達成了多數人只能夢寐以求的傑出成就。

＊真寬恕能夠消融業，讓因與果雙雙化解。如果人們透過真寬恕學習並解決了一個課題，那個課題就不需要在未來於這如夢般的人生中出現，惡業將會消失。

各地普遍發生的許多事證明了劇本早已寫就，東方人認為發生在你身上的事是你的業，這是對的。有一些人是世人公認不該遭受悲慘命運的受害者，也有一些人坐享榮華富貴，卻被視為不勞而獲。生命是不公平的。它當然是不公平的，但是事情之所以發生必定有其原因。《課程》或許會說，那不是一個很好的原因，說業的公正不阿只是描述了問題，並無法解決問題。我們真正的自由在於看穿這個虛妄世界，覺醒到真相。我覺得我已度過了重重難關，再也沒有任何事能阻擋我達成目標了。

自從我第一次在拉斯維加斯和辛蒂說話之後，我們一直保持聯絡。她告訴我，可以透過她的網站和她取得聯繫。我很矜持呢，足足等了三天。我現在依然保留了我們剛開始通信的那幾封電子郵件。那些信意義重大，因為我們彷彿彼此早已認識，我們的命運也朝著一個久遠以前就注定好的方向開展。不過，我沒有告訴她我知道她是誰。

隨著時間過去，我對我們倆的共通點感到十分驚訝。我很喜愛辛蒂在加州錄製的CD裡的原創歌曲。她不僅會寫歌，她的歌聲和鋼琴演奏太美妙了！我們談到《奇蹟課程》時，她的理解層次也非常高。我早先提過，她讀過《告別娑婆》，而且她和母親、姊妹的關係，以及他們彼此間對《課程》的討論，都帶給她非常豐富的收穫。

在形相層次，辛蒂出身自一個擁有極優秀基因遺傳的家庭。她母親擁有音樂與心理學博士學位，而這正是辛蒂最拿手的兩個領域。她的父親是俄亥俄州多雷多市（Toledo）一位獲獎的歷史學教授，那座城市就是辛蒂成長的地方。從她與我分享的許多故事裡，聽得出來她擁有一個十分快樂的童年，而且她很喜歡上學、擁有許多朋友，而這些是我比較缺乏的。

我畢業於麻州比佛利市的比佛利高中，那裡離大西洋只有數英里之遙。辛蒂也是畢業於比佛利高中，當地人是這麼稱呼那所學校的，而較為普遍的稱呼是比佛利山莊高中，而那裡離太平洋只有數英里之遙。辛蒂家並不富有，不過她的母親在當地找到了一間不錯的公寓，那是一個比較沒有被豪門大院占據的地段，但是對從俄亥俄州移居者來說，已經算是很好的中產階級住宅區。他們不會出現在「名流與富豪的奢華生活」（Lifestyles of the Rich and Famous，譯註：美國一個在1984-1995年播出的電視系列節目）那種電視節目裡，不過那對他們來說似乎也不怎麼重要。

我是在二〇〇六年的五月遇見辛蒂，我的第二本書《斷輪迴》在該年的八月初版。書中有一個章節名就是〈誰是阿頓？〉，辛蒂已從第一本書裡知道阿頓與白莎的故事。而根據我們的談話和她在第二本書裡讀到的內容，她開始慢慢拼湊出完整的故事。辛蒂對過去世沒有任何記憶，大多數人也沒有，包括那些靈性方面很進階的人。我不想告訴她她就是阿頓，那聽起來真的很像一句爛透了的搭訕台詞：「嘿，寶貝，你就是阿頓。」不過她很聰明，她比我聰明多了，這一點我可以寬恕她。那一年秋天我們再度碰面，在一次晚餐中我們兩人同時說出了這件事，這件事就再也無可否認了。辛蒂就是阿頓，也是兩千年前的達太，而且將會在一百年後的芝加哥以阿頓的身分和我度過最後一世，我在那時將轉世為白莎。不過，在那一段如夢般的轉世裡，我們在晚年才會遇見彼此。阿頓與白莎告訴我，他們先各自和別人結婚，後來他們的配偶相繼去世。然後，他們遇見了彼此，決定一起共度餘生。我納悶著他們會不會再告訴我更多關於那段關係和那一世的細節，於是決定找個時間再問問他們。

二〇〇七年六月十八日，我第一次以居民身分落腳南加州，辛蒂到洛杉磯國際機場接我。那是個令人雀躍的嶄新世界，抵達的第一晚，我們的朋友傑瑞（Jerry）和羅謝爾（Rochelle）——也就是我幾個月之前在夏威夷認識的新朋友——開車載我們到他們友人位於月桂谷（Laurel Canyon）的住家，聆聽一位印度上師的講道，一位知名女演員為我施行「合一祝福」（Oneness Blessing）。突然置身電影工業的中心，而且還讓明星摩擦我的頭，對我來說感覺有點超現實。我已經不在緬因州了。

至於合一祝福，它是一個完美的示範，體現出人們如何決定什麼東西在心靈層次對自己最有幫助，甚或能治癒他們。合一祝福什麼都沒做，但接受者的心靈卻無所不能。舉例而言，在接受祝福的幾年之後，我看見一位治療師造訪了卡爾佛市（Culver City）的愛嘉沛國際靈修中心（Agape International Spiritual Center）。他走出來，安靜凝視著觀眾十分鐘。他的「凝視」並不能治癒任何人，他的出席也不能，但是如果觀眾席的某個人在心靈層次決定要康復，那確實能 讓他獲得治癒。

我在南加州第一年的秋天，傑瑞與羅謝爾為我在加州大學洛杉磯分校（UCLA）籌辦了一場工作坊。在工作坊的一次午餐時，辛蒂和我認識了電影製作人兼作家艾莉莎・史蓋（Elysia

Skye），她後來與我合作，要把我的書拍攝成電影或電視影集。如果我沒有在年初遇見傑瑞與羅謝爾，我可能也永遠沒有機會遇見艾莉莎。當時，我不知道那次的合作會激發出什麼樣的火花。我的老師很少談起關於我未來的事，他們不想剝奪我親身體驗的機會，或我操練寬恕的機會。但是，認識艾莉莎並成為她的朋友這件事，本身就已經是最好的報償了。

就在我認識傑瑞和羅謝爾的夏威夷之旅期間，我也認識了一個名叫丹恩（Dain）的人，後來發現，他就住在雪士達山（Mount Shasta）、我們的朋友田村麥可與拉法耶夫婦（Michael and Raphaelle Tamura）家隔壁。這已經不是大嘆「世界真小」能形容的了，這一切全是息息相關。

麥可是一位很有天分的靈媒、靈修老師、治療師，以及作家。他也是我的一個「心靈分身」。阿頓和白莎曾經解釋過，有時候會有不只一個人擁有對過去世身為特定某人的記憶，因為在過去世那人的心靈因分裂概念而分化之前，那些擁有相同該世記憶的人都曾是那個人。

心靈分身會彼此相遇是十分罕見的，因為就定義而言，他們已經分道揚鑣、各走各的路了。但是麥可和我卻相遇了，而且還成為好朋友。麥可是個日本人，擁有絕佳的幽默感，幾乎總是保持微笑。我們初次見面的時候，我就很欣賞他的個性，還有他笑看人生的功力與態度。有一些偏向「智性」的靈修老師其實都忘記怎麼笑了，包括一些《課程》的老師。他們完全喪失了幽默感，但是麥可總是記得笑。如同歌德曾寫過這麼一句話：「悟性強之人，發現所有的事皆可笑看，而理智之人卻很少能夠如此。」

身為巡迴世界各地的演講者，最棒的禮物之一就是在接下來的幾年之中和辛蒂拜訪了許許多多的地方，認識了各式各樣的人。《奇蹟課程》的學員在世界各地都差不多一樣，各地的語言可能不同，但是愛與平安卻總是表露無遺。在巴黎，我們和一位很棒的《課程》老師西蘭（Sylain）結為朋友，他和他的朋友卡洛琳帶著我們逛遍了整座城市。西蘭有停車證，那可不是那麼容易取得的，因此我們可說占了很大的便宜。在我們四年期間的三次拜訪裡，我總是試圖讓辛蒂和我一起登上艾菲爾鐵塔的最高層。辛蒂不像我一樣那麼喜歡登高處，但她操練了寬恕，結果還不錯。我們參觀了羅丹美術館，搭船遊塞納河，去了羅浮宮，欣賞了紅磨坊的歌舞秀，爬上凱旋門的頂端，也參觀了凡爾賽宮、對裡面的噴泉表演讚歎不已，還在香榭大道用了晚餐。我原本就預期這會是座有趣的城市，卻沒預料到它是如此令人驚豔與讚歎。你在巴黎隨便轉個身都能發現驚奇。我們是在榮耀幻相呢，或者我們只是正常人？答案總是關乎你是否將它當真。當然，如果你將它當真而享受了歡樂時光，你永遠可以在事後寬恕。那不是個沉重的寬恕課題，而是最簡單的課題之一。你所要做的，就只是在你記得寬恕的時候多加注意，然後在心靈中以真相取代它。

我在巴黎最難忘的一次經驗，就是在羅浮宮欣賞「蒙娜麗莎的微笑」畫作。我們排隊排了好久之後，總算接近那幅畫作了，它安置在一個防彈玻璃箱裡。儘管這幅畫作舉世聞名，對我來說卻一向不是什麼特別重要的作品。我在畫冊上看到這幅畫時，認為它不過是一幅描繪神祕女子的精緻畫作

＊答案總是關乎你是否將它當真。

而已。但是，當我親眼見到那幅真跡，立刻徹底改觀了。我看見那位女子的臉部細節時，心中感到震撼不已。我突然領悟到達文西做了什麼：他畫出了一位悟道者的臉。他完美捕捉了《課程》所提過的溫柔微笑，還有那清澈的眼神，錯不了的。我領悟到達文西自己一定也已經悟道了，不由得背脊一陣發涼。若非如此，他又怎會知道如何創作出這幅形象呢？在某方面來說，這是一幅自畫像嗎？他是否以女人的面貌隱瞞自己的身分呢？無論他是否這麼做，如今那幅畫在我心目中已是一個偉大而不凡的作品了。

二〇〇七年七月七日星期五，那是一個777的日子，拉斯維加斯在那一天打破了當地最多婚禮舉行的歷史記錄，辛蒂和我也在那裡享受著愉快的假期。偶爾，你會出現事事完美的一日，無論做什麼事都順利無比。我們搭乘直升機前往賭城大道上空，然後前往大峽谷西側，甚至降落在大峽谷野餐，俯瞰科羅拉多河。當時的氣溫將近攝氏四十八度，但我們不在乎。回程時天色仍算明亮，但已逐漸轉為昏暗。賭城大道燈火通明，美麗無比。這似乎是一場快樂的夢。

城裡到處都是新人，我們避開車陣抵達了棕櫚酒店（Palms Hotel）與鬼吧（Ghostbar），那裡有拉斯維加斯最美的景觀。陽台上剛好有人在舉行婚禮，我們並未受邀參加，但新娘的父親仍熱情地邀我們同樂，於是我們遂成了婚禮嘉賓之一，那真是個洋溢著喜悅的場合。

晚餐時間到了，我們決定前往樓上一家名為Alizé的法國餐廳用餐，通常是需要事先訂位的，所以我們原本以為一定沒位子，但仍決定一試。我們詢問座位狀況，竟剛好還剩一張空桌。帶位人員像接待貴賓一般領著我們就坐，我們享用了一頓美好的晚餐。我不賭博，甚至不知道該怎麼賭，不過，如果那天晚上我去賭博，我想應該會贏錢吧！

這趟小旅行期間，有許多寬恕課題是出現在從一地移動到另一地的安排問題上。旅行本身就已經饒富挑戰了，如果你還必須準時抵達某處，就更加讓人手忙腳亂了。以我的例子而言，如果不轉機然後在機場耗上一陣子，可能就到不了工作坊了。我有時會發現自己拚命趕上班機，焦急地想著如果我們沒有出現，學員們會有多麼失望。然後，我會想著我們掛在客廳牆上的一幅J兄畫像。他臉上掛著笑容，也就是J兄兩千年前的笑容，畫的底下有一行字：「你在怕什麼？」每當我想到這句話，就不禁露出微笑，無論我人在何處、在做什麼，甚至是在機場趕著搭飛機的時候都是如此，那就是聖靈正在發揮作用。

我們一抵達目的地，總會覺得一切都值得了。沒錯，帶領一整天的工作坊就是這麼辛苦，但是由於我與聖靈結合，接收了參與者帶來的能量，我經常會在一天結束的時候，比剛開始的時候感覺更好。我不是個早起幹活的人，但是這樣的工作坊絕對值得我起個大早。

隨著時間的幻相不斷往前推進，辛蒂也漸漸地更投入我的工作坊。二〇一〇年初開始，我們會一起表演音樂，在一整天的課程當中穿插三、四首讓我們陶醉其中的歌曲。辛蒂已經錄製好她的第二張音樂專輯了，我們也在那一年錄製了我們共同合作的CD。我們還在二〇一二年製作了靜心冥想的CD。我從一九八〇年代以後就沒進過錄音室了。錄音過程充滿樂趣，學習新技術也是件挺酷的事。辛蒂倒是得心應手，她在那個環境覺得很自在。我必須寬恕這個過程，而且要經過好幾次的錄製才能調整到最佳狀態。我不想再靠做音樂謀生了，但是我重新找到了當初讓我一頭栽入音樂的理由了，因為音樂很好玩！

辛蒂擁有加州大學北嶺分校（California State University, Northridge）的心理學學士學位，她決定去聖塔摩尼卡大學（ＵＳＭ）攻讀靈性心理學學位。聖塔摩尼卡大學是世界上少數幾個，或許是唯一一個能授予這類正式學位的學校。該校由約翰—羅傑（John-Roger）所創辦，三十年來，學校和課程都是由隆恩與瑪麗．霍尼克夫婦（Drs. Ron and Mary Hulnick）負責管理與教學的。隆恩與瑪麗都是十分傑出的教授，我後來將他們介紹給我的出版社賀式書屋，他們也在那裡出版了第一本書：《忠於你的靈魂》（Loyalty to Your Soul:The Heart of Spiritual Psychology）。

二〇〇九年四月，辛蒂在好萊塢日落大道的《國家諷刺誌》（National Lampoon，譯註：美國知名的幽默諷刺雜誌，亦涉足各類媒體產業，製作電影、廣播、戲劇等節目）擔任接待員。她非常喜愛這個工作，喜歡認識各式各樣有趣的人，包括一些電影明星。辛蒂自己就曾上電視好幾次從事額外的工作，並在「凡夫俗妻妙寶貝」（Married with Children）和「男孩成長記」（Boy Meets World）等電視節目裡以特別來賓的身分亮相。她也曾為《國家諷刺誌》製作了一支聖誕節影片，大約有將近一百萬人收看。她持續從事著這些額外工作，並於二〇一三年在ＴＢＳ電視影集「婚禮樂隊」（Wedding Band）裡亮相。

我離婚的時候，原本沒打算很快再婚的，很多人都會說他們不打算結婚，或不打算再婚，但是當你遇到那個對的人，似乎就完全另當別論了。我請求聖靈的指引，而且感到自己獲得的指引很明確，於是我向辛蒂求婚。我們已經沒有任何理由再空等下去了，遂決定在二〇〇九年的夏天結婚，日子訂在七月七日。

我也告訴辛蒂，如果她想要的話，也可以辭掉白天的工作，找一個能充分發揮她在音樂與靈修方面天賦的工作。她從聖塔摩尼卡大學畢業之後，很快跟著我跑遍幾乎所有的工作坊，為我製作音樂。後來，她也開始和我一起與聽眾談話、互動。這是陽性能量與陰性能量的一個絕佳融合，學員十分喜愛這種方式。我依然負責大部分的教學工作，但是辛蒂讓工作坊更添幾分精彩。辛蒂並非生手，她在靈性方面的造詣很高，是一位受過專業訓練且經驗豐富的諮詢師與靈修顧問，也是一位有見識的《課程》實修者。

我們的婚禮在夏威夷舉行，那是一場只有親朋好友出席的小型聚會，地點在歐胡島迎風面的一個美麗地方，稱為「俳句花園」（Haiku Gardens）。婚禮是由我的好友與「心靈分身」田村麥可與他的妻子拉法耶所籌辦。我和辛蒂忙著打理會場和招呼大家，婚禮當天早上才驚覺忘了領結婚證書。幸好，我們的好友傑瑞和羅謝爾開車載著我們跑遍檀香山市區，到處尋找能發給我們證書的人。法院關門了，但我們最後仍設法找到了一位能執行這項任務的治安法官，為我們辦理證書。

辛蒂和我決定為彼此獻唱一首歌曲，但不事先透露歌名，當作婚禮的一個驚喜。她唱了The

First Time Ever I Saw Your Face（當我第一次見到你的容顏），而我則邊彈吉他邊唱了When I am Sixty-Four（當我六十四歲時）。辛蒂的情緒非常激動，幾乎無法開口。她和我都未曾在公開場合演唱過，對我來說，這是將近二十年來的第一次。我感覺非常生疏，但我們還是在婚禮上藉由音樂表達了自己的情感，那才是我們的目的。

那是一場美麗的婚禮與宴會，在戶外天堂舉行。辛蒂和我在婚禮**之前**就已經在美麗得令人屏息又充滿神祕氣息的可愛島度了五天的蜜月，婚禮之後，我們又前往歐胡島北岸的海龜灣玩了幾天。

在可愛島的時候，我們參觀了一個很漂亮的地方，叫作「史密斯的熱帶天堂」（Smith's Tropical Paradise）。一到那裡，我就親眼目睹了辛蒂和動物和諧相處的能力。有一次在一座美麗的花園，有一隻孔雀大概在距離我們三十英尺的地方。辛蒂開始對著牠輕唱「奇異恩典」這首歌。起初，孔雀抬起頭仰望天空，似乎驚訝於如此美妙的歌聲，接著牠緩緩轉過頭，開始朝著辛蒂走來，一步一步朝著歌聲來源穩穩地前進。辛蒂唱歌的時候，孔雀繼續不斷朝著她小步向前，最後來到她面前，入迷似地聆聽著歌聲，而且直視著辛蒂的臉。

那還只是第一次，我後來還有好幾次的機會見證辛蒂對動物的親和力。我們都非常喜愛與海豚一起游泳，也在幾個不同場合從事過這種活動。我們在歐胡島與豢養的海豚一起游泳，也在大島（Big Island）和野生的飛旋海豚（spinner dolphins）一起游泳。當我在歐胡的海域與這些令人驚奇的生物一起泡在水裡時，我並不覺得自己當時是水裡最聰明的生物。夏威夷人一向相信海豚可以讀心，這我一點也不懷疑。海豚如此矯捷、聰明，而且很喜歡在攝影鏡頭面前表演。他們比大多數的人都受到更好的健康照護，每天要吃大約十八磅的魚。他們會在表演之後獲得獎賞，而且似乎玩得很開心。

有一天，我們在卡哈拉酒店（Kahala Hotel），你可以在那裡和海豚一起游泳或觀賞海豚，我們站在水中的一座橋上，海豚分散各處游動。辛蒂舉起她的手對牠們說：「展現你們的美麗吧！」然後就有一隻海豚跳到我們站在橋上的位置前，似乎面帶著微笑與辛蒂一同玩耍，溫和地朝辛蒂的鼻子潑著水。然後，有另外三隻海豚也跟著過來湊成一群，四隻全都抬頭看著辛蒂，將她視為公主一般對待。突然間，有個男人走到我們旁邊，他人一到，四隻海豚立刻離開了，我想牠們可能不喜歡他心靈裡的東西吧！

在大島的時候，我們會出去和野生海豚一起游泳。柴那．麥可（China Mike）是海豚通裡的傳奇人物，他很懂海豚，海豚也懂他。他曾為許多海豚命名過，也能藉由牠們身上的特徵、疤痕與凹痕認出牠們。我們在一個天氣晴朗的日子與他出遊，和飛旋海豚一塊兒浮潛。

海豚一天的時間分成三個時段：第一個時段是工作，也就是去捕魚吃。第二個時段是玩耍，這期間牠們的性活動頻繁。海豚是一種社交性很強的動物，過的是群體生活，但牠們卻不是一夫一妻制的。第三個時段就是休息，如果牠們剛好在島嶼附近，而不是在廣闊的海洋中，通常就會找一處海灣來休息，在裡面輕鬆地緩緩游動。

海豚是哺乳類動物，每隔幾分鐘就需要浮出水面呼吸，牠們也沒辦法睡覺，否則會溺死，那麼牠們怎麼休息呢？牠們一次只讓一半的腦進入睡眠，另一半腦保持清醒。這能讓他們保持在正常的運作狀態，在需要時換氣呼吸。幾個小時之後，牠們會輪流讓另一半的腦入睡，然後使用其他部分來運作，如此就能在必要時浮出水面呼吸。我會很樂意看見人類嘗試這麼做。

身而為人，我們總是存著各式各樣的假設，那些假設所根據的信念，都很巧妙地將宇宙間的萬事萬物執以為真。這千百種例子裡的一個就是：我們假設人類的身體比動物的身體更珍貴，身為一個人是比較重要的。然而，如果身體不是真的，那麼就不可能有哪一種身體比另一種更重要。動物也會思考，確實，網路最棒的事之一就是有YouTube那樣的網站，讓你可以看見一些動物影片，發現一些動物的行為其實比人類更聰明，但人類從不願承認這一點。當我還是個孩子時，學校教我們動物無法進行抽象思考。那不是真的。動物自有牠們的學習方式，而且聖靈也會帶領牠們返回天鄉。每一個表相上分裂的心靈最終都將回家，抵達同一個地方，但不是以我們自以為是的身體形式回家。

身為人類，返回天鄉意味著要活用教導，而非僅限於知道而已。大多數人連《課程》的教導都還不知道，即使知道了，重點也不是你知道了什麼，而是你以那些知識做了什麼。重要的是運用，那就是為什麼《課程》的心靈訓練是最為重要的，若無法實際運用，它就淪為另一套理論了。如同《課程》所說：「這不是訓練哲學思考的課程，故不重視遣詞用字的精確性。它唯一關切的只是救贖，也就是修正知見的過程。救贖的途徑即是寬恕。」[4] 若無法實際運用，表示小我將沒有終結的一日。

有一次，我在倫敦一場探討身心靈的研討會進行演講，研討會是個容易令人將整件事當真的活動，我一如往常，直截了當地給了人們《課程》的教導。中場休息的時候，一位外形彪悍的男子走向我，一副怒氣沖沖的模樣。他說：「你一直講，一直講！我真是受夠了，我已經知道這些東西了！」我當場操練了寬恕。我不受這位壯漢的威嚇，直視著他的眼睛說：「如果你已經知道這些東西，就不會生氣了。」我知道他想揍我，但他忍住了，在身心靈研討會這種場合，那種行為可是會讓他留下壞名聲的，因此他悻悻然地走開了。他並未實際運用教導，所以教導對他來說就不管用。

*重要的是運用，那就是為什麼《課程》的心靈訓練是最為重要的，若無法實際運用，它就淪為另一套理論了。

這也就是為什麼我總是告訴人們，操練寬恕不能等的原因。不要等到明年，不要等到下一世。《課程》裡的〈頌禱〉這部分承諾我們，如果有任何真實的療癒，就其定義而言也就是如果你操練了真寬恕，那麼甚至連死亡的經驗都可以是美妙的。當你在表相上離開這副身體，你將已準備好體驗那妙不可言的解脫滋味了。（譯註：〈正文〉原文為：「我們雖然稱之為死亡，其實這是真正的自由解脫。」[5]）

婚禮之後，我很期待再次見到阿頓與白莎。我從不知道他們想和我溝通些什麼，但內容總是對我有所助益。就算沒有人讀這些書，我也會珍惜他們的陪伴與建議。人們忘了，從他們第一次在緬因州現身到第一本書的出版，這中間過了十年的光景。有一些人認為我寫書的目的全是為了賺錢，他們不了解的是，我住在新英格蘭偏僻鄉間的那十年期間，我完全不確定那本書是否能出版。萬一我上師只是為我一人現身，因為那是我能接受的形式呢？我只知道，那本書可能在往後餘生都被我束之高閣，徒然成為另一個寬恕機會。而我還是很高興自己辦到了，那是一件愛的工程。

我遷居南加州之後，偶爾在電腦上查詢現今居住的加州天氣時，也會一起查詢過去曾住過的緬因州，拿它們互相比較。一個冬日的午後，南加州的氣溫是攝氏二十度，緬因州是陰暗的負十四度，我的高靈上師又現身在我家客廳了。

阿頓：嘿，老弟，恭喜你！我們也在婚禮現場。我們沒有現身，因為不想搶了你的鋒頭。那是個美麗的地方，也是一場美好的婚禮。太棒了，這是你應得的。

葛瑞：謝啦，老兄。我真的很感謝你們倆也到場了。我可以感覺到你們的存在，我也經常在其他地方感覺到你們在場，尤其是當我在進行廣播訪問或舉辦工作坊的時候。

白莎：是的，我們也在場。你知道的，我們其實是聖靈，當我們不以人身出現時，也經常會以另一種形式與你溝通，而那通常會以「那聲音」或一個念頭的形式來到你身上。喔，還有一件事要恭喜你。我希望你有心理準備，辛蒂的年紀比你小二十歲。

葛瑞：十九歲半啦。

阿頓：我們很喜歡工作坊的發展。你有沒有注意到，這些年來聽眾的組成已經有了變化？

葛瑞：當然有。剛開始的時候，也就是十年前，幾乎百分之九十都是女性。那很酷，但是隨著《告別娑婆》的廣受歡迎，男性的比例逐漸提高了，現在通常都是占百分之四十左右，真是太棒了。顯然我們的書對男性和女性都能引起共鳴。此外，也有更多的伴侶或夫妻來參加，伴侶們會彼此分享我們的書，開始修習《課程》，或重新回來研讀。

也有一些較年輕的人來參加。剛開始的時候，大部分是長期研讀《課程》好一陣子的年長學員，但現在的情況不同了。沒錯，還是會有年長的學員來參加，但他們的心靈是不受時間限制的，我也看見更多大學生，甚至是青少年。聽眾群的心態出現了變化。在這些孩子的成長歲月裡，伴隨他們長大的是《駭客任務》（The Matrix）那一類的電影和《星艦迷航記》（Star Trek）裡的「全像甲板」（holodeck）。比起上一代，眼前所見非真的概念對他們來說是比較容易接受的，在讀了《告別娑婆》之後，他們就懂了。現在，我的聽眾群什麼年齡層都有。

阿頓：非常好。那就是我們來找你的原因之一。我們想要分享《課程》訊息的對象，就是那些不一定會拿起《課程》仔細研讀，卻在聽過一次以口語描述和線性呈現的《課程》之後就能了解的人。然後，他們之後就能比從前更快地拿起《課程》直接運用了，也會有更多的時間化解小我。當然，人們可以從任何年齡開始修習，而《課程》裡所提到的，關於真寬恕的環環相扣現象，也包含了各年齡層。然後，「神聖加速」（celestial speed up）的情況便會出現。

葛瑞：我一直想要問你這件事，那到底是什麼？

白莎：它之所以稱為「神聖加速」，是因為發生在地球上的所有事件，都和宇宙間以及太陽系裡的天體運行息息相關，而這又和人生劇本息息相關。受到幻相蒙蔽的人們正要開始以更快的速度學習真理了，不過電視新聞不會報導這件事，他們依舊喜歡嘲諷任何非主流的宗教。然而，這一切其實都是從印刷術開始的。

葛瑞：印刷術？

白莎：你要記得，在歷史上的大部分時間裡，人們是不准閱讀經典的，只有例如拉比或教士等神職人員可以，一般人不行。那麼，在人們根本不准讀任何經典的情況下，要如何決定自己要相信什麼、不相信什麼呢？隨著印刷機的發明，一切開始改變了，雖然並非一蹴可幾，也仍是漸進發展。不過要到一七〇〇年代，閱讀人口才達到了足以促成社會改變的數量。

你們是在一百年前才出現佛洛伊德和榮格的。他們為心靈及其運作方式開拓了一番全新的了解，讓J兄的《課程》在往後更容易為人所接受。接著，埃及《拿戈瑪第經集》（Nag Hammadi Library）的挖掘出土，裡面包含了失落的福音書。雖然它們直到一九七〇年代才有英文譯本，仍為人們提供了看待J兄的一個另類新觀點。現在，他們終於有了瞥見，能將J兄視為一位悟道的智慧導師，而不是那個從小到大一直耳聞的受苦受難私生子了。接著，量子物理學出現。它在二十世紀的前半段就已獲得了重視，但直到一九七〇年代才開始變得更為大眾周知。

葛瑞：是啊，我記得我在一九七八年開始學習EST的時候，我認為那是靈性真正開始加速的時候。突然之間，人們開始對這些概念感到興奮莫名。來自東方的思想概念融入了西方。對悟道而非宗教感興趣的人越來越多。丹．米爾曼（Dan Millman）的《深夜加油站遇見蘇格拉底》（Way of the Peaceful Warrior）激發了人們的好奇心與興趣，對了，那也是一部很棒的電影。人們在三十年後才將它拍成電影，電影的名稱就叫作「深夜加油站遇見蘇格拉底」（譯註：原名稱為「和平戰士」之意）。尼克．諾特（Nick Nolte）原本想要扮演年輕的丹．米爾曼這個角色，最後卻變成扮演那個年紀較長的老師蘇格拉底，不過他詮釋得很成功。還有，量子物理學也透過蓋瑞．祖卡夫（Gary Zukav）的《物理之舞》（The Dancing Wu Li Masters）一書而廣為一般民眾所知，我還記得自己聽過它的有聲書呢。此外，EST在一九八七年之前推廣得非常迅速，那是在溫納（Werner）賣掉它之前。後來，它進化了，或說發展（端看你怎麼看待它）成為一種稱為Landmark（標杆）的較溫和版本。我聽說它依然對人們很有幫助。

白莎：別忘了，直到一九六五年，教宗才允許包括梵蒂岡學者在內的天主教徒，研究〈多瑪斯福音〉與其他失落的福音書呢！J兄也是在那一年開始對海倫傳授《課程》的。人們已經快要準備好了，如你知道的，但是當足夠的個體準備好要接受這些教導時，各種想法就會從無意識浮出表面。今天，有百分之八十五的人，甚至包括固定上教堂的人，都認為自己是偏向靈性的、而不是宗教的。他們已了解到，自己與上主的關係（或無論你怎麼稱呼都行）是一件個人的事。

對了，有些人不喜歡使用「上主」（或神）這個字，那是因為他們與上主之間仍存在著需要寬恕的問題。若不承認上主，就不可能化解與上主分裂的概念。

葛瑞：此外，上主既非男性的「他」也非女性的「她」，技術上來說，上主是「它」，不過那聽起來不太禮貌。總之，當《課程》使用「祂」來代表上主、基督或聖靈時，那只是一種隱喻。如同〈多瑪斯福音〉與《課程》裡明確教導的，靈性並無男女之別，因為其中沒有分別與對立的存在，只有完美的一體。

阿頓：非常好。所以《課程》是在一九七六年出版的，今天有些人會問你，為什麼J兄不早一點給我們《課程》，以便糾正基督教的錯誤呢？他之所以等到那時候，是因為過去人們無法像現在一樣，在那麼深的層次上了解他的教法，因為我們所談論的

＊靈性並無男女之別，因為其中沒有分別與對立的存在，只有完美的一體。

那些教導，過去仍未普遍流傳。即使是現在，多數人也無法了解，但是有越來越多的人在努力學習了，而且隨著學習的人數越多，加速現象也會進行得越快。那是因為他們與別人分享真理，可能是透過默默操練、默默影響著他人的心靈，或是透過傳統教學方式來分享，或者像你一樣兩者兼具。它的美好之處，有一部分是因為沒有人**必須**做任何事。心靈正在覺醒，而它的自行開展就只是一個「果」。

葛瑞：但不是每個人都準備好要接受《課程》。

白莎：沒有錯，那些最懂靈性的人，一向是詩人和藝術家，例如魯米（Rumi）、歌德，還有那些能夠掌握這些宏觀抽象概念的人。《課程》所談論的層次，遠比多數人理解的更為高深、究竟。是的，實際的運用是由表相上的個人所執行，但是真正懂的人必須了解：除了在夢裡，此外並沒有所謂的個人。那就是為什麼藝術家、音樂人、作家，或者那些想成為這類人的人，通常都能將《課程》實踐得非常好。不過，一如以往，總還是會有例外。愛因斯坦是一位科學家，擁有科學家的思考方式，但是他也擁有藝術家的心靈。他熱愛音樂，抽象表達的思考能力亦無人能出其右，他了解這些概念，並能傳達給那些準備好要拓展一己覺知的人聽。

葛瑞：說到「神聖加速」，你曾告訴過我，有一天會出現一位能夠聽見聖靈聲音的總統，然後促成重大的改革。那位總統是歐巴馬嗎？

白莎：不是，歐巴馬是個好人，但不是我們講的那個人。

葛瑞：了解。嗯，我很喜歡他，也喜歡他的家人，我把票投給了他。人們以為我是支持民主黨的，但我其實是無黨派的。我認為他想要推動一般人能夠負擔的全民健保是件很棒的事，而竟然有人因為這樣就將他貼上社會主義者的標籤。但是，美國是世上工業化大國裡唯一一個尚未實施健保的國家，那麼是否表示除了我們之外，全世界都在實施社會主義？

白莎：我想這是個明知故問的問句。諷刺的是，如果每個人都有健保，將能為你們的健康照護系統省下數百億美元。什麼是普及的健康照護？那是很實際可行的，也是合乎人道的。人們應該寬恕，然後放下這件事。

葛瑞：你知道嗎？有趣的是，歐巴馬當選的時候我應該更開心的。我該為他和他的家人感到高興，而且我認為一位黑人當選總統是件很酷的事。我想女性總統也差不多該出現了。不過，或許是因為我對政治不似以前那麼熱衷了，所以我的反應還滿平淡的。我想有兩個原因。首先，我不像從前那樣將它當真了。其次，即使我對選舉結果感到開心，也不會真的期待事情有所改變。有太多對我們不利的欺騙情事了，必須要出現一場巨大的革命才能扭轉世事背後的黑幕，然後才可能造就任何真正的改變。

阿頓：我想在形相的層次上，你受那一部電影的影響很深。

〔註：就在這場對話的不久之前，我剛看了一部引人入勝的電影，叫作《興盛》（Thrive），在網路上就可以看到。這部影片是由一位名列超級富豪的「告密者」所製作的，他是那些「擁有一切」的人，而非那些「一無所有」的人，這讓這部影片更為可信。看過這部影片之後，我想這位向大眾揭發那些黑幕的人可能會有生命危險，但我非常欽佩他的勇氣與付出。〕

葛瑞：是啊，很精彩的一部電影，那傢伙大概已經死翹翹了，但是很難說，他也可能幸運逃過一劫。幹掉他可能太過明目張膽了。

阿頓：讓我們稍微談一談辛蒂吧，她的前世是達太，也將會是日後住在風城（芝加哥）的我。達太很會唱歌，就像辛蒂一樣；達太是位鼓手，這也和辛蒂一樣；他還會演奏其他樂器，這也和辛蒂一樣；而且他和辛蒂也有著一些相同的寬恕課題。

葛瑞：比如說？

阿頓：在寬恕課題這方面，我們不想侵犯辛蒂的個人隱私。而且，她將來或許會想要談論這些事，或將它們寫出來。不過，當她和我身為達太的那一世，我們面臨的一個挑戰是焦慮問題。對達太來說，這出現在兩個領域：公開表演與單獨和情人在一起的時候，但是對辛蒂來說問題不是出現在這兩方面，對她而言，是擁擠的場合令她焦慮。她已經在學習如何對這個問題操練真寬恕了，不像達太，達太尚未完成這個課題，因為他在多瑪斯過世後不到幾年也過世了，辛蒂卻能夠在這一世成功完成這個寬恕課題。

葛瑞：太棒了！我可以告訴她嗎？

阿頓：她也會讀這本書，不是嗎？

葛瑞：喔，對啊。

白莎：你確定你真的有能力寫出這本書嗎？

葛瑞：當然，我是個低智能卻能專精於某一領域的奇才！

白莎：很好，你讓我一度小小擔心了一下。開玩笑的，我們才不擔心你呢！

阿頓：你和辛蒂應該被大大鼓勵一番。首先，你們在這一世其實沒有很多地方需要互相寬恕。如同我們之前說過的，當一件需要寬恕的事情出現時，你們倆都深知它所為何來，也都知道該怎麼做了。那將會為你們在一起的最後一世鋪陳出一條路，在那一世轉世為我們。你最後的課題會出現在那一世，我們將來會稍微透露一些細節讓你知道，我們也想要和你多談談教導方面的事。你做得很好，雖然有時你自己不這麼覺得。

葛瑞：有時候，我覺得自己老是在寬恕同樣的事，一再重複。

白莎：那是修習《課程》的正常經驗，也是你必須信任聖靈的時刻。那些課題可能看似相同，卻是不同的罪疚。你每一次這麼做的時候，聖靈便得以治療你，消除那些第一次浮出表面的新的無意識罪疚。這個罪疚將在無意識心靈的層次獲得治療。你雖然看不見，但這事卻毫無例外。記住，即使在你覺得沒有什麼事發生的時候，奇蹟也永遠不會失落。[6]（譯註：〈正文〉原文為：「**奇蹟是永不失落的。**」）

你必須記住，你隨著《課程》所經歷的每一個階段都是暫時性的。小我企圖捍衛自己的時候，你的心情會隨著搖擺不定，但小我無法戰勝聖靈，它的攻擊終將衰敗或死絕。這是必然的結局（done deal）。

葛瑞：喔！上次我以為你說那是愚蠢的結局（dumb deal，譯註：done與dumb發音接近。）

白莎：乖一點，否則我們要找史蒂夫喔。開玩笑的啦！

〔註：住在加州的頭幾年，辛蒂和我「意外」撞見她前夫史蒂夫四次。他並沒有跟蹤她，我們撞見史蒂夫時，他人本來就已經在那些地方了，顯然我們都處於彼此的人生軌道上。有一次，我們是在舊金山和他不期而遇的，那可是離家有數百英里之遙呢！我們住宿的旅館櫃檯人員，推薦我們去附近一家不錯的義大利餐廳用餐。我們事先訂位了，並坐在靠窗的一個好位子。

用餐到一半時，辛蒂說：「史蒂夫也在這裡！」我說：「你在開玩笑吧？」她跑出去向他打招呼，我也跟著去了。我簡直不敢相信我們在這裡又遇見他，因為這次和前幾次不期而遇的地點相距有數百英里之遠。和他在一起的那位女士，大概也無法相信竟會撞見辛蒂吧！史蒂夫和我的互動一向是簡短而愉快的寒暄。〕

葛瑞：他是個好人，我們對彼此似乎沒什麼敵意。

白莎：那倒是真的，他是個心胸開闊的人，他也有進展喔！

葛瑞：太棒了！嘿，我有一個和《奇蹟課程》有關的笑話，你知道嗎？關於《課程》的笑話還真不多呢！

阿頓：嗯，那就好好說一說吧，而且要精簡。我們還要去金星赴約呢！

葛瑞：我的每一件作品都很好，我必須維持一定的水準。總得留個好名聲才能維生啊！

白莎：那是一定的。那麼，請開始吧！

葛瑞：好。有三個傢伙置身地獄，他們沒什麼特別的事可做，只是在那裡被地獄之火燒烤著。其中一人說：「嘿！看來我們會在這裡待上一陣子。我們來自我介紹，彼此認識一下吧！」他們都覺得這主意不錯。

第一個傢伙首先開口：「嗨，我的名字叫雅各，我是個拉比。我會落入地獄是因為我瞞著老婆偷腥。」

第二個傢伙說：「這倒有趣。我的名字是比爾，我是個天主教修士，我會落入地獄是因為我討了一個老婆。」

第三個傢伙說：「嗨，我的名字是喬伊，我是個《奇蹟課程》學員。我其實並不在這裡。」

白莎：很好笑，你所言不假。

阿頓：剛才的金星是開玩笑的，但我們的確要走了，保重！

葛瑞：我會盡力而為的。例如，我今天早上在〈練習手冊〉讀到這句引言，在你們離開之前，我可以朗讀這段話嗎？

阿頓：我們永遠樂於聆聽J兄的教誨。儘管你已經看過所有這些引言，卻能不斷生起更深層次的理解。並非那些文字改變了，而是你改變了。隨著小我逐漸化解，你也能從不同角度看待並感受那些話的一字一句。

葛瑞：很酷，多謝了。這句話和你稍早之前提起的信任聖靈有關。〈教師指南〉裡有許多內容都在談信任的培養，不過這句話來自〈練習手冊〉：

奇蹟首要的憑據即是信心，因為祈求奇蹟的心靈，應該多少都準備好接受自己無法看見也不可能了解的事情。然而，信心會帶來自己的見證，讓你看到它所仰賴的力量確實存在。奇蹟會這樣為你對它的信心提供具體證據，顯示它所憑據的世界遠比你過去所見的世界真實得多，而且這個世界已由你心目中的那個世界救拔出來了。[7]

8 白莎的最後課題

聖靈若以愛心看待祂眼中的萬物，毋庸置疑的，祂也會滿懷愛心地看待你。祂對你的評價是根據祂所知的你的真相，因此祂對你的評價必然真實無比。而這評價也必然存於你心，因為祂就活在你心內。1

在這虛幻的世界，你永遠不知道寬恕與聖靈會引領你去向何處。這個過程可能會讓一個衝突意外獲得解決，而且是你做夢也沒想到能被解決的衝突。它也可能引領你和許多人相遇，讓這些人在日後成為你生活的一部分，協助你完成有利於大眾福祉的事，而且他們之所以這麼做並非出於義務，而是出於自願。由於你已經準備好要透過聖靈的恩典來聆聽，你可能會被引導至一個道途上的交叉口，如果你選擇了正確的道路，就能讓心靈獲得治療，讓人們獲得救恩。當然，你日常生活中有許多突發狀況是與人們不相干的，如果你寬恕它們，就能為你帶來平安。

凱倫在二〇〇八年的一月遷居歐胡島之後，她開始和一位個性很好的日本紳士交往，他名叫田坂大衛（David Tasaka）。他們是因為我才認識的，我們倆的連結可不曾停過呢！我的經紀人珍偶爾會為我籌辦在夏威夷舉行的工作坊，我也在鑽石頭合一教會舉辦過幾次。大衛是《課程》學員，來參加過其中一次工作坊，在工作坊結束後和凱倫、我，以及其他幾位學員共進晚餐。當時種子已經種下了，凱倫搬到歐胡島時，她和大衛開始約會，後來穩定交往。

我和凱倫的離婚程序辦妥之後，彼此仍保持聯絡，我們的關係逐漸進化為好朋友，但是她還不想和辛蒂交談，我也不期望她能在短時間內做到這一點。凱倫對辛蒂和我認識的細節並不知情，要她主動對辛蒂表現熱絡，或要辛蒂對她表現熱絡，恐怕有點強人所難了。不過，我們四個人都是《課程》學員，而寬恕正是奇蹟之鄉，因為奇蹟就是寬恕。

我在加州定居幾年之後，收到凱倫的一封電子郵件，她和大衛要來美國本土。她先回緬因州探望家人之後，就會前往佛羅里達，因為大衛要參加「國際演講會」的演講比賽，他已晉級到決賽。接著，他們會前往加州，待在橘郡（Orange County）一陣子，然後再飛回夏威夷。凱倫問我和辛蒂是否願意和他們共進午餐。

我感到既驚訝又開心，我必須先和辛蒂確認她是否沒問題，而她說當然好囉，她願意。在一個暖和的夏日，我們在一家社區型餐廳橄欖花園（Olive Garden）與她和大衛見面，地點就在我們兩方居住點的中途。我們向彼此打招呼，互相擁抱，然後就座。凱倫對辛蒂一開始有些不自在，但不可思議的是，不到十分鐘的時間，她們竟然已經像老朋友一樣熱絡地聊起來了。我和大衛的交談完全沒有隔閡，他的個性非常和善，讓我想起我的朋友田村麥可，不是因為他們倆都是日本人，而是因為大衛和麥可倆人的臉上似乎總是掛著一個燦爛的微笑。

我們坐在那裡，我望向自己左邊，看著辛蒂和凱倫面對面隔著桌子交談，這實在太驚人了。我心想：「喔，我的天哪，寬恕這玩意兒真的有效！」我原本不知道自己是否有機會看見這樣的景象，但我們四個人不都在這裡了嗎？這是四個明白一切事情所為何來的學員。我滿心感恩，心情激動。

對於凱倫，我只衷心期盼她能快樂，我想她也希望我能幸福。那也是我對辛蒂的期盼，還有對大衛也是。我想：

願聖靈引領我們所有人，以上主的步伐
回到我們從不曾真正離開過、卻注定要覺醒而回歸的天鄉

上主所期望的一切就是願祂的聖子能夠快樂。上主就是完美的愛，就連聖保羅與〈約翰福音〉都這麼說。基督教內部在這一主題上發生了一次重大的革命，《新聞周刊》（Newsweek）曾在二〇〇七年

＊上主所期望的一切就是願祂的聖子能夠快樂。上主就是完美的愛。

一篇名為〈溫和派震撼宗教戰場〉的文章裡報導過這件事。

這篇文章是《圈成一個圓：白莎的多瑪斯福音與奇蹟課程》（Closing the Circle: Pursah's Gospel of Thomas and A Course in Miracles）一書的作者羅傑・芬特納・范福利里辛根（Rogier Fentener van Vlissingen）寄給我的。羅傑在書中說明了《告別娑婆》如何成為了〈多瑪斯福音〉與《課程》的橋樑。他也詳細檢視了白莎版本的福音，也就是她在《斷輪迴》一書中呈現的版本，並說比起一九四五年底在拿戈瑪第發現的版本，它直覺上更為合理，也更為一致。在白莎的版本裡，她刪去了四十四條語錄，因為她說那些內容若非嚴重扭曲，就是他人妄自添加的，而且時間是在十字架苦刑的一百多年之後、該手稿註記的日期之前。她也對其餘的福音內容做了一些修訂與刪減，將兩條語錄合併為一，讓它們能更清楚地表達句中的意義，更能夠因合併而讓人們一讀就懂。白莎的版本所呈現的是〈多瑪斯福音〉的核心要義，它讓兩千年前的智慧導師J兄變得活靈活現，而且清楚顯示出他的聲音和我們今天在《奇蹟課程》裡發現的聲音一模一樣。

這篇引發討論的文章引用了巴特・厄爾曼（Bart Ehrman）的話，他是一位著述豐富的《聖經》學者，以研究歷史上的耶穌而聞名。根據《新聞周刊》所說，儘管厄爾曼有可靠的基督教背景，他卻無法再信仰基督教的上帝了。在經過多年的掙扎之後，他終於下結論道：一位至愛與全能的上帝，不會製造這麼多的苦難。這在神學上是一個叫作「神義論」（theodicy，譯註：又稱自然神學、神正論，試圖解決為何善的神允許惡的顯揚這一問題）的奇怪問題，但是厄爾曼的書《上帝的問題》（God's problem）展現出極為誠懇的謙遜精神，因此就算讀者身為信徒，也能引起他們的共鳴。「有些人認為他們知道答案，」他寫道：「或是這個問題對他們根本不構成困擾。我就不是那種人。」

對於那些飽受這個問題困擾的人，或許我能提出我的拙見，告訴他們確實有一個地方能讓他們找到答案，但是只有聖靈才知道什麼是正確的時機與地點。

二〇一一年，我在舊金山的「國際奇蹟課程研討會」進行演講。我已經連續四次獲邀在這個一年舉行兩次的研討會公開演講。主辦單位想要將它命名為「傾聽、學習、實作」。當我抵達會場時，許多與會人員都在問彼此：「我們要做什麼？我們要做什麼？」當我上台對著全場聽眾演講時，不禁提醒他們：「《課程》說：『**身為世界之光的我，負有寬恕的任務。**』[2] 如果身為世界之光的你負有寬恕的任務，那麼你認為你究竟該做什麼呢？」

我想要多和阿頓、白莎談談他們的未來，以及他們在芝加哥的最後一世。他們沒有讓我失望。然而，在這次的探訪裡，白莎負責所有的談話，阿頓只靜靜地坐著，專心地聽著。

葛瑞：所以，在芝加哥的情況如何？我對它感到非常興奮，因為我可以當個辣妹，那應該很有趣。

白莎：的確是，但更有趣的是成為悟道的人。如果有任何人世是值得再度回來的，那麼就是這最後一世了。並非一切都會像天堂那般美好，而是當你悟道，那可能是你最接近天堂的時候了。

你幾乎無時無刻都能夠體驗到它。你的身體感覺如此輕盈，就像在夢裡一般。你在這裡可以運作良好，但又十分輕鬆，那種感覺不像多數人所習慣的那種存在於身體裡的生命。我悟道有十一年了，這比多數人都還要長。你的悟道能持續多久並不重要，無論是十一年或十一分鐘都好。一旦你悟道了，你就是悟道了，將會永遠保持如此，直到你輕柔地將身體擱置一旁。當我說輕柔地將身體擱置一旁，那是你的經驗，因為你感覺不到任何痛苦。在那樣的時刻，你死亡的原因變得毫無意義，就像J兄在十字架上一樣。人們以為那一定很可怕，但是對他來說，那根本沒什麼。

葛瑞：在我們結束之前，我很好奇你們的生活是什麼樣子。

白莎：我會透露一些讓你知道，但其他部分你將會自己去發現。你已經知道你要面對的最大寬恕課題是什麼了。至於我和阿頓的生活細節，其實很一般。我的才智甚高，最後成為一名心理學教授，這一世你對《課程》和心靈的心理學面向十分感興趣，那將為來世鋪好路。阿頓和我都在芝加哥出生，但我們直到晚年才認識彼此。我和一位很棒的男子結婚，婚姻維持了二十一年。他在一樁意外事故中喪生，那是我第一個真正重大的寬恕課題。你在這一世也認識那個男子，只不過他在這一世不是男性，而是女性。

葛瑞：你能告訴我她是誰嗎？

白莎：我想告訴你沒關係，尤其是現在你已經離婚了。你在下一世，也就是最後一世以一個女性身體結婚的對象，就是你這一世的前妻凱倫。

葛瑞：你胡扯的吧！

白莎：沒有。你們將會一起擁有一段美好的經驗，而你的丈夫，他的名字叫作班吉（Benji），也會學習到他必須學習的一切，而在之後的那一世悟道。但是既然一切都將配合得好好的，他在那一世的意外死亡將會變成幫助你（那時身為我）的寬恕課題，讓你在正確的時機悟道。而那個正確的時機是由我們和聖靈在時間的終點決定的，我們會在那時決定什麼對每一個人是最好的。

葛瑞：因為一切都必須配合得好好的。

白莎：一點也沒錯。

葛瑞：你有生小孩嗎？

白莎：沒有。對於那些最後一次轉世，甚或處於最後一次轉世的前一世的人，沒有子女的情況很普遍。生產更多的身體已經引不起他們的興趣了。我的意思當然不是悟道的人就不會有子女，只是說生小孩的例子不像其他夫婦那樣普遍。你總是可以找到一個好理由來生養子女，因為那符合寬恕環環相扣的鎖鏈。重點總是在於你如何利用這件事，還有那孩子最終將如何利用這件事。

班吉和我都是棒球迷，那也是另一個你今生的延續。我們都熱愛小熊隊，也常常去新的球場看球賽。

葛瑞：小熊隊最後有沒有贏得世界賽冠軍？像紅襪隊那樣？

白莎：當然有。

葛瑞：哪一年？哪一年？

白莎：抱歉，葛瑞。我不能告訴你。如果我透露了，那所有的賭客球季一開始就跑去賭城下注了。

葛瑞：喔，也是。你們還喜歡做些什麼呢？

白莎：和你一樣，我也是個電影迷。任何類型的影片我都喜歡看。這其中含有一點偷窺癖的成分，你現在的個性和我在那一世的個性裡都含有這一部分。班吉和我在我們的頂樓公寓有一座頂級的全像式放映室。

葛瑞：頂樓公寓？你們一定很有錢吧！

白莎：班吉是個幸運兒，因為他父母很有錢。這是業，你知道的。所以，我很幸運。我是個聰慧、美麗的女子，他愛死了。但是我想要告訴你，一百年後的電影和現在有天壤之別。

葛瑞：希望是更好。

白莎：是，也不是。科技進步得非常迅速。一百年後，你不僅可以去「看」電影，還能「進入」電影裡。電影會是全像式的，感覺幾可亂真。你可以和根本不在那裡的人見面、互動，就像你現在在生活裡見到的人一樣，而且他們對你來說看起來完全真實，連觸感也極為逼真。目前你們已經擁有這種科技了，能讓你感覺到根本不存在的事物。未來，你們將會有幾近完全擬真的電影，讓你分不出真實的幻相和虛擬的幻相有何差別。

葛瑞：哇！那你能不能，譬如說，和電影裡面的人發生性關係等等？

白莎：可以，但是當然，這件事會引發許多道德爭議。基督教右派分子會嚇壞，那種電影也不是隨處可見的。

葛瑞：想像那種誘惑——認為自己是一具身體，不斷地食髓知味，徹底滿足你的幻想！

白莎：冷靜點，小子。記得一件事，葛瑞。如果你是《課程》學員，那麼無論你看見的形象是電影裡的擬真形象，還是日常生活中看見的似真幻相，都無所謂。它們同樣都能夠被寬恕，因為它們兩者都同樣不是真的。即使你忘記自己身在何處，你所要做的，就只是去寬恕那些在你面前的東西。

葛瑞：我懂了。但我仍會以你的身分去看電影，對嗎？

白莎：是的。現在我要重複一遍我在第一次探訪時曾說過的部分。你記得很清楚，也可以隨時查看。在《告別娑婆》那本書裡，它大概是在第250頁至第253頁（編註：參見繁體中文版第312頁）。阿頓最後一世的故事是在第294頁到第296頁（編註：參見繁體中文版第365頁）。那是英文版本的頁數。你知道那本書已經翻譯成二十二種語言了，讀其

＊你所要做的，就只是去寬恕那些在你面前的東西。

他語言的人必須自己找出所在的頁面，或至少譯者能做這件事。

葛瑞：所以英文版是在第294頁，西班牙文版是在第487頁（編註：參見繁體中文版第365頁）。

白莎：真有趣！你在墨西哥和南美洲總是能享有愉快假期，不是嗎？

葛瑞：我愛死了。那裡的人溫暖又熱情，基本上像是「收養」了你。還有像里約熱內盧、波哥大這些地方……我告訴你，他們真的很懂得享受生活。

白莎：那是一門藝術。嗯，我在那一世的第一個重大課題就是寬恕班吉的死亡。他目睹了一樁車禍，想要過去協助困在車子裡的人。當時地上有水，班吉不知道車子撞上電線桿的時候，有根電線掉落水中。他踏上那灘水，遭到電擊身亡。

葛瑞：好慘，你一定傷心欲絕。

白莎：是的，我非常想念他，但是幸好我有J兄和他的《課程》，於是我寬恕了一切，那距離我進入完全寬恕的狀態還有一年時間。人們應該留點悲傷的時間給自己。你心中充滿了那麼多的回憶，特別是當你擁有一段長期關係時，你必須與每一件事握手言和。班吉幫助我熬過了那段時間。有時候他會來到我夢裡，和我纏綿。

葛瑞：他真的在那裡嗎？

白莎：他以前真的在那裡嗎？

葛瑞：我懂了。一切都是你的投射，雖然有時可能是化為形相的聖靈。但是在究竟上，那都是你自己的心靈分身。我很喜歡辛蒂描述它的方式：人類這個種族就是一個超大的多重人格分裂症。

白莎：她是個聰慧又美麗的女子，你愛死她了。

葛瑞：就像班吉愛你一樣。

白莎：大學裡發生的戲碼，也就是一個有問題的學生指控我引誘他發生性關係，以此作為讓他獲得好成績的手段這件事，毀了我的教授生涯。那是我的第二個重大寬恕課題。我稱它為「燉鍋式的煎熬」，是因為這種事發生時，它會拖一段很長的時間，而你必須堅持不懈地持續寬恕，一次又一次這麼做，直到你度過難關為止。幾年之後，我終於熬過來了。沒錯，這聽起來很難，但是如果你能做到，你的靈性會獲得大幅度進展，省下你未來好幾世的學習時間，而我辦到了。

葛瑞：所以，你可以說你Pur-sah-vere（譯註：將白莎的英文名字發音成「堅持」）了。

白莎：快別那樣說，我人生裡的最後兩個課題是一起來的，它們並不是什麼真的課題，因為我已經悟道了。但是我為了幫助阿頓悟道，必須把一些角色扮演好。他最後一個重大的寬恕機會就是我肉體的死亡，而我這部分的工作是視他為基督，雖然我可以看得出來，他知道我的身體將被捨棄時非常難過。當你在那樣的情況下以靈性慧見看待一個人，將能夠幫助他在未來效法你做到這一點。我想要鼓勵他，因此向他保證我們永不分離，我們是一體的。此外，我沒有感受到任何痛苦，這也讓他覺得好過多了。我處於完全平安的狀態，在那最後一天，我對他說了《課程》裡的這段話，我一直將這句話銘記在心：

上主之師，你的唯一任務可以歸結為一句話：不要接受任何帶有死亡陰影的妥協觀念。不要相信任何殘酷的東西，也不要讓攻擊蒙蔽了你的真相。凡是看來會死之物，必然出自妄見而且陷入了幻境。如今，你的工作就是把幻相帶到真相內。[3]

葛瑞： 聽起來你真的將它記得滾瓜爛熟。

白莎： 數十年的操練自然能讓你如此。好了，我們該走了，讓你好好想一想這件事。下次會由阿頓來說話。但是現在，我要給你《課程》那段引言的其餘部分，因為它意義非凡。保重，親愛的老弟。

只有在這一件事上，你應該站穩你的腳步，不要被任何變化無常的「現實」蒙蔽。真相不會來來去去，搖擺不定，更不會銷融於死亡之下。如何才能結束死亡？結束死亡之道即是：了悟上主之子不僅現在清白無罪，而且永遠如此。僅此而已。但可別對這「僅此」掉以輕心，它是絕不可少的一環。[4]

9 阿頓的最後課題

在小我所有的防衛措施中，特殊關係可說是最炫目的畫框了。它所給你的思想體系正是那個極盡雕琢之能事的畫框，張狂地喧賓奪主，使得畫面幾乎全然淡出。框上鑲著愛之幻相的浮光掠影，夾雜著犧牲與自我膨脹的夢魇，交織著自我毀滅的金線。這就是小我的獻禮，斑斑的血跡如寶石一般發光，成串的淚珠好似鑽石在朦朧燈光下閃爍。

仔細端詳畫面本身吧！不要讓畫框分散了你的注意力。小我的禮物只會帶給你詛咒，你一旦接納它，定會感到自己必遭天譴。你不可能只取外框而不連帶著畫面的。其實你想要的是那畫框；因只看畫框，你不會看到任何衝突。然而，畫框只是衝突迭起的禮物加上華麗包裝而已。畫框並非禮物本身。不要被這思想體系的表相蒙蔽了，因這表相窩藏了它的整體，而且每一表相又會自成一體。死亡就隱藏在閃閃發光的禮物裡面。切莫讓畫框的幽光催眠了你的視線！好好端詳框裡的畫面，你就會明白，小我所給你的禮物其實只是死亡。

這就是為什麼，神聖一刻在保護真相之際扮演如此重要的角色。真相本身並不需要任何防衛，需要防備的，是「你自己」想要接受死亡贈禮的意圖。[1]

自從我和白莎談過她的最後一世之後，我也想要聽聽阿頓的。我越來越喜歡阿頓了，起初我不喜歡他，因為他高大、黝黑、像希臘神話般的英俊臉孔，讓我嫉妒死了，尤其是一九九〇年代，白莎成為我夢中情人那段時間。其實他們是我的高靈上師，所以我的心態實在愚蠢至極。有時，你雖然知道這樣很蠢，還是無法停止這麼做。就像你知道小我的思想體系很愚蠢，但這並無法阻止你像小我那樣行動。這需要下很多功夫的，還有很多的寬恕。

二〇一二年秋天，距離我第一次見到這兩位上師將近二十年後，我對阿頓已經由衷地尊敬，對白莎也是，我深愛著他們兩位。

同年，我的生活與行程表開始變得正常點了，糾纏將近三年的國稅局逃稅稽查也結束了。他們想要我付出大約十五萬美元的稅金，結果我最後只付了六千元，另外又付給我那優秀的會計師五千元，感謝她在那段時間的辛勞。原本政府要我付一大筆贖金才願意停止他們的敲詐行為，和那筆贖金比起來，這樣的結果還不賴。

如果白莎說的是真的（她總是說真話），那麼下次他們探訪時，說話的會是阿頓。我有預感他們會在那天下午現身，因為辛蒂和髮型師有約，她有四小時的時間不在。自從我搬到加州之後，我的上師會在辛蒂不在家時出現，有一次他們在很久沒出現之後，現身在我旅行期間下榻的旅館房間，那次辛蒂沒有跟我去。

我納悶著他們是否會向我妻子現身。畢竟，阿頓就是辛蒂的下一世和最後一世的身分，一如白莎就是我一樣。唯一的兩難之處就是他們在二〇〇四年所做的承諾，他們說過，他們**只會**對我現身。這是有原因的，不是因為我比較特別，而是因為他們不想讓訊息被更動。

對其他人來說，他們可以輕易地宣稱阿頓和白莎對他們現身，這些就是他們說的話云云。而如果他們是通靈者之輩，就可以製造自己版本的《課程》，那麼這些訊息的最重要部分將會丟失，無法達到化解小我的目的。確實，我在同一個研討會裡就見過這種人，而且也與他們交談過，他們都有一群對他們畢恭畢敬的追隨者，雖然他們偶爾會引用《課程》裡的句子，彷彿自己在教導它一樣，或做一些類似的事情，但他們對《課程》缺乏深入了解，也不理解事情是如何運作的，這讓我震驚極了。他們的演說裡所教的方法，除了讓修習者短暫覺得好過一些之外，將無可避免地耽擱了他們獲得救恩的目標。

有一位住在威斯康辛州的老紳士，謙虛地稱自己是「奇蹟課程的大師」，他有一次當眾揍了我，還在二〇〇六年告訴他的追隨者說阿頓和白莎對他現身，說他可以將他們的訊息傳達得更好。幸好，那時我的第二本書剛出版，有一些人便告訴他，阿頓和白莎曾說過他們絕對不會向我以外的任何人現身。於是那位「大師」才不再宣稱阿頓和白莎拜訪過他了。我的上師很清楚他們在做什麼。

事實上，我曾斬釘截鐵地告訴人們，如果有任何《課程》老師要你搬去跟他們住，千萬別去，有部分原因也是因為那個老紳士的警惕。那是邪教。《奇蹟課程》是個自修的課程，在它的〈序言〉就有講過：「**這本書不應發展為另一種宗教或神祕教派。**」**2** 如果有人成立一個「課程社區」，無論是在北美、南美、丹麥或地球上的任何地方，然後要求你前去和其他《課程》學員同住，或住在附近，千萬別去。他們會以某種方式讓你對社區產生依賴，甚或巧妙地說服你「捐獻」錢、車子，甚至房子等等。《課程》也曾經說過：「**時間可以耗損，也可以浪擲。**」**3** 那些有耳朵可以聽的人，讓他們聽見這個訊息吧！

那天下午，辛蒂去赴美髮院之約，阿頓和白莎再次現身在我面前。

阿頓：嗯，你今天看起來有一點疲倦。你應該把你的大螢幕電視關掉，早一點就寢。我們想要你頭腦清楚地進行這些討論。

葛瑞：這不是我的錯，我是上主的受害者。

阿頓：是喔，真對不起，這我倒不知道呢。你想要聽聽我最後一世的故事嗎？我想是可以的。

葛瑞：你不覺得讓辛蒂聽聽這些才算公平嗎？我的意思是，畢竟你就是她。那也是她的最後一世。

阿頓：我不是認為她不該聽。就最後一世的內容而言，如果她讀了現在這本書，那麼她知道的也會和你一樣多。但是，她需要我們的程度，不像你之前那樣，我們剛開始現身時你非常需要我們。你就像法國人，而她比較獨立，她像瑞士人。

葛瑞：這些關於各國人的刻板印象真是夠了。你是說你永遠不會對她現身？

阿頓：事實上，我的意思不是這樣。我們知道，她是可以信賴的，不會更改我們的訊息，所以很難說。如果這件事會發生，它就會發生。我們可不可以繼續談下一個話題呢？

葛瑞：可以了，很合理。白莎在這裡，她沉默時是如此令人著迷，給我一些消息，讓我保持聯繫（譯註：葛瑞故意說一段押韻的歌詞）。沒辦法，誰叫我是個音樂人呢。你要不要分享一下辛蒂和我的未來？

阿頓：當然囉，你這個音樂蠢材。對了，白莎在那一世並沒有音樂方面的才華，她專注地往心理學和靈性方面發展。顯然，你家族基因庫裡的音樂才華就要不見了。不過，我倒是從辛蒂和達太那裡繼承了一些音樂天賦，而且在年輕的時候就有所發揮。我大學時是個鼓手，而且在和女孩們的聯誼會裡算是風雲人物呢！

葛瑞：我早知道你是個色鬼。鼓手幾乎等於是音樂人了。你是自然而然就會打鼓嗎？還是你有學過？

阿頓：很自然就會了，而且我還會唱歌。你知道，如果你會唱歌，就能讓你的音樂人生涯加倍成功，這點我要感謝辛蒂和達兄（Thad，我們圈內都這麼叫他的）。不過我年紀漸長之後，心思就轉移了，想要當一位精神病學家。提醒你，可不是心理學家喔，而是專業的精神科醫生，如果我想要，可以為病人開處方藥。

葛瑞：那是很賺錢的事，你有多常這麼做？

阿頓：不常。我不是典型的精神科醫師，也不是大藥廠的擁護者。對這個產業來說，金錢比生命還重要，而且疾病的治療本身也被壓制下來了。我二十五歲的時候成了《課程》學員，在開始掌握它的內涵之後，想起自己可以透過訓練病患的心靈來改變他們的思想，而不是一味地餵他們吃藥。

葛瑞：哇，老兄啊！我現在收回過去對你的所有負面看法，反正那只是把我害慘了。

阿頓：謝謝。記住，你所贈予的禮物都將是給你自己的。

葛瑞：別拐彎抹角了。嗯，你成了一位精神科醫師，但是你努力讓病患透過改變心靈來療癒，而不是讓他們吃藥。你說你不常開藥，那你的方法管用嗎？

阿頓：我的成功率和其他醫生一樣高，有時候更高。如果病患準備好了，我就會介紹他們研習《課程》，如果沒有，我就對他們操練寬恕。我一向對《課程》的補編〈心理治療：目的，過程與行業〉很感興趣。

葛瑞：是啊，我把它簡稱為「心理單元」。

阿頓：注意，在那個單元裡，J兄不曾告訴治療師要改變他的做法，他就只是建議治療師好好發揮他們的專業訓練，同時操練寬

***記住，你所贈予的禮物都將是給你自己的。**

恕。既然如此，你閱讀這單元的時候，如果見到「治療師」這個名詞，可以直接以你目前的職稱取代即可，依然行得通的。

我會運用《課程》與寬恕之法，針對那些尚未準備好要學習《課程》、僅能接受世俗之法的人，我會用改變他們思維的心靈訓練計畫來幫助他們。如你知道的，如果你訓練人們使用心靈力量，停止再想那些他們執著一輩子不放的、關於他人和自己的垃圾念頭，你就能治癒世上大部分的憂鬱症。你必須打破人們的思考模式，並且給他們一個用來取代的東西。

我有能力勝任這個工作，部分功勞要歸功於辛蒂，她已經漸漸成為一名優秀的治療師了，那是她會攜帶至下一世的天賦。

葛瑞：好酷喔！嘿，有人問我關於「荷歐波諾波諾」（Ho'oponopono）的清理方法。你用過嗎？

阿頓：沒有，它並不究竟。再者，我不喜歡「對不起」那部分。

葛瑞：所以，你說的是未來的事。你的方法造成流行了嗎？

阿頓：開始流行了。我的感覺是我可能引發了一股風潮，我發表了幾篇論文，有為數不少的人讀過它，就和你的書一樣。

葛瑞：有趣。總之，我想你這麼做很棒。所以，你人生的其他方面是什麼樣子？你是怎麼悟道的？

阿頓：我在三十歲的時候結婚，但是直到六十歲出頭才認識白莎。一百年之後，六十歲就像現在的四十歲一樣，等到下個世紀來臨，活到一百二十歲已是很正常的事，人類的平均壽命是一百歲。人們一生之中結婚三、四次也不是什麼少見的事。但是白莎和我自和別人結婚以來，都是奉行一夫一妻制，我是三十多歲時開始，她則是四十多歲。

葛瑞：那麼，**你**又和誰結婚呢？恐怕我已經知道答案了，因為我知道白莎和誰結婚。

阿頓：你猜對了，真是聰明的學生——史蒂夫，也就是辛蒂（或說我的前世）的第一任丈夫。他在下一世，亦即我的最後一世是個女人，是我的妻子。所以你看，所有的試煉都只不過是再度呈現的課題，不是說我們之間有很多課題，事實上我們相處得還不錯。我原本可以和夏琳（Charlene）快樂度過下半輩子的，對了，她的名字是夏琳，即使在她過世多年之後，我仍然沒有再婚的打算。

葛瑞：你們有孩子嗎？

阿頓：沒有，我討厭小孩，那些小王八蛋，開玩笑的啦！這和白莎的故事類似，我們在該遇見對方的時間遇見了對方，不到兩天就知道彼此可能就是共度餘生的那個人。

葛瑞：太棒了。我知道你愛每一個人，包括小孩子和動物。

阿頓：他們其實是最令人喜愛的。在任何情況下，除了介紹病患學習《課程》之外，我在那一世並未教導《課程》，白莎也沒有，至少就傳統的教學定義而言，我們沒有這麼做。我們活出了它，如同《課程》所說：

教人，其實就是以身作則。世上只有兩種思想體系，你時時刻刻都在向人示範自己究竟相信哪一個才是真的。別人會從你的表率中耳濡目染，你也不例外。4

我們並未和你一樣，扮演傳統的教導角色，你獲得指引而這麼做，因為那是對你有幫助的，但是你也必須以身作則，落實出你的寬恕。

葛瑞：我兩樣全包了，所以我才能賺大錢，而你不能。

阿頓：在我住的地方，你不需要錢。你的時機也快來了，而到時候時間將不存在。

夏琳在我五十二歲的時候過世，當時她正走路去商店採購食物，途中遇見幫派火拼，她不幸遭流彈射中頭部。我以為我聽到這個噩耗時會死掉，但是我沒有。我很珍惜我們在一起的時光，覺得我的人生就此完蛋了，無論有沒有《課程》都一樣。慢慢地，我寬恕了，努力學習重新活著，但是我的心卻空了。

但是，當我在六十多歲遇見白莎的時候，她讓一切再度變得有生氣了。我們一開始是特殊之愛的關係，但是幾個月之後，就變成神聖關係了。她在大約八年之後悟道，我們倆人都知道，但其他人若在人行道或餐廳裡遇見我們，他們是看不出來的。其他人唯一可以覺察到的差異，就是白莎比大多數人都更常面帶微笑，一如《課程》所說。

就在那時，我們開始進行心靈傳輸，大約是在她悟道一年之後。我的心靈力量還不像她的那麼強大，但是我們都知道我也快要和她一樣了。當你的覺性提升，由於小我的干涉已經被完全化解，你的心靈就變得無所不能。我們盡量不要太過張揚，我們多半是將自己迅速移動至沒有人的地方。你的無意識心靈若已經完全被聖靈治癒，就沒有任何的障礙或阻力，沒有什麼能攔住你。你只要一動念，人就到了。剛開始的時候，我必須與白莎的心靈合一才能辦到，我們之前傳輸你的時候，就是已經將我們的心靈與你的合一了。

我們有時也會凌空升起，但我覺得心靈傳輸比較好玩。當然，你已經明白每個地方皆是相同的，這你也已經知道了，但是那能夠再度確認你的新知見。你其實從未真正到過任何地方，一切全是投射。

最後，在白莎過世之後，我也悟道了。是因為她，我才得以真正地寬恕並學會我最後的課題，也就是她肉體的消逝，她在臨終階段給了我非常重要的指導。現在，我們都是聖靈的示現，我們的形象只作為教學之用，別無其他。當我們沒有在和你進行溝通時，我們就在上主的天鄉裡，那是一種無比榮耀的存在——全然沒有匱乏，或問題，或死亡，或寂寞，有的只是豐滿與完整，它是圓滿的。而且，愛幾乎多到滿溢！你確確實實是「福杯滿溢」的。如果你知道等待著你的是如此莫大的喜悅，你現在肯定跳上跳下、雀躍不已。

你和辛蒂在度過那最後一世的時候，你們會以白莎和阿頓的身分記得一些前世的事，那些事剛好足夠讓你將前世今生的拼圖拼湊完成。不過，你所忘記的事，也會剛好足夠讓你學習悟道所必須完成的寬恕課題，那也就是為何聖靈為你選擇了那個時機，讓你接受啟示、進入永恆。

和你會晤是個愉快的經驗，老弟，別告訴任何人這個祕密。我非常感激你的工作，繼續加油吧！現在我們要離開了，一如以往，最後再來一段我們導師的引言吧。以教學目的來說，我們將永遠是他的弟子，雖然我們在天堂已經完全與他合一了。上主祝福你，祝你一路平安。

葛瑞：非常感謝，兩位。我愛你們。

阿頓：我們也愛你，葛瑞。對了，這段引文的第一行指的是身體：

「不結果實的樹枝就應砍下來，任其枯萎。」你應該為此而高興才是。光明將由生命真實的「基石」上照耀四方，你的思想體系必須「經得起」修正。否則它就「經不起」存在。你若害怕救恩，就等於自取滅亡。生命與死亡、光明與黑暗、真知與知見是勢不兩立的。你若相信它們可以和平共存，就表示你相信天父與聖子是無法和平共存的。只有一體不分的真知方能免於衝突。你的天國不在這個世界，它是出自超乎此世的天恩。5

10 愛不曾遺忘任何人

我們是傳遞救恩的使者。我們接受了人間救主的角色，世界便在我們的聯合寬恕下得救了。為此，這也成了天賜我們的禮物。我們把每一個人都視為弟兄，萬物在我們的眼中顯得仁慈而善良。我們不必賦予自己天堂境內的任務。只要我們完成此世的任務，真知自會回到我們心中。我們關注的焦點只是如何歡迎真理的到來。

基督的慧見透過我們的眼睛，看到了一個已由所有罪惡念頭拯救出來的世界。我們的耳朵所聽到的，也是上主宣告世界無罪的天音。我們的心靈也會在祝福世界之際合而為一。我們從這一體生命向所有弟兄呼喚，邀請他們分享我們的平安，滿全我們的喜樂。1

對小我而言，要認定自己所做之事不重要簡直是天方夜譚。我做的事當然是重要的！我生命中發生的事當然是非常重要的！為什麼呢？因為你如此相信。如果你不這麼相信，它就不重要了。

如果科學家在實驗室製造了一個全像圖，那可能是非常令人驚歎、非常精緻的。它經得起分析、經過精密的規劃，隨時能讓任何看見的人嘆為觀止。然而，影像其實不在，那裡什麼都沒有，沒有什麼讓人讚歎或相信的東西。唯有當科學家以雷射光束穿透它時，全像圖才會出現，才會彷若真實。若沒有雷射光束的能量，根本沒有什麼東西好令人驚嘆的。

那個照亮整個時空宇宙、讓它對我們變得如此真實的能量，就是我們信念的力量。若就宇宙本身而言，它是虛無的，只是一個來自我們集體無意識心靈深淵的投射。而我們，身為一個表相上分裂之小我心靈的我們，就是它的「因」。分裂並不是個好主意，如同在J兄那個深受誤解的浪子離家故事裡，浪子的離家念頭。事實上，那是個蠢蛋的行為，因為他發現的只有匱乏。即使他暫時得到了許多東西，仍舊不是一切，因此仍是匱乏。但是，在完美一體當中沒有匱乏，在那裡，你擁有絕對的一切。當一個人在不該離家的時候離家，唯一合乎邏輯的解決之道就是回家。

由於我們相信這個世界，認為它是宇宙中最重要的一部分，似乎是我們所擁有的一切，它遂得以控制我們。正是我們自己的信念賦予了它力量，將自己置於它的「果」的影響之下。

如果你能學會將相信世界的信念收回，將信念放在它真正該歸屬之處，你就能成功地化解一開始促成這信念的思想體系。你可以回到那「因地」，改變你的心靈。那麼，你就可以做到如《課程》裡清楚簡潔的形容：「**重新選擇吧！你究竟想要躋身於救主的行列，還是與弟兄一起墮入地獄？**」**2**

你透過選擇靈性慧見，而非小我的妄見來做出這一選擇。要做到這一點，你在每一個地方都必須將你的信念放在全然純潔的靈性上，而不是放在那虛妄的肉眼顯示於你的事物。因此，你必須無視於你的肉眼所見，而專注於真理。

持平而論，你或許會質疑：「我怎麼可能做得到？我的所見永遠都是這個世界。」這會是個合情合理的問題。你被一個專家陷害了，從你貌似出生的那一刻起，一直到你貌似死亡的那一刻為止，你必須面對一連串無止盡的問題，而這些問題被設計用來使你分心，將你的目光吸引至你正在觀看的那道虛妄螢幕上，最好能永遠讓你不去注意那個生命答案存在之處，也就是最初投射出整個虛妄宇宙的心靈，然後說服你說：那些虛妄宇宙全是真的。

要改變心靈，你需要的是儆醒，儆醒是帶領你通往幸福快樂的唯一一條路，這世上沒有其他東西能辦到這一點。難道這表示你無法擁有這世界了嗎？諷刺的是，你依然可以擁有它，只是不能相信它，那就是你捨棄世界的方式，而且你必須要捨棄它。然而，你是在心理上捨棄它，而不是在物質上，除非你受到聖靈的指引，為了培養紀律而這麼做。那種指引是針對個人的，並非適用於每一個人。

＊在完美一體當中沒有匱乏，在那裡，你擁有絕對的一切。當一個人在不該離家的時候離家，唯一合乎邏輯的解決之道就是回家。

快樂依賴的不是外在環境，如果是，你就完蛋了，因為在這個變動無常的世界裡，你所能仰賴的就是它必然的變動無常。即使你運用吸引力法則獲得了你渴望的東西，依然無法持久；況且根據觀察，嘗試這麼做的人當中，似乎只有百分之一的人會成功。

這裡沒有任何東西是恆久不變的，這一刻看似活生生的生命，下一刻可能就一命嗚呼了。這麼說無意使你灰心喪志，只是要為你點出：那永不改變的、能恆常使你快樂的，不會依賴任何外在發生的事件。那就是真正的靈性，無論表相上發生了什麼事，依然能為你所用，而且你還是能擁有你的生活。不同的是，你現在已經能用不同的角度去看，能夠俯瞰那片戰場；你帶著靈性的慧見在看待人生中的萬事萬物，包括你看見的每一個人。

即使是操練吸引力法則或其他流行的技巧，如果你能結合聖靈來做，也將會擁有截然不同的經驗，而且效果會更好。能帶領我們獲得真正富足的寬恕過程，就是這些方法裡那個失落的環節。你若能與聖靈一同做工，你就不再孤單了。當你靠自己在做決定、在做一些事，那就是分裂，也是災難（disaster），aster的意思就是星界的（譯註：災難disaster一字就是aster加上否定字首dis）。disaster就是你沒有與那知道更多的更高領域連結，而與之連結的最佳方式就是化解小我的干涉，因為那會讓你和你的真實生命——亦即靈性，產生分裂。若能與靈性連結，你就能獲得指引去做對每個人有益的事，而不是去做對你的小我有益的事——小我就是那個想要說服你說，你就是這副身體的東西，如此它才能繼續玩著瘋狂的分裂遊戲。

有了聖靈，你所做的每一件事都將成為愛的表達，那麼重要的就不是你做了什麼，而是出於愛。如果你的出發之處是一個有愛的地方，你就不會去做壞事，你會去做好事。化解小我的真寬恕能自然而然引領你走向愛，因為愛和靈性是同義詞，現在，在你心靈之中的——也就是那「因」，是愛、而不是小我。愛不需要任何東西，因為它在與靈性一體的狀態下，已經涵納了一切。你不需要從他人身上獲取任何東西，你可以擁有神聖關係，你可以從一個富裕之境出發。多麼諷刺啊！當你已置身那富裕之境時，反而更容易被引領至富裕之境。

我們必須「驅逐」（dispel）對時空宇宙的執迷與信以為真。事實上，《課程》使用了「驅逐」這個字二十六次。如果我們停止小我的思維，開始以聖靈的思維來思考，以基督之慧眼洞徹一切，我們就能驅逐那些信念並回歸於上主及其天國。小我依然會把我們投射為身體嗎？是的，直到我們最終能輕輕放下身體、回歸天鄉的那一刻為止；但不同的是，我們可以選擇以信念去認知實相。如同《課程》告訴我們的：「救恩並非只准你著眼於靈性而不看身體。它只願你明白你是有選擇的。」[3] 那麼，知道我們如何看他，我們就會如何看自己（譯註：〈正文〉原文為：「你如何看他，你就會如何看自己。」[4]），我們的心靈必將漸漸認知到，我們都是一體的基督，亦即我們那真正所是的完美之愛。

現在是二〇一三年一月的第一個星期，我還有一些問題要問阿頓與白莎，這次，距離他們上次的現身已經隔了比以往還要久的時間。我從有線電視頻道上，錄了一部一直想看的電影，正想要好好欣賞，突然之間他們就坐在我身旁了。他們看起來很愉快，而我也是。上次現身時沒有說話的白莎，開始了我們的談話。

白莎：嘿，老弟！抱歉打擾你了，你在看什麼？

葛瑞：片名叫作《吸血鬼的女繼承人》（Vampyros Lesbos）。

白莎：喔，抱歉耽擱了你的社會探索活動，我們有幾件事想要談談。我們的新書《告別娑婆 3：愛不曾遺忘任何人》快要大功告成了，「告別娑婆」三部曲也將同時完成。

葛瑞：哇！我甚至沒想到它們是三部曲，但我想它們的確是。

阿頓：喔，是的，它們像一幅全像圖般，全部各就各位、環環相扣，你表現得很好。你花在這部作品的時間比我們建議的還要久，不過後來你碰上許多額外的課題，而你都準備好面對它們了。現在，你的生活會稍微平靜一些，這表示你有更多時間可以寫作。

葛瑞：這是否表示我們會一起寫出更多書呢？

白莎：那永遠取決於你和聖靈，葛瑞，你知道的。不過，你也會寫一些其他東西，所以我們就這麼辦吧！如果你想要我們回來探訪你，儘管提出來，我們會聽見，然後選擇對每一個人都有利的最佳時機回來。無論你做什麼工作，無論是與辛蒂或其他人合作、寫劇本等等，如果你想要的話，我們永遠與你同在。當然，你的心靈也將永遠能夠接收我們的指引。

葛瑞：太棒了！如果我很久沒見到你們，可是會思念你們的。我是說，我知道這一切都是虛妄的形象，但你們是我的朋友啊！

阿頓：你也是我們的朋友。我們是一個 RAP（饒舌）團體。

葛瑞：意思是？

阿頓：RAP代表Renard（葛瑞的姓氏）、Arten（阿頓）與Pursah（白莎）啊。

葛瑞：我想你應該專心在救恩事業，把這本書的行銷業務留給我就好。

阿頓：你說了算。現在，我們知道你有一些問題一直想問我們。

葛瑞：是啊，最近發生了許多受到高度矚目的悲劇事件，在我的工作坊或網路上，人們問了我許多關於受害者的問題。當然，我會告訴他們要寬恕，但你們有誰能提供其他更明確的忠告呢？

白莎：那對大多數人來說都是個難題。答案永遠是真寬恕，我們知道你辦得到，但是對初學者而言，造成許多人受害的悲劇事件是非常難以釋懷的。因此，他們首先必須試著接受：他們覺得難過的原因，是因為自己以小我的眼光在看待這些事。

阿頓：是的，有些人已經習慣監視自己的思想，在出現負面念頭的時候逮住自己。但是你知道的，很少人會監視自己的感受。當人們覺得心煩意亂的時候，即是爭執與暴力發生的時候。因此，你和其他人也必須在自己開始出現不好的、批判的、內在受傷的、遺憾的或任何不舒服的感受時逮住自己。你的感受可能是某種細微的感覺，也可能是直截了當的憤怒，但它們都一樣，永遠都是小我。只要你一注意到它，就立刻停止，你必須停止以小我來思考。如果你在看電視，看見悲慘的新聞報導，例如：大海嘯或地震毀滅了某個地方，你必須停止，然後轉向聖靈，在心靈裡以聖靈的思維去看，那正是訓練發揮作用之處。你必須如此實踐，那就是為什麼〈練習手冊〉如此重要的原因，因為它能訓練人們的心靈如此思維。

白莎：一旦你以聖靈的思維去看，你就能記住，你在悲劇或天災裡見到的一切，是一種讓你將受害者視為身體而非靈性的一種伎倆，它也從而讓你將自己視為身體而非靈性。但是現在，由於你已經明白這伎倆的運作方式，你就能選擇聖靈的奇蹟。J兄說：

奇蹟只代表一種修正。它既不創造，也改變不了任何事情。它只是一邊面對人生慘境，一邊提醒人心：它所看到的景象全都虛妄不實。5

那麼，你就能採取第三個步驟，從體系之外來思維。思維簾幕之外的真相，而真相就是救贖。你記得什麼是徹底證入救贖境界嗎？

葛瑞：當然記得，那就是分裂從未真正發生過。（譯註：〈正文〉原文為：「所謂徹底証入救贖境界，**只不過是認清了分裂從未真正發生過而已。**」6）

白莎：對，如果小我的分裂念頭從未發生，你就可以選擇不去相信小我，而是相信聖靈，而且謹記著超越簾幕之外的真理之光。如同J兄在《課程》後段直截了當地說：

只要有一位弟兄願意與我一起跨越誘惑，一心不亂地凝視天堂永恆無間的光明，我必會歡欣地向他伸出我的手。7

葛瑞：懂了，不過那需要莫大的決心才能辦到。

白莎：是的，你必須渴望它。

阿頓：《課程》對「我渴望上主的平安」是怎麼說的？

葛瑞：我知道。**「只說這一句話，不算什麼。但真心說出這一句話，則代表了一切。」**[8]

白莎：是的，你說對了。真理是不變的，葛瑞，但是你必須要有接受的意願。剛開始，是一點點傾聽聖靈的意願，但之後是渴望上主的平安勝於一切貌似存在之事，而那需要決心。你準備好了嗎？

葛瑞：是的，而且沒有比現在更好的時刻了。

白莎：我相信你，那麼去做吧，結果將會是愛。

葛瑞：我正體驗到越來越多愛的存在。你從前離開的時候，我除了偶爾會有幾次很棒的體驗之外，多半會感到孤單，而現在，我已經不會感到孤單了。事實上，我深知自己**不可能**孤單一人，因為聖靈永遠與我同在。

阿頓：好極了。多數人偶爾都會感到寂寞，但是如同達太告訴你的，J兄在兩千年前曾教導過他，真相是他永遠不會孤單一人。

葛瑞：那讓我想起一句我最喜歡的引言，讓我找出來。

阿頓：你對找那些東西很在行。

葛瑞：你讓我練習很多次了，尤其是剛開始的那十年間。就在這兒，白莎才在說不要相信小我，然後你又談到不會孤單一人，這真的精確傳達了J兄對此的態度：

整個課程的目標就是教你看出小我的不足置信，而且永遠不可信任。你當初就是因為相信了

這不可信之事而造出了小我，故再也沒有能力獨自作出正確的判斷。你得親自接受救贖，表示你已決心抵制「自力更生」的信念，分裂之念便如此被驅逐了，你再次肯定了自己的真實身分，且把整個天國視為自己的一部分。**9**

葛瑞：很棒吧？

阿頓：很棒，老弟。

白莎：隨著小我的阻礙化解了，你對靈性的覺性也增長了，愛將不會只是你所做的事，而是你所是的東西，而那是你與上主共有的。認為你與上主別無二致並不是一種傲慢的態度，那單純地只是真理而已，真正傲慢的是認為自己**可以**與上主分裂，那就是小我的傲慢。

請將你的愛延伸到那個其實不存在的世界，它是個幻相並無所謂，有所謂的是那份愛。你現在是上主在異邦的代表，但你永遠不可能停止作為祂之所是。《課程》是如此形容你的，也沒有別的更好的方式來為我們老大哥的引言下個結語了。

願你的聖名受人頌揚。願你的光榮永不受輕藐。願你的完整性此刻終於圓滿，如同上主創造你時一樣。你是祂的聖子，因著你的推恩，使祂的生命更圓滿地延伸出去。我們所練習的只是一個古老的真理，這真理早在世界被幻相控制以前，我們便已知悉。我們每說一遍下面的話，就等於提醒世界，它已擺脫幻相而重獲自由了：

上主是愛，因此，我也是愛。**10**

葛瑞：是的，我愛這段話，謝謝你，永遠感謝你。

阿頓：繼續努力，老弟，好好地讓教法活過來吧。

白莎：現在與我們結合吧，我們的身體將會消失，這世界將會消失，而你將會是全然的靈性。你將會聽見上主之聲一陣子，接著是完全的空無。那完美一體的光明境界將起而代之，讓你嘗到另一種滋味，明白什麼是你永恆的所有，而那是你永不會丟失的。最終，你將會回歸形相世界一陣子，但是你甚至會更加確認於自己那愛的宿命。當聖靈安慰著你，在上主懷裡撫育著你時，你的心靈將會感受到你那真實而永恆之生命的榮耀。

你只會備受鼓舞，助你的弟兄返回天鄉
你不會覺得疲憊，因你有如翼之雙足
你不可能冷漠，因你的靈魂燃燒著烈火
你不會評斷他人，因你有一顆慈愛之心
你只會講說真理，因靈性是你的聲音
你不可能懼怕，因我與你同在
在天堂裡，一切即一
你一直被惦記著
因為愛不曾遺忘任何人

【索引】

本書引文與《奇蹟課程》章句代碼對照

本書中每段引文，均會以例如：T-18.III.3:3之方式標示，藉以註明該出處的章、節、段、句，此為《奇蹟課程》國際通用的章節代碼標示法。索引中的章句代號如下：

PR ：序言

Intro ：導言

T ：〈正文〉

W ：〈學員練習手冊〉

M ：〈教師指南〉

CL ：〈詞彙解析〉

P ：〈心理治療：目的、過程與行業〉

S ：〈頌禱：祈禱、寬恕與療癒〉

自序　能為你省下大量時間的靈修法門

1 T-9.VII.4:5-7　**2** M-27.4:7-8　**3** T-3.II.1:1-5

1 你比較想當什麼呢？

1 T-31.VIII.6:1-3　**2** W-8.2:1　**3** M-4.IX 標題, M-4.V 標題
4 T-8.III.4:5　**5** W-289.1:6　**6** T-6.II.10:7
7 W-31 標題　**8** W-intro.1:1　**9** T-13.V.3:5
10 W-152.6:1-7　**11** T-3.V.5:7　**12** CL-intro.3:5-10
13 T-8.III.4:2　**14** W-158.4:5　**15** T-27.VIII.6:2
16 T-16.VII.12:1-7　**17** T-21.I.8:1-6, 9:1-3　**18** T-intro.1:8
19 T-15.III.4:10　**20** T-15.XI.3:1-6

2 中陰身之旅

1 T-16.V.17:1-3　**2** T-4.II.10:5　**3** T-31.VIII.3:1
4 W-38.1:1-2　**5** M-24.5:7　**6** T-18.VII.3:1
7 T-21.intro.1:5　**8** S-3.II.2:1-4, 3:1-5　**9** M-26.2:2
10 T-7.VII.7:7　**11** P-3.III.1:3-10　**12** T-17.I 標題
13 W-155.2:1-4　**14** W-155.3:1-4, 4:1-4, 5:1-2　**15** T-14.IX.2:1-11
16 T-16.III.7:7-8

3 次元的本質：劇本已完成卻未鏤刻於石

1 T-16.III.4:1-2　**2** CL-intro.2:5-6　**3** T-1.I.25
4 T-2.III.3:3　**5** T-2.III.3:1-2　**6** T-1.IV.2:4

4 一個悟道心靈的身體療癒

5 多瑪斯與達太的生命課題

6 葛瑞的生命課題

7 這一世的阿頓

1 M-24.1:2-6 **2** M-24.5:7 **3** M-24.2:8
4 CL-intro.1:1-3 **5** S-3.II.3:1 **6** T-1.I.45:1
7 W- PII.XIII.4

8 白莎的最後課題

1 T-9.VII.3:1-3 **2** W-62標題 **3** M-27.7:1-4
4 M-27.7:5-10

9 阿頓的最後課題

1 T-17.IV.8,9,10:1-2 **2** PR-ii倒數第8行 **3** T-1.V.2:2
4 M-intro.2:1-3 **5** T-3.VII.6:1-9

10 愛不曾遺忘任何人

1 W-PII.XIV.3,4 **2** T-31.VIII.1:5 **3** T-31.VI.3:1-2
4 T-8.III.4:2 **5** W-PII.XIII.1:1-3 **6** T-6.II.10:7
7 T-31.VIII.11:1 **8** W-185.1:1-2 **9** T-7.VIII.7:1-3
10 W-PI.RevV.intro.10:1-8

BC1030

告別娑婆3：愛不曾遺忘任何人

Love Has Forgotten No One: The Answer to Life

作　　者　葛瑞・雷納（Gary R. Renard）
譯　　者　蔡孟璇
責任編輯　田哲榮
封面設計　黃聖文
內頁構成　李秀菊
校　　對　吳小微

發 行 人　蘇拾平
總 編 輯　于芝峰
副總編輯　田哲榮
業務發行　王綬晨、邱紹溢
行銷企劃　陳詩婷
出　　版　橡實文化 ACORN Publishing
地址：臺北市10544松山區復興北路333號11樓之4
電話：02-2718-2001　傳真：02-2719-1308
網址：www.acornbooks.com.tw
E-mail：acorn@andbooks.com.tw

發　　行　大雁出版基地
地址：臺北市10544松山區復興北路333號11樓之4
電話：02-2718-2001　傳真：02-2718-1258
讀者傳真服務：02-2718-1258
讀者服務信箱：andbooks@andbooks.com.tw
劃撥帳號：19983379 戶名：大雁文化事業股份有限公司

印　　刷　中原造像股份有限公司
初版一刷　2015年7月
初版七刷　2022年12月
定　　價　350元
ISBN　978-986-5623-25-8

國家圖書館出版品預行編目資料

告別娑婆3：愛不曾遺忘任何人／葛瑞・雷納（Gary R. Renard）著；蔡孟璇譯. -- 初版. -- 臺北市：橡實文化出版：大雁文化發行, 2015.07
面；　公分
譯自：Love has forgotten no one : the answer to life
ISBN 978-986-5623-25-8（平裝）
1. 心靈學　2. 靈修
175.9　　　104010527